Ruth Gontrum

Was du suchst, das sucht dich

Ein esoterischer Ratgeber
für junge Menschen

Inhalt

Teil II:
Wohin gehe ich? Warum bin ich hier?

Teil III:
Auf dem Weg

Alle Bücher dieser Welt
Bringen dir kein Glück,
Doch sie weisen dich geheim
In dich selbst zurück.

Dort ist alles, was du brauchst,
Sonne, Stern und Mond,
Denn das Licht, danach du frugst,
In dir selber wohnt.

Weisheit, die du lang gesucht
In den Bücherein,
Leuchtet jetzt aus jedem Blatt –
Denn nun ist sie dein.

Hermann Hesse

Einleitung: Worum es geht

Es sind im Grunde immer dieselben Fragen, seit Jahrhunderten, seit Jahrtausenden, seit der Mensch in der Lage ist, über sich und sein Leben nachzudenken:

Wer bin ich?
Woher komme ich?
Wohin gehe ich?
Warum bin ich hier?

Es gibt eine andere Art von Fragen, die werden von irgendeinem klugen Kopf beantwortet, und danach sind andere Menschen, auch die weniger klugen, die Nutznießer seiner Entdeckung. Du mußt die Glühlampe nicht neu erfinden, um Licht zu haben, und du brauchst auch nicht im einzelnen zu begreifen, wie ein CD-Player funktioniert, um Musik hören zu können. Wenn ich mein Auto selbst hätte konstruieren und bauen müssen, würde ich immer noch zu Fuß gehen.

Und dann gibt es Fragen, die sind schon unzählige Male gestellt und oft sogar beantwortet worden, und doch können dir die Antworten bestenfalls einen Anstoß für die eigene Suche geben.

Denn diese Fragen muß jeder einzelne immer wieder neu für sich stellen und eigene Antworten darauf finden.

Wer kann dir sagen, wer du bist?
Wer kann dir deinen Weg zeigen?
Wer weiß, zu welchen Zielen du unterwegs bist?
Wer weiß, welchen Sinn dein Leben hat?

Es gibt im ganzen Universum nur einen einzigen Menschen, der darüber wirklich Bescheid weiß und der dir auf all diese Fragen eine befriedigende Antwort geben kann:

Du selbst. Niemand sonst.

Das Wissen ist da, und es kommt nur darauf an, daß du dir deiner inneren Quelle bewußt wirst und Zugang zu ihr erlangst. Es gibt nichts zu lernen in dem Sinne, daß du Informationen sammelst und anhäufst. Es ist alles schon da. Du brauchst es nur zu suchen und zu finden.

»There's nothing you can know that isn't known«, sangen die Beatles, und der Songtitel liefert dir auch den Schlüssel dazu: »All you need is love« – Alles, was du brauchst, ist Liebe.

Mißtraue lieber erst einmal jedem, der dir sagt, er wisse, was für dich gut ist, solange du nicht sicher bist, daß er aus Liebe handelt. Jeder Kaufmann lobt seine Ware, jeder Koch preist seine Speisen als die schmackhaftesten an, aber was dir wirklich schmeckt und was du tatsächlich brauchst, kannst nur du selbst entscheiden.

Und wenn dir irgendein selbsternannter Guru versichert, er allein könne dir den Weg zur Glückseligkeit zeigen, dann überlege dir erst recht, ob du da überhaupt hinwillst und ob du über deine Reiseroute nicht besser allein entscheidest. Und ob du bereit bist, seinen Preis zu zahlen.

Natürlich kann es hilfreich sein, jemanden nach dem Weg zu fragen, wenn du nicht mehr weiter weißt. Aber es ist deine Entscheidung, ob du den Ratschlag befolgst oder nicht, denn ob er dir tatsächlich weitergeholfen hat, weißt du immer erst hinterher.

Laß dir die Verantwortung nicht abnehmen. Letztlich bist du es, der oder die den Weg gehen muß, und auch die

Konsequenzen für dein Tun mußt du allein tragen. »Viele Wege führen nach Rom«, sagt ein altes Sprichwort, und das stimmt.

Nur kannst du nicht alle Wege ausprobieren. Immer wieder wirst du vor der Frage stehen: Wie soll es jetzt weitergehen? Und jedesmal mußt du dich für **einen** Weg entscheiden.

Wenn dir dein Kurs im großen und ganzen klar ist, wirst du auch sinnvolle Entscheidungen treffen können.

Und deshalb müssen folgende Überlegungen am Anfang stehen:

Wo stehe ich jetzt, und wo will ich hin?

Das hat Vorrang.

Erst recht, wenn es nicht bloß um eine Urlaubsreise geht, sondern um deinen Lebensweg.

Danach kannst du dir überlegen, wie du am besten dort hinkommst.

Und dann mußt du dich auch auf den Weg machen.

Egal, ob nach Rom oder zur Erleuchtung.

Teil I

Wer bin ich?
Woher komme ich?

1. Der Anfang: Du selbst

Es ist ganz gleich, welches Ziel du dir gewählt hast: Es geht immer um dich, und deshalb führt dein Weg letztlich immer zu dir selbst.
Aber wer bist du?
Lege nach dem nächsten Absatz für einen Moment das Buch zur Seite und denke über die Frage nach: »Wer bin ich?«

Wer bin ich?

Noch besser ist es, wenn du dir Notizen machst. Schreibe alles auf, was dir in den Sinn kommt, ohne sofort darüber zu urteilen, ob es überhaupt brauchbar ist oder nicht. (Vielleicht kennst du diese Methode – »Brainstorming« – bereits.)
Lies bitte erst weiter, wenn dir nichts mehr einfällt.
Schreibe jetzt auf:

Ich bin _____

Sieh dir jetzt deine Notizen an.
Vielleicht mußtest du schon mal einen Lebenslauf schreiben. Dann sind dir wahrscheinlich alle Fakten eingefallen, die darin vorkommen: Name, Geschlecht, Geburtsdatum, Geburtsort, Schulbildung usw.
Oder du hast Eigenschaftswörter gefunden, die dein Äußeres und deinen Charakter beschreiben: groß, mollig, dünn, blond, dunkelhaarig, neugierig, aggressiv, hilfsbereit, albern usw.
Vielleicht hast du aber auch einfach festgestellt:

»Ich bin ein Mensch.«

Geh jetzt noch einmal deine Liste durch, Wort für Wort. Klammere dann alles ein, was nicht nur auf dich allein zutrifft, sondern wahrscheinlich auch auf andere Menschen.
Was ist übriggeblieben? Wahrscheinlich gar nichts.

Was aber ist es dann, was dich so einzigartig, so unverwechselbar macht? Dich und jeden Menschen auf diesem Planeten?

Stell dir einmal vor, dir begegnet jemand, der haargenau so aussieht wie du selbst. Sogar das Muttermal auf dem Schulterblatt und die Narbe am kleinen Finger stimmen überein. Eure Stimmen klingen gleich, ihr habt dieselbe Art, euch zu bewegen. Auch euer Charakter ist gleich, und ihr habt denselben Geschmack. Jeder andere würde euch verwechseln, und selbst deine eigene Mutter könnte euch nicht auseinanderhalten – und doch weißt du allein mit absoluter Bestimmtheit: »Hier bin ich, und dort ist der (die) andere.«

Wer oder was ist dieses »Ich«, das sich so eindeutig von allen anderen unterscheidet? Das dir das Gefühl vermittelt: Ich bin es, der oder die den blauen Himmel sieht, die Autos hupen hört, den Regen auf der Haut spürt, das Mittagessen riecht, den Apfel schmeckt?

Bist du dein Körper?

Aber wie kommt es dann, daß du den Eindruck hast, **in** diesem Körper zu sein, aus ihm herauszuschauen, während du alle anderen nur von außen wahrnehmen kannst? Wo in diesem Körper befindet sich dieses »Ich«-Gefühl?

Wenn du einmal ganz entspannt daliegst, in der Badewanne zum Beispiel, oder kurz vor dem Einschlafen, oder auch wenn du meditierst, dann kann es vorkommen, daß du deinen Körper eigentlich gar nicht mehr wahrnimmst. Und doch weißt du, daß du existierst. Du denkst vielleicht an etwas Schönes, und du empfindest Freude.

Ist das dein »Ich«?
Bist du deine Gedanken und Gefühle?

Im Traum kannst du erleben, wie dir da alles ganz logisch und völlig echt vorkommt, solange du träumst, aber wenn du später die Handlung erzählen willst, fehlen dir die Worte. Das fängt dann oft schon bei den beteiligten Personen an: Du warst es, aber irgendwie auch wieder nicht, und der Mensch, von dem du geträumt hast, den kanntest du zwar, aber irgendwie war er es doch nicht, sondern gleichzeitig jemand ganz anderes. Und dann erst das, was du im Traum getan hast, das würdest du in Wirklichkeit niemals tun. Welches ist nun dein wahres »Ich« – das im **Traum** oder das im **Wachsein**?

Ja – wer bist du denn nun?

Bleiben wir vorerst bei der Antwort, die sozusagen den kleinsten gemeinsamen Nenner darstellt:

Ich bin ein **Mensch.**

Und befassen wir uns doch einmal genauer damit, was das überhaupt ist: ein Mensch.

Der Mensch ist mehr als sein Körper

Ich glaube, inzwischen ist bereits so viel klar geworden, daß der Mensch mehr ist als lediglich ein Körper. Ein berühmter Arzt namens Virchow hat einmal bekundet, er habe viele Körper seziert, aber nie eine Seele gefunden. Daraus zu schließen, daß folglich so etwas auch nicht existieren kann, ist allerdings schlichtweg Unsinn. Das einzige, was man daraus folgern kann, ist, daß die Seele offenbar nicht stofflich, nichts Materielles sein kann. Genausowenig wie Gedanken oder Gefühle, denn die kann man ja auch nicht sehen. Wenn jemand mal einen »Gedankenblitz« hat, erkennt man das allenfalls an seiner Reaktion, aber nicht an einem wahrnehmbaren Aufleuchten in seiner Kopfregion.

Und davon ganz abgesehen – in einem leblosen Körper hätte man sowieso keine Chance, eine Seele zu finden, denn es heißt ja, daß sie ihn mit dem letzten Atemzug des Menschen verläßt. Früher gebrauchte man statt »tot« oft auch den Ausdruck »entseelt«.

Was man nun genau unter dem Begriff »Seele« versteht, darüber gibt es unterschiedliche Ansichten, und es gibt auch noch andere Bezeichnungen, die aber letztlich dasselbe meinen. Ich benutze das Wort »Seele« hier zunächst als Sammelbegriff für den nicht-materiellen Teil des Menschen und die Kraft, die den Körper erst zum lebendigen Menschen macht. Später mehr darüber.

Körper und Seele als Einheit

Daß zwischen Körper und Seele eine enge Verbindung besteht, wird heute nicht einmal mehr von den Schulmedizinern geleugnet. Jeder weiß, daß man vor Kummer auch körperlich krank werden kann und daß andererseits selbst Todkranke wieder gesund geworden sind, weil ihr Optimismus und ihr Lebenswille ungebrochen waren. Neu ist diese Erkenntnis allerdings keineswegs. Die folgenden Ratschläge sind etwa zweitausendzweihundert Jahre alt:

> *Überlaß dich nicht der Sorge, schade dir nicht selbst durch dein Grübeln! Herzensfreude ist Leben für den Menschen, Frohsinn verlängert ihm die Tage. Überrede dich selbst und beschwichtige dein Herz, halte Verdruß von dir fern! Denn viele tötet die Sorge, und Verdruß hat keinen Wert. Neid und Ärger verkürzen das Leben, Kummer macht vorzeitig alt.*

Nachzulesen in der Bibel im Alten Testament bei Jesus Sirach, Kapitel 30, Vers 21 bis 24.[*]
Und das ist noch nicht alles.

Jede feste Überzeugung hat die Tendenz, sich auch zu verwirklichen, im guten wie im schlechten.

Leider werden als Paradebeispiele dafür in den Psychologievorlesungen vor allem die negativen Geschichten erzählt. Vielleicht hast du schon davon gehört; ich will sie aber denen nicht vorenthalten, für die das alles neu ist:
Ein Arbeiter war aus Versehen in einem Kühlwagen eingeschlossen worden. Er hatte genug Luft zum Atmen, aber er

---

[*] *Die Bibel. Einheitsübersetzung. Altes und neues Testament.* (Herder).

geriet in Panik, weil er fest davon überzeugt war, daß er nun erfrieren müsse. Als er dann schließlich gefunden wurde, war er tatsächlich tot, und sein Körper wies alle Merkmale eines Erfrorenen auf. Das eigentlich Tragische und Erstaunliche an dieser Begebenheit aber ist, daß der Kühlwagen nicht eingeschaltet gewesen war und darin eine völlig normale Temperatur herrschte. Was den Tod des Mannes verursacht hatte, war einzig und allein seine Erwartung, seine feste Überzeugung gewesen.

Die zweite Geschichte habe ich in einem Buch gefunden, das bereits 1959 erschienen ist,[*] und die ist nun wirklich reichlich makaber.
Es ging dabei um einen zum Tode Verurteilten in den USA. Man sagte ihm, er habe die Wahl, entweder auf dem elektrischen Stuhl zu sterben – und das soll eine sehr unangenehme Todesart sein – oder aber, man würde ihm bei verbundenen Augen mit einer hauchdünnen Klinge die Pulsadern öffnen, auf ganz schmerzlose Art. Er erklärte sich damit einverstanden – schließlich hatte er ja nichts mehr zu verlieren. Dann verband man ihm die Augen und fuhr ihm mit einem vollkommen stumpfen Gegenstand über die Handgelenke, goß dann aber blutwarmes Wasser darüber. Der Mann sank in sich zusammen – und war tot. Obwohl ihm kein Härchen gekrümmt worden war. Es war eben die gewaltige Kraft seiner festen Überzeugung, seine Erwartung des sicheren Todes gewesen, die ihn auch tatsächlich umbrachte.
Wenn diese Kraft so stark ist, daß sie sogar die Lebensfunktionen eines völlig gesunden Menschen ohne äußere Ein-

---

[*] Andre Sonnet, *Der Mensch ist voller Geheimnisse. Im Bereich des Unerklärlichen.* Berlin 1959.

wirkung zum Stillstand bringen kann, sollte sie dann nicht erst recht in positiver Hinsicht genutzt werden können? Ist es möglich, sie bewußt einzusetzen, um bestimmte Ziele zu erreichen?

Natürlich ist es das. Wie man praktisch damit arbeitet, erfährst du im zehnten Kapitel (Bewußte Lebensgestaltung: **Positives Denken**).

Hypnose

Wir wollen uns hier aber noch ein bißchen mit den theoretischen Hintergründen beschäftigen.

Dieses Prinzip, daß eine innere Überzeugung als äußere Wirklichkeit in Erscheinung treten kann, liegt auch der Hypnose zugrunde. Man versteht darunter einen schlafähnlichen Zustand, in dem der Mensch empfänglich ist für Suggestionen, das heißt für Beeinflussungen, die er für wahr hält und nach denen er handelt, ohne daß es ihm bewußt ist.

Während die Vorführungen eines Hypnotiseurs früher oft den Charakter einer Volksbelustigung hatten (und heute manchmal auch wieder), macht sich inzwischen selbst die Medizin dieses Phänomen zunutze. Wenn man einem Hypnotisierten einredet, das (in Wirklichkeit völlig kalte) Stück Metall auf seiner Hand sei glühend heiß und die Haut daraufhin tatsächlich Brandblasen aufweist, ist das zwar erstaunlich und verblüffend, aber man fragt sich doch: Was soll das eigentlich?

Wenn man dagegen einem Kranken in der Hypnose suggeriert, daß er immer widerstandsfähiger gegen die Erreger wird und ihm damit zur Gesundung verhilft, macht das schon mehr Sinn.

Was aber passiert in der Hypnose, daß selbst intelligente Menschen sich den sinnlosesten Anweisungen des Hypnotiseurs willig fügen? An dieser Stelle möchte ich betonen, daß es allerdings nicht möglich ist, einen Hypnotisierten zu einer Tat zu bewegen, die er nicht auch im wachen Zustand ausführen würde. Die Geschichten vom hypnotisierten Mörder, der sich als willenloses Werkzeug mißbrauchen läßt und sich danach an nichts mehr erinnern kann, sind eher ein Phantasieprodukt von Krimi-Autoren. Wohl aber könnte jemand beispielsweise dazu gebracht werden, sich vor dem Publikum auszuziehen, wenn man ihm suggeriert, es sei furchtbar heiß und er wolle sich ein erfrischendes Bad gönnen.

Im hypnotischen Zustand wird das Bewußtsein, das normalerweise im Wachsein die Kontrolle über den Menschen hat, ganz oder teilweise ausgeschaltet und damit das Unterbewußtsein (manche sprechen auch vom Unbewußten) direkt angesprochen.

Schaltstelle Bewußtsein

Das Bewußtsein ist so etwas wie eine Schaltstelle, denn hier werden nicht nur die Signale aus der Außenwelt mit Hilfe der Sinnesorgane registriert, sondern auch Eindrücke aus dem Unterbewußtsein, Gefühlsregungen und Gedanken empfangen.
Du kannst also dein Bewußtsein einmal nach außen richten, und das tust du fast den ganzen Tag, auch jetzt im Moment,

während du die Buchstaben und Wörter auf dieser Seite wahrnimmst. Du kannst es aber auch nach innen lenken, wenn du bewußt deine Gefühle wahrnimmst und auf die leise innere Stimme lauschst.

Häufig wechselt die Richtung deiner Antennen blitzschnell von außen nach innen und wieder zurück. Diesen Wechsel kriegst du meistens gar nicht mit. Stell dir vor, jemand erzählt dir etwas Interessantes. Du hörst es (Bewußtsein nach außen gerichtet), und es löst in dir bestimmte Gedanken und Gefühle aus. Für einen ganz kurzen Moment nimmst du diese Gefühle mehr oder weniger bewußt wahr (Freude, Ärger, Staunen usw.), und das bedeutet, daß dein Bewußtsein nach innen gerichtet war. Aber im nächsten Moment reagierst du bereits und bist wieder nach außen orientiert.

Das Bewußtsein besteht also gewissermaßen aus zwei Hälften, die sich zueinander verhalten wie die Schalen einer Waage. Wenn die eine Seite oben ist, ist die andere jeweils unten. Und immer wenn das Bewußtsein nach außen gerichtet ist, hast du in diesem Moment keinen Zugang zu deinem Unterbewußtsein.

Vielleicht hast du das auch schon einmal erlebt, daß jemand dir etwas Unangenehmes sagt und du zwar einen Stich verspürst oder ein komisches Gefühl hast, aber nicht weiter darauf achtest. Und erst viel später, wenn du allein bist und ungestört, kommt dir dann richtig zu Bewußtsein, wie unmöglich diese Situation war. Vorher war deine Aufmerksamkeit so stark nach außen gerichtet, daß du nicht wirklich wahrnehmen konntest, was in dir vorging.

Das Bewußtsein hat aber nicht nur die Aufgabe, Sinnesreize aufzunehmen, sondern regelt auch deine bewußten Reaktionen, indem es dem Gehirn bestimmte Impulse zum Handeln übermittelt.

Ein einfaches Beispiel mag das illustrieren:

Du hörst einen Ton, das Bewußtsein registriert ihn, ordnet ihn ein – aha, das Telefon klingelt. Alsdann lassen dich die entsprechenden Impulse aufstehen, deine Beine in Bewegung setzen, die Hand den Telefonhörer greifen und so weiter.

Aufgaben des Unterbewußtseins

Während du wach bist, ist dein Bewußtsein fast die ganze Zeit nach außen gerichtet, und zum »Abschalten« kommst du nur selten. Aber auch wenn du dich nicht bewußt nach innen wendest, ist doch dein Unterbewußtsein währenddessen ständig aktiv, ohne daß du davon auch nur etwas ahnst. Es hat die vielfältigsten Aufgaben, und wenn es nicht so gut funktionieren würde, könnten wir uns – nur mit dem Bewußtsein allein – nicht lange am Leben erhalten. Das Unterbewußtsein steuert nämlich alle unwillkürlichen Abläufe im Körper. Stell dir nur mal vor, du müßtest das alles bewußt tun: die Atmung, den Herzschlag, die Verdauung usw. dirigieren. Mach dir einmal bewußt, was alles ohne dein Zutun ständig in deinem Körper abläuft. Schon das allein ist ein Wunder.

Die Aufgaben von Bewußtsein und Unterbewußtsein werden noch deutlicher, wenn du dir den Menschen in seiner Gesamtheit als so eine Art Fabrik vorstellst. Der Körper, das ist das Gebäude. Das Gehirn ist das Zentralbüro, wo die fünf Direktoren, die Sinnesorgane, ihren Sitz haben. Von da aus gibt das Bewußtsein seine Anweisungen, entsprechend der

Meldungen, die über diese Direktoren hereinkommen. Der Chefingenieur aber, der dafür verantwortlich ist, daß alles reibungslos läuft, ist das Unterbewußtsein.

Aber so wichtig und entscheidend seine Aufgabe auch ist – es ist lediglich ausführendes Organ. Die Befehle kommen vom Bewußtsein – das aber wiederum vermag nichts darüber hinaus zu tun. Bei ihm liegt die Aufgabe zu prüfen, was in Auftrag gegeben werden soll.

Kommen keine besonderen Befehle, dann hält das Unterbewußtsein einfach alle »Maschinen« in Gang, seine Arbeit ist immer aufbauend, wenn ihm nichts anderes gesagt wird. Jede Wunde, die du dir zugefügt hast, ist bestrebt zu heilen, jeder Krankheitserreger wird angegriffen, um ihn zu vernichten, jeder Fremdkörper wird nach Möglichkeit aus dem Körper entfernt, beispielsweise durch Eiterbildung bei einer Verletzung oder durch Husten, wenn etwas in die Lunge gelangt ist.

Die Macht der Gewohnheit

Kommt aber ein spezieller Befehl, dann ist das Unterbewußtsein auch bestrebt, ihn auszuführen. Und zwar kritiklos! Und wenn ein Auftrag oft genug gegeben und über lange Zeit wiederholt erledigt worden ist, hat ihn das Unterbewußtsein gespeichert und führt ihn dann gewissermaßen automatisch aus.

Das ist auch die Erklärung dafür, wie Gewohnheiten entstehen – meistens leider schlechte. Eine ursprünglich bewußte und willentliche Entscheidung hat sich durch ständige Wiederholung verselbständigt und ist für das Unterbewußtsein zum zwingenden Gesetz geworden.

Nehmen wir nur als Beispiel den Griff nach der Zigarette in

Streßsituationen. Leider glauben ja auch schon viele junge Leute, den harten Alltag ohne Zigarette nicht überstehen zu können. (Warum das Rauchen alles nur noch schlimmer macht, wirst du spätestens am Ende des Buches besser verstehen können. Ich werde darauf zurückkommen.)
Zuerst hast du vielleicht nur mitgeraucht, weil es die anderen auch machen. (Meine ersten Zigaretten haben mir jedenfalls nicht geschmeckt, und schwindelig wurde mir auch davon.) Aber bald findet man es toll und steckt sich eine Zigarette an in dem (noch immer bewußten) Gefühl: Jeder kann sehen, wie toll ich bin, weil ich schon rauche.
Und dann kommen die Situationen, in denen man sich unsicher oder überfordert fühlt und irgendwo Halt sucht – Zigarette her. Egal, ob das auf der Party ist, wo man kaum jemanden kennt, oder ob man am Schreibtisch sitzt und nicht weiß, wie man das Referat bis morgen schaffen soll.

Das Unterbewußtsein registriert: »Streß«.

Und weil das Bewußtsein in solchen Situationen schon oft genug den Befehl »Zigarette anzünden« gegeben hat, suchen deine Hände die Schachtel, ohne daß dir noch ins Bewußtsein dringt, was du gerade tust. Die einzige Möglichkeit, dem entgegenzusteuern, ist, wieder den Willen einzuschalten und ganz bewußt den Gegenbefehl »Zigaretten steckenlassen« zu geben. Und selbst dann – jeder Süchtige kann das bestätigen – erweisen sich das Unterbewußtsein und die Macht der Gewohnheit oft als stärker.
Das Unterbewußtsein ist also ständig aktiv, im Gegensatz zum Bewußtsein. Die fünf »Direktoren« haben nämlich auch einmal Feierabend, wenn du schläfst.

Aber selbst wenn du bewußt keine Außenreize wahrnimmst – dein Unterbewußtsein registriert alles. Es hat
außerdem, so unglaublich das klingen mag, alles aufgezeich-
net und gespeichert, womit du je in Berührung gekommen
bist, jeden Eindruck, vom Tag deiner Geburt an – und sogar
schon lange davor. Aber das ist ein anderes Kapitel.

Allerdings hat das Bewußtsein zu diesem Archiv keinen
ständigen Zugang, und das ist der Grund, weshalb du dich
an das meiste überhaupt nicht mehr erinnern kannst. Aber
das ist auch gut so. Du würdest sonst nämlich in einem
Zustand heilloser Verwirrung leben. Wenn du die Straße
entlanggehst, nimmst du nur einen ganz kleinen Ausschnitt
wahr von all den Reizen, die dich von überall her überfluten.
Du kannst gar nicht bewußt alle Töne aufnehmen und
verarbeiten, jedes Wort, das um dich herum gesprochen
wird, jede Einzelheit wahrnehmen. Und doch entgeht dem
Unterbewußtsein nichts, und nichts geht verloren, alles ist
wie in einem enormen Computer gespeichert.

Hypnose ist, wie schon erwähnt, eine Möglichkeit, Zugang
zu diesem Speicher zu erlangen. Es hat Fälle gegeben, wo
ein Verbrechen aufgeklärt werden konnte, weil jemand sich
im hypnotischen Zustand an ein Autokennzeichen erinnern
konnte, das er bewußt gar nicht wahrgenommen hatte.

Gespeicherte Erfahrungen sind wie Befehle

Dennoch wäre das alles nicht von so großer Bedeutung,
wenn diese unzähligen Informationen tatsächlich nur abgelegt wären. Ich nehme an, es macht für dich keinen großen
Unterschied, ob du dich noch an die Geschenke zu deinem

fünften Geburtstag erinnern kannst oder nicht. Aber, wie gesagt, das Unterbewußtsein richtet sich nach allen Befehlen, die ihm das Bewußtsein gibt – und in der Vergangenheit gegeben hat. Nun ist und war dir aber oft gar nicht bewußt, daß du überhaupt einen Befehl erteilt hast. Und so manche Erfahrung, die du gemacht hast, war so schmerzlich, daß du dich nicht mehr daran erinnern willst. Du hast sie verdrängt, so als wäre es nie passiert.

Aber sie ist noch da und wirkt noch, ob du dich erinnerst oder nicht.

Und wenn du zu deinem fünften Geburtstag wieder nicht das Fahrrad bekommen hast, das du dir so sehnlich gewünscht hattest und das dir deine Eltern vielleicht sogar schon versprochen hatten, dann ist in deinem Unterbewußtsein diese herbe Enttäuschung gespeichert: Wenn ich mich auf etwas freue, wird nichts daraus. Denn die Gründe dafür, daß dein Vater möglicherweise arbeitslos wurde und ihr euch so teure Geschenke nicht mehr leisten konntet, die interessieren dein Unterbewußtsein nicht, denn die hast du als Kind auch nicht verstanden. Was bleibt, ist der Schmerz. Und der wirkt um so nachhaltiger weiter, je weniger er dir bewußt ist. Denn im Unterbewußtsein ist diese Erfahrung als Befehl gespeichert. Du kannst dir heute nicht erklären, wieso du immer das Gefühl hast, dich nicht wirklich auf etwas freuen zu dürfen, weil es sowieso nichts wird. Wenn du dir dann doch einmal eine Vorfreude gestattest, erlebst du prompt wieder einen Reinfall.

Jetzt weißt du aber, woran das liegt. Was du dagegen tun kannst, erfährst du auch im zehnten Kapitel (»Wie du dein Unterbewußtsein programmieren kannst«).

Früh erworbene und angeborene Verhaltensmuster

Heute weiß man, daß bereits in der Schwangerschaft tief-greifende Empfindungen der werdenden Mutter auf das ungeborene Kind übertragen werden. Eine pessimistische Lebenshaltung, die Angst, verlassen zu werden, das Gefühl, nicht wirklich geliebt zu werden, überflüssig und uner-wünscht zu sein, oder auch das Gegenteil, sich geborgen und beschützt zu fühlen, was auch immer geschieht – all diese Empfindungen haben wir als Botschaften lange vor unserer Geburt erhalten und gespeichert und bringen sie bereits mit auf die Welt.

Aber auch andere Verhaltensmuster, die noch weiter zu-rückreichen, sind uns angeboren und bestimmen unser Verhalten, ohne daß uns ihr Ursprung bewußt ist. Solche Instinkte, Triebe oder Reflexe sind unser stammesge-schichtliches Erbe und hatten die Aufgabe, das Überleben der Art zu sichern.

Wenn ein Kind auf die Welt kommt, braucht ihm niemand beizubringen, daß es saugen muß, um zu überleben. Es beginnt sofort nach der Brustwarze zu suchen, indem es das Köpfchen hin- und herdreht, schnappt fest zu, sobald es sie gefunden hat, und beginnt zu trinken.

Die Nahrungsaufnahme befriedigt aber nicht nur ein exi-stentielles Körperbedürfnis, sondern ist auch mit angeneh-men Gefühlen verbunden. Der Säugling findet bei der Mut-ter über die lebensnotwendige Nahrung hinaus auch Zu-wendung, Wärme, Schutz und Geborgenheit.

Dieses Muster des Suchens und Findens ist auch in deinem Unterbewußtsein noch fest verankert, selbst wenn es im Grunde längst nicht mehr gebraucht wird. Geht es dir auch so, daß du ständig Sachen verlegst und nur noch am Suchen bist? Du magst es Schusseligkeit nennen oder chaotisches Naturell – dahinter verbirgt sich letztlich doch nur der tiefverwurzelte Wunsch, wieder das zu finden, was damals im Säuglingsalter Ziel und Sinn des Suchreflexes war: Sicherheit und Geborgenheit, ohne etwas dafür tun zu müssen. Wer die Verantwortung für sich selbst und sein Handeln übernommen hat, ist auch in der Lage, seine Habe so zu organisieren, daß die Dinge, die man braucht, auch jederzeit verfügbar sind.

Auch Süchte haben hier ihren Ursprung. »Hinter jeder Sucht steckt eine Sehnsucht«, heißt es, und darum geht es beim Raucher, beim Alkoholiker, beim Eßsüchtigen. Sie haben, wie wir alle, als Baby erfahren, daß beim Saugen, bei der Nahrungsaufnahme, nicht nur die körperlichen Bedürfnisse befriedigt wurden.

Wärme, Nähe und Geborgenheit, alles Aspekte der Mutterbrust und elementare menschliche Bedürfnisse, versuchen sie heute durch den Konsum von Alkohol, Nikotin oder Nahrungsmitteln zu stillen. Während die wirkliche Befriedigung ausbleibt, wird die Sehnsucht danach immer größer und führt zu ständig neuen Versuchen und schließlich in den Teufelskreis der Abhängigkeit. Steckt man dann erst einmal mitten in der Sucht, ist eine therapeutische Behandlung unumgänglich. Aber manchmal reicht es schon aus, sich den verborgenen Ursprung bewußt zu machen, um eine bewußte Verhaltensänderung bewirken zu können.

Der Urmensch in uns

Unsere Frage »Was ist der Mensch?« hat uns inzwischen zu seinen frühen Anfängen in grauer Vorzeit geführt, und es ist schon erstaunlich, wieviel von dem Urmenschen und seinen instinkthaften Handlungen auch noch heute in jedem von uns steckt. Nur sind uns in den seltensten Fällen die Ursachen klar.

Ein typisches Beispiel: Du bist aufgeregt, hast Angst – und merkst plötzlich, daß du dringend aufs Klo mußt. Daß jemand vor Angst »die Hosen voll« hat, ist nicht nur eine Redensart.

Für den Urmenschen gab es, genauso wie für Tiere, in bestimmten brenzligen Situationen nur noch eins: nichts wie weg! Auf der Flucht aber ist jeglicher Ballast hinderlich, und deshalb wurden zuvor noch schnell die Blase und der Darm entleert.

Inzwischen haben sich zwar unsere Lebensumstände grundlegend geändert, aber diese alte Programmierung ist nach wie vor wirksam. Losgelöst von der ursprünglichen Situation ist das Verhalten dann nicht nur unerklärlich, sondern bisweilen auch recht hinderlich und unangebracht. Wenn man mitten in einer Prüfung steckt und sich dann plötzlich vor lauter Angst das dringende Bedürfnis meldet, »Ballast abzuwerfen«, kann das schon recht peinlich werden.

Abstand halten

Noch etwas haben wir mit Tieren und Urmenschen gemeinsam: Nähert sich uns ein Fremder, bestimmt der Abstand zwischen ihm und uns, wie wir uns verhalten.

Den Raum um uns herum kann man gewissermaßen in

verschiedene Zonen einteilen. Menschen, die etwa drei, vier Meter und mehr von uns entfernt sind, interessieren uns nicht weiter. Wir nehmen sie nur am Rande wahr. Möglicherweise liegt hier auch der Grund dafür, daß viele Schüler beim Frontalunterricht abschalten, weil sie sich einfach nicht persönlich betroffen fühlen, wenn der Lehrer so weit weg ist.

Ein Abstand von etwa zwei Metern ist immer noch ziemlich unpersönlich; man kann miteinander reden, aber es ist auch nicht unhöflich, wenn man sich nicht weiter beachtet. Der Chef, der seinen Untergebenen hinter dem Schreibtisch empfängt, vergrößert so die Distanz und macht damit deutlich, daß eine persönliche Beziehung hier nicht erwünscht ist.

Läßt man jemanden näher an sich herankommen, heißt das auch, daß man bewußt Kontakt zueinander aufnimmt. Wir alle brauchen die Nähe zu anderen, und solange dabei eine bestimmte Grenze nicht gegen unseren Willen überschritten wird, genießen wir sie auch und fühlen uns sicher und wohl. Auch für ein Tier trifft das zu, weil es bei einem gewissen Abstand immer noch die Flucht ergreifen kann, sobald es Gefahr wittert.

Dringt aber ein Fremder ungefragt in unsere »Intimzone« ein, fühlen wir uns unbehaglich. Einem Tier würde dann nur noch die Möglichkeit des Angriffs bleiben, und ein Dompteur achtet beispielsweise ganz genau darauf, daß dem Löwen noch die Möglichkeit zum Ausweichen bleibt, solange die persönliche Beziehung noch nicht eng genug ist. Als (mehr oder weniger) zivilisierte Menschen reagieren wir meist nicht mit offener Aggression, sondern versuchen eher, bewußt oder unbewußt, den Abstand wieder zu vergrößern und unerwünschten Berührungen auszuweichen. Du kannst das überall beobachten, wo Menschen gezwun-

genermaßen in die Intimzone anderer eindringen, im voll-
besetzten Bus, beim Gedränge im Kaufhaus oder im Fahrstuhl. Achte einmal darauf: Gerade habt ihr euch noch
unterhalten, dann steigen andere Menschen dazu, der enge
Raum füllt sich – und schon verstummen die Gespräche, die
Atmosphäre ist gespannt, jeder versucht nach Möglichkeit
den Körperkontakt mit Fremden zu vermeiden und bemüht
sich angestrengt, woanders hinzusehen.

Vielleicht hast du es selbst auch schon einmal erlebt, daß dir
jemand im Gespräch dichter »auf die Pelle« gerückt ist, als
dir lieb war. Wenn du zu höflich warst, ihn zurechtzuweisen,
bist du sicher zumindest unwillkürlich zurückgewichen und
hast so versucht, deine Intimzone zu wahren. Denn diese
Nähe ist nur engen Vertrauten vorbehalten.

Um nicht ständig anzuecken und sich eine Abfuhr nach der
anderen einzuhandeln, ist es wichtig, diese Zusammenhänge zu verstehen und das Bedürfnis nach Abstand auch bei
anderen zu respektieren. Der Raum, den wir für uns bean-
spruchen, erstreckt sich beispielsweise auch auf den Tisch,
den man mit anderen teilt. Sitzen sich zwei Personen im
Restaurant gegenüber, besagt ein ungeschriebenes Gesetz,
daß jedem die Hälfte des Platzes gehört. Verteilt nun der
eine seine Gegenstände so großzügig, daß sie auch auf der
Hälfte des anderen zu liegen kommen, wird dieser es –
unbewußt – als ein Eindringen in sein Territorium auffas-
sen.

In der Schule passiert es häufig, daß Schüler, die an einem
Zweiertisch sitzen, diesen auf den Millimeter genau ausmes-
sen und einen Strich in der Mitte ziehen – und wehe, einer
wagt es auch nur, seinen Bleistift auf der anderen Seite
abzulegen!

Im Umgang mit anderen sind es meist weniger die gesprochenen Worte, auf die wir reagieren, als bestimmte Signale, die wir aussenden und empfangen, oft ohne sie überhaupt bewußt wahrzunehmen. Wenn einer mit verschränkten Armen vor dir steht und dir versichert: »Ich bin ganz offen für deine Probleme«, während seine Augen im Raum umherschweifen, als würden sie jemanden suchen, dann wirst du zu Recht das unbehagliche Gefühl haben, daß er es nicht ganz ehrlich meint.

Versprecher und Fehlhandlungen

Es gibt auch Situationen, in denen sich das Unterbewußtsein durchsetzt und dich etwas tun oder sagen läßt, was du eigentlich gar nicht vorhattest. Das kann manchmal ganz schön peinlich sein, weil deine Beteuerungen, daß du dich nur versprochen hast, nichts an der Tatsache ändern, daß du es gesagt hast. Außerdem ahnt jeder, daß niemand etwas aussprechen kann, was nicht irgendwie auch in seinen Gedanken war. Sigmund Freud, der Begründer der Psychoanalyse (siehe auch Seite 88), meinte, daß dabei verdrängte Gedanken und Gefühle ans Tageslicht kommen. Wenn jemand z. B. bei einer Ansprache sagt, er wolle auf das Wohl seines Chefs **auf**stoßen (statt **an**stoßen), kann man sich denken, was er in Wirklichkeit von ihm hält.

Auch Fehlhandlungen können sehr aufschlußreich sein. Als ich noch studierte, wohnte ich in Hamburg in einem alten Haus mit Fahrstuhl. Eines Morgens, es war zu Beginn des Semesters, hatte ich überhaupt keine Lust, zur Vorlesung zu fahren. Pflichtbewußt machte ich mich dennoch fertig, stieg in den Fahrstuhl, drückte den Knopf – nichts. Ich drückte noch einmal – es passierte nichts. Und dann merkte ich, daß ich hartnäckig auf den Knopf des Stockwerks gedrückt hatte, in dem ich mich befand. Klar, ich wollte ja auch eigentlich gar nicht runterfahren und wäre am liebsten zu Hause geblieben.

Das Interessante daran war, daß mein Unterbewußtsein sogar recht hatte; die Vorlesung fand noch gar nicht statt, und ich hätte mir den Weg tatsächlich sparen können.

Wie du siehst, hast du als Angehöriger der Gattung Mensch sehr viel mit allen anderen Menschen gemeinsam.

Sich selbst besser kennenzulernen bedeutet deshalb immer, auch seine Mitmenschen im gleichen Maße besser zu verstehen.

2. Gegensatz und Einheit: Du und die Welt

Körper, Seele und Geist

Bislang haben wir den Menschen sozusagen in zwei Hälften aufgeteilt: den Körper als materiellen Teil, als etwas, was man sehen und anfassen kann, und dann die Seele als die Kraft, die zwar unsichtbar ist, aber dennoch erst den eigentlichen Menschen ausmacht, weil sie den stofflichen Körper belebt.

Wissenschaftler sagen nun, daß all das, was wir dem nichtstofflichen Teil des Menschen zuordnen, letztlich nur Funktionen des Körpers sind. So auch der Geist, der im Zusammenhang von Körper und Seele meist als dritter Aspekt genannt wird. Üblicherweise versteht man darunter die Gedanken, das Denkvermögen, die Fähigkeit, logische Schlüsse zu ziehen usw. im Gegensatz zu der Seele, die den Bereich der Gefühle und Ahnungen umfaßt, und so möchte ich das Wort hier zunächst auch noch verwenden.

Nun scheint es eindeutig zu sein, daß sich das Denken im Kopf abspielt, und zwar als Funktion des Gehirns, aber es ist nicht so einfach, den genauen Sitz der Seele zu bestimmen. Sie wird irgendwo im Bauch angesiedelt, und während »Kopfmenschen« ihre Probleme durch Nachdenken zu lösen versuchen, gibt es auch Menschen, die mehr »aus dem Bauch heraus«, d. h. nach dem Gefühl, handeln.

Die Seele – eine Funktion des Körpers?

Die Frage, ob nun die Seele den Körper belebt, oder ob sie erst ein Produkt des Körpers ist, gleicht der Frage nach dem Huhn und dem Ei: Was war zuerst da?

Der naturwissenschaftlich orientierte Mensch sagt: Es ist alles letztlich eine Sache der Materie. Selbst Gefühle sind nichts anderes als Chemie, und sogar die Persönlichkeit eines Menschen kann durch entsprechende Manipulationen an bestimmten Gehirnzentren verändert werden. Alles wird von dort gesteuert und beeinflußt, und wie ein Mensch ist, liegt an den Erbanlagen, der Erziehung und äußeren Einflüssen und ist somit letztendlich Zufall.

Die Seele gestaltet den Körper

Der Esoteriker sagt: Es verhält sich gerade umgekehrt. Die Seele (oder wie immer man diese nicht-materielle Energie nennen mag) besteht jenseits von Zeit und Raum. Sie verkörpert sich nach ewigen Gesetzen, und nicht das kleinste Ereignis geschieht zufällig, sondern hat seinen tieferen Sinn. Jeder Mensch gestaltet sein Leben selbst, sein Körper und seine Lebensumstände sind das Ergebnis einer Entscheidung, die er selbst getroffen hat.

Was ist das: Materie?

Wenn wir verstehen wollen, wie es überhaupt möglich ist, daß eine nicht-stoffliche Energie auf Materie einwirken kann – und du erlebst es ständig, daß ein Gedanke (Energie) in der Lage ist, in deinem Körper (Materie) eine Reaktion hervorzurufen –, müssen wir uns näher damit befassen, was Materie eigentlich ist.

Allerkleinste Bausteine

Alles, was wir auf der materiellen Ebene wahrnehmen, besteht aus winzig kleinen Bausteinen, den Molekülen, die sich wiederum in Atome aufteilen lassen. Früher nahm man an, ein Atom sei die absolut kleinste Einheit und nicht mehr weiter teilbar. Daß das nicht stimmt, wissen wir heute längst und nutzen die ungeheure Energie, die bei der Kernspaltung frei wird, leider nicht nur zu friedlichen Zwecken und auch ohne die weitreichenden Konsequenzen genügend zu bedenken.

Grob vereinfacht kann man sagen, daß ein Atom aus einem Atomkern besteht und den Elektronen, die ihn umkreisen. (Wenn du dich für Physik interessierst, kannst du die genaueren Zusammenhänge in der Fachliteratur nachlesen. Hier soll es genügen, ein vereinfachtes Bild zu entwerfen, damit das Wesen der Materie vom Ansatz her deutlich wird.) Die Elektronen bewegen sich unvorstellbar schnell um den Atomkern herum.

Daraus ergibt sich bereits, daß die Vorstellung, Materie sei etwas Starres, Festes, unzutreffend ist. Aber nicht nur die Schnelligkeit eines Elektrons liegt außerhalb unseres Begriffsvermögens, sondern auch seine Größe, besser gesagt, seine Winzigkeit.

Um dir eine Vorstellung von den Größenverhältnissen zu geben, hier ein Vergleich: Würde man den Kern eines Wasserstoffatoms in einem Modell als etwa zehn Millimeter große Kugel darstellen, so hätten die Elektronen im Verhältnis dazu die Größe eines Sandkorns. Der Abstand aber, in dem diese Elektronen den Atomkern umkreisen, würde etwa hundert Meter (!) betragen.

Aus dieser fast unvorstellbaren Tatsache kann man ableiten, daß ein Atom zum größten Teil aus – »nichts« besteht.

Und damit noch nicht genug. Man definiert zwar ein Elektron als elektrisch geladenes »Teilchen«, aber dennoch ist es praktisch masselos und selbst noch keine Materie an sich.

Alles, was existiert, sind Schwingungen

Alles, was Materie zugrunde liegt, sind Schwingungen. Genauer gesagt: Alles, was existiert, sind Schwingungen.

Ich kann mir vorstellen, daß du skeptisch bist. Wie kann ein Stuhl, ein Tisch, wie können massives Holz oder gar harte Materialien wie Stahl oder Diamant vor allem aus »nichts« bestehen, aus Energieteilchen, die in Bewegung sind?

Wie es zu dem Eindruck kommt, daß Materie etwas Festes ist, mag wieder ein Vergleich verdeutlichen. Sicher hast du schon einmal einen Propeller gesehen, sei es einen großen am Flugzeug oder einen kleineren am Ventilator. Er besteht nur aus einem relativ dünnen Rotorblatt. Setzt man ihn aber in Bewegung, in enorm schnelle dazu, scheint er in jedem Moment fast gleichzeitig an jedem Ort der Kreisbahn zu sein und erweckt dadurch den Eindruck einer festen Scheibe, die man nicht durchdringen kann.

Es ist also die unvorstellbar schnelle Bewegung der Elektronen, die uns Materie als (scheinbar) festen Stoff wahrnehmen lassen.

Wie kommt es aber zu dieser Bewegung? Wie hat das alles angefangen? Was hat den Anstoß gegeben? Was erhält sie aufrecht?

Die Wissenschaft hat viele Erklärungen gefunden. Man weiß zum Beispiel, daß in einem Atom zwei gegensätzliche Kräfte am Wirken sind. Zum einen zieht der positiv geladene Atomkern das negative Elektron an. Dieser Anziehung wirkt aber eine andere Kraft entgegen, und zwar ist es die Fliehkraft, die durch die Bewegung des Elektrons entsteht. Beide Kräfte wirken also gegensätzlich und halten dadurch eine Balance, so daß das Elektron auf einer bestimmten Bahn bleibt, auf der es den Atomkern umkreist.

Was passieren würde, wenn eine der Kräfte nachließe und alles aus dem Gleichgewicht käme, zeigen die Vorgänge beim Erlöschen eines Sterns: Er bläht sich auf und wird zum »Roten Riesen«, dann schrumpft er zum »Weißen Zwerg«. Noch größere Sterne explodieren in einer Supernova, und was übrigbleibt, ist ein Pulsar, eine relativ kleine, aber extrem verdichtete Kugel, oder auch ein »Schwarzes Loch«. Dabei wird die Atomstruktur zerstört, die Teilchen werden zu unendlicher Dichte zusammengedrückt, und die Schwerkraft ist so extrem stark, daß nichts mehr entweichen kann, nicht einmal Licht.

Inzwischen hat man sogar in Laborversuchen »Antimaterie« mit entgegengesetzter elektrischer Ladung nachgewiesen, und doch bleibt immer noch die Frage ungeklärt:

Wie ist das alles entstanden?

Diese Frage bezieht sich nicht nur auf die allerkleinsten Einheiten des Universums, den Mikrokosmos, sondern genauso auf das gesamte All mit seinen ungeheuren Dimensionen, die unser Vorstellungsvermögen bei weitem übersteigen.

Nun waren es gerade die größten Köpfe der Wissenschaft, denen aufgrund ihrer intensiven Forschungen klar wurde, daß es uns unmöglich ist, die Kraft zu erkennen, die hinter allen Erscheinungsformen liegt, und sie haben dieses Unvermögen auch offen bekannt.

Der Geist als Ursprung aller Materie

Ich möchte dazu **Max Planck** zitieren, der zusammen mit Albert Einstein ein neues Zeitalter der Naturwissenschaft eingeleitet hat.

Es gibt keine Materie an sich. Alle Materie entsteht und besteht nur durch eine Kraft, welche die Atomteilchen in Schwingung versetzt und sie zum winzigen Sonnensystem des Atoms zusammenhält. Da es aber im ganzen Weltall weder eine intelligente noch eine ewige Kraft an sich gibt, müssen wir hinter dieser Kraft einen bewußten, intelligenten Geist annehmen. Dieser Geist ist der Ursprung aller Materie.

Ich will es noch einmal wiederholen:

Alles, was existiert, sind Schwingungen.

Das ist der Schlüssel zum Verständnis aller Erscheinungen, sei es auf der materiellen oder auf der nicht-materiellen Ebene.

Energie und Materie sind dasselbe

Einstein hat festgestellt: »Stoff ist verdichtete Energie, beides läßt sich ineinander umwandeln.«
Materie und Energie sind also letztlich dasselbe. Das einzige,

was den Unterschied zwischen den vielfältigen Erscheinungsformen ausmacht, sind unterschiedliche Schwingungsfrequenzen.

Verschiedene Erscheinungsformen

Wird die Schwingungsfrequenz verändert, ändert sich auch das Erscheinungsbild. Das kann beispielsweise durch eine Temperaturänderung geschehen. Wasser, ein flüssiger Stoff, wird fest, wenn der Gefrierpunkt erreicht wird, und es wird gasförmig, wenn es über den Siedepunkt hinaus erhitzt wird. Die Kraft, mit der die Teilchen zusammenhängen, ist beim Eis, einem festen Körper, sehr groß und wird geringer, wenn das Eis schmilzt und ist schließlich kaum noch vorhanden im Wasserdampf.

Unterschiedliche Frequenzen

Den Begriff »Frequenz« kennst du sicher u. a. vom Radio her; die Sender benutzen unterschiedliche Frequenzen, um ihr Programm auszustrahlen. Dich umschwirren jetzt im Moment und zu jeder Zeit die unterschiedlichsten Sendungen, ohne daß du auch nur das Geringste davon wahrnimmst. Erst wenn du dein Radiogerät einschaltest, bist du in der Lage, sie zu hören. Du mußt deinen Empfänger auf eine bestimmte Frequenz ausrichten, um die dort gesendete Information aufnehmen zu können.

Und das trifft auf jede Wahrnehmung zu: Du brauchst eine geeignete »Empfangsstation«, damit du mit einer vorhandenen Information auch etwas anfangen kannst. Ohne sie kann dich nichts erreichen, und was immer auch jemand zu übermitteln versucht – für dich ist es nicht existent und darum wertlos.

Mit anderen Worten: Für eine ganz bestimmte Frequenz brauchst du deine Augen, weil du mit ihrer Hilfe den Bereich des Sichtbaren wahrnehmen kannst, für einen anderen Schwingungsbereich deine Nase usw. Daß die Grenzen bei manchen Bereichen fließend sind, merkst du spätestens, wenn du in der Disco dicht am Lautsprecher stehst. Du nimmst zwar die Töne mit den Ohren wahr, aber bei lauten Bässen spürst du sie auch in der Magengrube.

Signale empfangen: Unsere Wahrnehmung

Unsere fünf Sinne sind also die Empfangsstationen, mit denen wir die Signale aus unserer Umwelt aufnehmen. Aber ihre Fähigkeiten sind begrenzt. Wir sind lediglich in der Lage, einen relativ kleinen Ausschnitt aus sämtlichen vorhandenen Schwingungen zu erfassen. Selbst viele Tiere sind uns in dieser Hinsicht überlegen. Denk nur mal an den Orientierungssinn, mit dem z. B. Brieftauben ausgestattet sind, oder an die feine Nase eines Hundes, an die scharfen Augen eines Adlers, an das Gehör einer Fledermaus.

Katzen sagt man sogar nach, sie seien in der Lage, für Menschen schädliche Strahlungen aufzuspüren – den Platz, wo sich eine Katze wohlfühlt, sollte man also möglichst meiden. Aber das gehört in einen Bereich, der weniger durch wissenschaftliche Untersuchungen als durch persönliche Erfahrungen bestätigt werden kann.

Denn eines darf man dabei nicht vergessen: Die körperlichen Sinne können nur solche Informationen aufnehmen und verarbeiten, für die sie auch geeignet sind. Und die Wissenschaft kann nur das untersuchen und erkennen, was in den Bereich ihrer begrenzten Möglichkeiten fällt. Mögen die Instrumente auch immer empfindlicher, komplizierter und raffinierter werden – es bleiben Instrumente, die auf das Materielle ausgerichtet sind. Oder wie **Goethe** es im »Faust« formuliert hat:

> Ihr Instrumente freilich spottet mein
> Mit Rad und Kämmen, Walz' und Bügel:
> Ich stand am Tor, ihr solltet Schlüssel sein;
> Zwar euer Bart ist kraus, doch hebt ihr nicht die
>   Riegel.
> Geheimnisvoll am lichten Tag
> Läßt sich Natur des Schleiers nicht berauben,
> Und was sie deinem Geist nicht offenbaren mag,
> das zwingst du ihr nicht ab mit Hebeln und mit
>   Schrauben.

Der Wissenschaftler, der die Instrumente bedient und abliest, hat dafür auch wiederum nur seine fünf begrenzten Sinne zur Verfügung.

Außerdem kommt man inzwischen langsam dahinter, daß es so etwas wie objektive Untersuchungsmethoden gar nicht gibt. Jeder Wissenschaftler beeinflußt unbewußt mit seinen Gedanken und seiner Erwartungshaltung auch den Verlauf und das Ergebnis eines Experiments.

Denn nicht nur Materie ist Schwingung, auch Energie, und nichts anderes sind Gedanken und Gefühle, wenn auch auf einer viel höheren Schwingungsebene.

Was nehmen wir eigentlich wahr?

Bleiben wir aber vorerst noch einmal bei dem Aufnehmen und Verarbeiten bestimmter Sinnesreize.
Was ist es denn tatsächlich, was wir wahrnehmen? Nichts anderes als eine bestimmte Schwingung.
Sie wird weitergeleitet zum Gehirn und dort erst sozusagen umgesetzt, so daß wir sie als eine ganz bestimmte Empfindung erfahren können. Das Sinnesorgan allein reicht nicht aus. Ist das Sehzentrum im Gehirn beschädigt, ist der Mensch blind, auch wenn das Auge selbst völlig intakt ist.

Objektiv Vorhandenes und subjektiv Wahrnehmbares

Nichts von alledem, was wir wahrnehmen, ist objektiv tatsächlich so vorhanden, sondern eine rein subjektive Angelegenheit. Objektiv vorhanden sind nur die Schwingungen. Mach dir das an folgendem Beispiel einmal klar:

Eine Flasche Himbeersirup fällt zu Boden.
Du **siehst**, wie sie fällt und in Scherben zerspringt.
Du **hörst** das Klirren des zerspringenden Glases.
Du **spürst** die Spritzer der Flüssigkeit an deiner Haut, und wenn du Pech hast, auch die Schmerzen, die von den Glassplittern hervorgerufen werden.
Du **riechst** den süßen Geruch der verschütteten Flüssigkeit.
Wenn du zufällig einen Tropfen davon in den Mund bekommen hast, kannst du auch den **Geschmack** wahrnehmen.
Das sind deine **subjektiven Empfindungen.**

Objektiv ist daran nur folgendes:

Eine bestimmte Schwingung wird von deinem Auge wahrgenommen. Dein Gehirn deutet dann den Reiz auf deiner Netzhaut als fallende, zerbrechende Flasche.

Eine andere Schwingung dringt gleichzeitig an dein Trommelfell, bringt es zum Vibrieren und wird vom Gehirn als Klirren eingeordnet.

Wiederum andere Schwingungen werden von den Nervenenden in deiner Haut weitergeleitet, von deiner Nase und deinen Geschmacksknospen aufgenommen, und auch sie werden von deinem Gehirn interpretiert. Und nur dann, wenn du eine solche Erfahrung bereits einmal gemacht hast, kannst du sie auch einordnen und verstehen.

Ein Blinder würde bei diesem Vorgang nur die Schwingungen wahrnehmen können, die nicht durch das Auge weitergeleitet werden. Er hört das Klirren, weiß aber nicht, wodurch es hervorgerufen wurde.

Jemand, der taub ist, könnte mit den Schwingungen, die an sein Trommelfell dringen, nichts anfangen. Und jemand, der weder sehen noch hören kann, würde erst dann etwas von dem Vorfall merken, wenn er beispielsweise auf die Scherben tritt oder ihm der Geruch in die Nase steigt.

Wenn du die anderen Sinne auch noch wegnimmst, bleibt nichts mehr übrig. Dann existieren weder Flasche noch Himbeersirup. Um eine Schwingung in ein subjektives Erleben umzuwandeln, bedarf es der entsprechenden funktionstüchtigen Organe und eines intakten Gehirns.

Es ist müßig, darüber nachzudenken, ob es die Welt in der uns bekannten Form überhaupt gäbe, wenn keine Menschen da wären, um sie wahrzunehmen.

Für dich und für jeden von uns hat nur das einen Wert, was uns in irgendeiner Weise auch berührt und betrifft.

Es ist auch sinnlos, jemandem etwas erklären zu wollen, für das ihm die »Antenne« fehlt.

Wenn das schon für scheinbar objektive Vorgänge gilt, um wieviel mehr dann aber für ganz persönliche Empfindungen! Hermann **Hesse** hat einmal treffend bemerkt: »Kein Mensch fühlt im andern eine Schwingung mit, ohne daß er sie selbst in sich hat.«[*]

Es ist daher immer wieder ein überwältigendes Gefühl, wenn man einmal auf einen Menschen trifft, der einen wirklich vollkommen zu verstehen scheint. Man sagt dann ja auch: »Wir haben dieselbe Wellenlänge.«

Vielleicht hast du diese Erfahrung auch schon einmal gemacht und verwundert festgestellt: »Er/Sie ist genauso wie ich.«

Aber selbst dann unterscheidet euch vieles. Denn jeder Mensch ist einzigartig, und so, wie du jetzt bist, hat es dich in der gesamten Weltgeschichte noch nie gegeben. Und es wird auch nie wieder einen Menschen geben, der so ist wie du. Selbst wenn man aus deinen Zellen eine Kopie von dir herstellen würde (in der Wissenschaft wird das »Klonen« genannt), wäre dieser Mensch nicht du (siehe auch Seite 18).

Am Anfang des ersten Kapitels ging es um dein »Ich«-Gefühl, das nur du allein so wahrnehmen kannst und das dich von allen anderen unterscheidet. Dann wurde aufgezeigt, daß du gleichzeitig sehr vieles mit anderen Menschen gemeinsam hast. Und schließlich habe ich wieder betont, daß du bei aller Übereinstimmung dennoch ganz einzigartig bist und kein anderer Mensch dir völlig gleicht.

Ist das ein Widerspruch?

---

[*] Alle Hesse-Zitate aus *Mit Hermann Hesse durch das Jahr.* Frankfurt (Suhrkamp) 1976.

Gleichheit und Verschiedenheit

Was wie ein Widerspruch erscheint, ist tatsächlich vielmehr eine Frage der verschiedenen Ebenen und des Standpunktes. Ob man die Gleichheit oder die Verschiedenheit sieht: Es kommt ganz darauf an, um welchen Aspekt des Menschseins es geht.

Überall findest du dieses »Einerseits – Andererseits«, und in der Spannung zwischen diesen beiden Polen spielt sich das gesamte Leben eines Menschen ab.

Worin du anderen gleichst.

Du hast einen Körper wie alle anderen Menschen, und auf der stofflichen Ebene gibt es nur geringfügige Unterschiede. Deine Organe und deine Zellen gleichen im Aufbau völlig denen anderer Körper.

Auch dein Bewußtsein und dein Unterbewußtsein haben dieselben Aufgaben und Funktionen wie bei allen anderen Menschen.

Wenn das alles nicht so wäre, könntest du nicht die Lebensbedingungen mit anderen teilen. Alle Menschen atmen dieselbe Luft und nehmen die gleichen Nährstoffe zu sich, um sich am Leben zu erhalten.

Was dich von anderen unterscheidet

Und doch bildest du als Individuum so etwas wie ein in sich abgeschlossenes System, das scheinbar getrennt von allen anderen existiert und für sich allein erhalten werden muß. Du wirst nicht satt davon, daß ein anderer etwas ißt, niemand kann dir das Atmen abnehmen, und auch deine Gedanken und Gefühle spielen sich allein in dir selbst ab. Niemand kann deine Gefühle spüren oder deine Gedanken denken. Alles, was du anderen mitteilen kannst, sind Worte, Gesten, Handlungen, Blicke, mit denen du versuchst, etwas zu beschreiben und auszudrücken.

Aber der dankbare Blick, den jemand von deinem Gesicht ablesen kann, ist nicht die Dankbarkeit, nicht das Gefühl selbst, das du in dir verspürst. Deine Wut wird für den anderen deutlich, wenn du die Fäuste ballst und mit grimmiger Miene auf ihn losgehst, aber was sich in dir abspielt, das kann niemand wissen außer dir.

Du weißt selbst, wie oft du einfach voraussetzt, daß der andere begreift, was du ihm zu verstehen geben willst – und dann fällst du aus allen Wolken, weil etwas ganz anderes bei ihm angekommen ist. Deine Gefühle waren dir klar, deine Äußerung eindeutig – wie konnte es dann zu diesem Mißverständnis kommen?

Selbst wenn du dich mit einem Freund so gut verstehst, daß er dir ansieht, wie du dich fühlst und deine Freude und deinen Schmerz teilt, kann er dennoch nur seine eigenen Empfindungen wahrnehmen. Sein Gefühl ist ein »Mit-Gefühl«, und er kann nicht wissen, wie sich deines tatsächlich für dich anfühlt.

Und daraus folgt:

Dein Leben kannst nur du selbst leben.
Den Sinn deines Lebens kannst nur du selbst in dir erspüren.
Deine Lebensaufgabe kannst nur du allein und niemand sonst erfüllen.

Abstrakte Ziele – konkrete Aufgaben

Auch wenn es für den Menschen als solchen ein übergeordnetes Ziel geben mag, so liegt es doch an dir, es für dein ganz eigenes Leben mit Inhalt zu füllen und es zum Wegweiser auf deinem persönlichen Lebensweg werden zu lassen.

Auf der abstrakten Ebene wird die Lebensaufgabe oft geprägt durch religiöse und weltanschauliche Einstellungen. Ein Christ sieht den Sinn seines Lebens vielleicht darin, in der Nachfolge Jesu zu leben und Nächstenliebe zu üben. Ein Moslem unterwirft sich ganz dem Gesetz Allahs. Das höchste Ziel der Hindus und Buddhisten ist es, Erleuchtung zu erlangen und aus dem Daseinskreislauf befreit zu werden.

Hermann **Hesse** hat es so definiert: »Unsere Aufgabe als Menschen ist: innerhalb unseres eigenen, einmaligen, persönlichen Lebens einen Schritt weiter zu tun vom Tier zum Menschen.«

Hierbei geht es nicht um ein Ziel in dem Sinne, daß du irgendwann einmal sagen kannst: »Jetzt habe ich es erreicht.«

Denn was solltest du dann wohl mit dem Rest deines Lebens anfangen?

Und vor allem: Wie willst du wissen, wann du angekommen bist?

Die Antwort ist eigentlich ganz einfach.

Richard **Bach**, der Autor von *Die Möwe Jonathan*, beschreibt in seinem (ebenfalls sehr bemerkenswerten) Buch *Illusionen*, wie du herausfinden kannst, »ob deine Mission auf Erden schon beendet ist: Solange du noch lebendig bist, ist sie es nicht.«

Wenn du dein Ziel ernst nimmst, bestimmt es alles, was du tust. Du verwirklichst es dann in jedem Augenblick, indem du es anstrebst.

Im Zen-Buddhismus heißt es: **Der Weg ist das Ziel.**

Wie sieht es mit deinem Weg aus?
Welches ist dein übergeordnetes Ziel im Leben?
Worin siehst du deine Lebensaufgabe?
Wovon läßt du dich leiten?

Bevor du weiterliest, denke jetzt darüber nach und schreibe nach der Brainstorming-Methode (siehe auch Seite 17) alles auf, was dir in den Sinn kommt:

Mein Ziel ist _____

Das Wichtigste im Leben ist für mich _____
_____

Ich lebe für / um _____
_____

Wie schwer oder wie leicht es dir gefallen ist, Antworten zu finden, hängt ganz davon ab, wie intensiv du dich bereits früher mit solchen Fragen befaßt hast. Es macht gar nichts, wenn dir nichts oder nicht viel eingefallen ist.

Auch das ist ein Lebensziel: deinen wahren Lebenssinn zu finden.

Oder: dich selbst immer besser kennenzulernen, so daß du auch deine Lebensaufgabe erkennen kannst.

Oder: deinen Weg zu erkennen.

Standortbestimmung

Und dafür mußt du herausfinden, wo auf deinem Lebensweg du dich jetzt gerade befindest.
Mit anderen Worten: Bevor du dir Gedanken darüber
machst, wie du werden willst, mußt du dir zunächst einmal
darüber klarwerden, wie du bist.
Jetzt.

3. Die Konsequenz:
Erkenne dich selbst

»Erkenne dich selbst«, so lautete die Inschrift des Apollo-tempels in Delphi, einem Heiligtum im alten Griechenland, zu dem viele Ratsuchende kamen, um das Orakel zu befra-gen.

Diese Forderung hat auch für uns heute nichts von ihrer Wichtigkeit verloren. Denn nur wer sein wahres Selbst kennt, kann auch selbst-bewußt im eigentlichen Sinne des Wortes auftreten und handeln. Und das ist die Vorausset-zung für ein sinnerfülltes Dasein: aus der eigenen Mitte heraus leben, Entscheidungen treffen und Ziele verwirkli-chen.

Das darf allerdings nicht so mißverstanden werden, daß sich alles in deinem Leben jetzt nur noch um dich und die Beschäftigung mit dir selbst drehen soll. Selbsterkenntnis und Selbstverwirklichung haben nichts mit krassem Egois-mus zu tun.

Den Schlüssel zu dieser Suche nach sich selbst hat **Schiller** so formuliert:

> Willst du dich selber erkennen,
> so sieh, wie die andern es treiben.
> Willst du die andern verstehn,
> blick in dein eigenes Herz.

Es besteht also immer ein enger Zusammenhang zwischen dir und deinen Mitmenschen.

Du hast ja schon im ersten Kapitel festgestellt, wie viel du mit anderen Menschen gemeinsam hast und daß du auch

55

andere um so besser verstehen wirst, je mehr du über dich selbst erfährst.

Dabei ist es sinnvoll, systematisch vorzugehen.

Dein äußeres Erscheinungsbild

Fangen wir mit deiner äußeren Erscheinung an. Du weißt: **Du bist nicht allein dein Körper.**

Und doch ist dein Körper ein wesentlicher Teil von dir. Er ermöglicht es dir, bestimmte Erfahrungen zu machen und in Kontakt mit anderen zu treten. Denn er ist der Teil von dir, der für jeden wahrnehmbar ist und deshalb von anderen mit deiner Person gleichgesetzt wird. Darüber hinaus besteht eine enge Beziehung zwischen dem »Außen« und dem »Innen« eines Menschen; wie sehr das Erscheinungsbild die innere Persönlichkeit widerspiegelt, wirst du später noch besser verstehen.

Was man auf den ersten Blick erkennt, ist nicht nur die **Körpergröße** und **Statur**, sondern auch die **Haltung**, die Auskunft darüber gibt, wie sich jemand in seinem Körper fühlt.

Nimm dir eine Reihe von Fotos, die dich ganz zeigen, und betrachte sie so neutral wie möglich. Stehst du zu deiner Größe, oder versuchst du dich größer oder kleiner zu machen, indem du dich reckst oder den Kopf einziehst?

Wirkst du ungezwungen und locker, oder bist du angestrengt bemüht, Haltung zu bewahren, oder kann man dir sogar ansehen, daß du dich am liebsten in dich selbst zurückziehen würdest?

Wie würdest du deinen Körperbau beschreiben? Kräftig oder zart? Schmal oder eher rundlich?

*Die Haltung gibt Auskunft darüber,
wie sich jemand in seinem Körper fühlt*

Körpertypen

Nach einer Einteilung, die von dem Psychiater Ernst Kretschmer entwickelt wurde, kann man drei **Grundtypen** des Körperbaus unterscheiden: den schlankwüchsigen, feingliedrigen **Leptosomen,** den gedrungenen, massigen **Pykniker** und den derben, muskulösen **Athletiker.**
Kretschmer stellte dabei fest, daß jeder dieser äußerlich verschiedenen Typen auch ganz bestimmte Wesenszüge aufweist. Das spiegelt sich ja auch in landläufigen Meinungen wider, wenn auch eher als Karikatur: Den sensiblen, aber auch wirklichkeitsfremden Dichter stellt man sich mit einem schmächtigen Körper vor, der Dicke erscheint gemütlich und kontaktfreudig, und dem Muskelprotz schreibt man zwar viel Kraft zu, aber dafür ein einfaches Gemüt und wenig Verstand.

Neutraler formuliert besagt diese Einteilung:
Menschen mit einem hohen, schlanken Körperbau neigen dazu, Abstand zu ihrer Umwelt zu halten, sich bei Problemen zurückzuziehen, und haben oft Schwierigkeiten, ihre Gefühle zum Ausdruck zu bringen.
Die rundlichen Pykniker sind dagegen aufgeschlossen, leicht ansprechbar und nehmen lebhaft und gefühlsbetont Anteil an ihrer Umwelt.
Für den Athletiker zählt mehr die handfeste Wirklichkeit. Er hat keinen Sinn für geistige Höhenflüge, und auch sein Seelenleben ist eher unkompliziert. Probleme löst er nicht durch Grübeleien, sondern durch aktives Zupacken.
Die meisten Menschen sind Mischtypen, aber dennoch ist eine Grundtendenz oft unverkennbar.

Noch stärker als der Körper ist das **Gesicht** eines Menschen mit seiner Person verbunden. Wenn ich dich auffordere, an einen bestimmten Menschen zu denken, ist es ganz sicher sein Gesicht, das vor deinem geistigen Auge auftaucht.

Und sehr wahrscheinlich ist es ein Porträtfoto deines Freundes oder deiner Freundin, das du in der Brieftasche mit dir herumträgst oder auf deinem Nachttisch stehen hast.

Bei einem älteren Menschen sind es auf den ersten Blick vor allem die **Falten**, die Aufschluß geben über seine vorherrschende Gemütsverfassung. Bei dem Grübler haben sich tiefe Linien im Stirnbereich eingegraben, den gutgelaunten Optimisten erkennst du an den Lachfalten, und auch andauernde Spannung oder Ängstlichkeit kannst du an dem Verlauf der Falten ablesen. Allerdings dauert es eine Weile, bis eine Stimmung ihre Spuren im Gesicht eines Menschen hinterlassen hat: Du mußt deine Stirn etwa zweihunderttausendmal gerunzelt haben, bis die Falten dort sichtbar verbleiben. Dann helfen aber auch keine Cremes mehr, diese Prägung ist unwiderruflich.

Die **Physiognomik**, die Gesichtsausdruckslehre, geht davon aus, daß sich von den Merkmalen eines Gesichts die seelisch-geistige Struktur des Menschen ablesen läßt.

So soll die **Stirn** Hinweise geben auf die Verstandeskräfte – der Volksmund spricht ja auch beispielsweise von der hohen Denkerstirn.

In einigen Büchern heißt es, daß die Ausprägung der **Nase** Rückschlüsse darauf zuläßt, wie stark entsprechend auch die Persönlichkeit nach vorn drängt und darauf aus ist, den eigenen Willen durchzusetzen.

Die Form des **Mundes** dagegen verrät etwas davon, wie der

Mensch mit seinen Kräften umgeht, um seine Wunschträume zu verwirklichen. Ein kindlich weich geschwungener Mund ist Ausdruck von ungehemmtem Begehren – ein Kind hat noch keine Maßstäbe, nach denen es seine Wünsche bewertet, und so mancher Erwachsene hat sich diese Kindlichkeit bewahrt. Ein »Schmollmund« wird auch als Zeichen von Sinnlichkeit gedeutet – hier geht das Haben- und Genießenwollen in die sexuelle Richtung. Das andere Extrem, die schmalen, zusammengekniffenen Lippen, finden wir bei dem enttäuschten und verbitterten Menschen, der alle seine Träume begraben hat und nichts mehr für begehrenswert hält – am wenigsten sich selbst.

An dem Blick und der Lage der **Augen** kann man ablesen, wie der Mensch mit seiner Umwelt in Kontakt tritt. So sind tiefliegende, eng zusammenstehende Augen ein Kennzeichen eigenwilliger Menschen, die sich vor den Einflüssen anderer weitgehend verschließen, während flachliegende, weit auseinanderstehende Augen auf eine aufgeschlossene, leicht beeinflußbare Wesensart hinweisen.

Das sind nur einige wenige Beispiele. Es würde zu weit führen, hier auf alle Einzelheiten einzugehen. Aber zweifellos kann eine intensive Beschäftigung mit diesem interessanten Gebiet dazu verhelfen, eine gute Menschenkenntnis zu entwickeln, sofern man sich vor Pauschalurteilen und »Schubladendenken« hütet. Es gibt immer Ausnahmen, die die Regel bestätigen.

Bleiben wir noch ein wenig bei deinen äußeren Merkmalen. Auch deine **Haarfarbe** und die **Farbe deiner Augen** sind nicht ohne Bedeutung, hauptsächlich aber deshalb, weil davon eine bestimmte Wirkung auf andere ausgeht. Ob das, was für gewöhnlich mit bestimmten Merkmalen verbunden wird, tatsächlich auch zutrifft, ist eher zweifelhaft.

Nicht jeder Mann mit schwarzen Haaren und dunklen Augen ist ein geheimnisvoller, feuriger Liebhaber, und rote Haare und grüne Augen machen eine Frau nicht automatisch besonders temperamentvoll. Von Blondinen (und Blondinen-Witzen) will ich hier gar nicht erst reden.

In diesem Zusammenhang ist es allerdings besonders interessant, wenn du deine Haare gefärbt hast, weil du damit ja einem bestimmten Typ entsprechen möchtest und anders erscheinen willst, als du tatsächlich bist.

Auch deine **Haarlänge**, deine **Frisur**, deine . **Kleidung** drücken mehr oder weniger bewußt deine innere Einstellung aus und haben Signalwirkung. Oft werden sie auch ganz bewußt als Form der Abgrenzung und des Protests eingesetzt.

Aber anders als körperliche Merkmale sind sie veränderbar und auch abhängig von der jeweiligen Mode oder irgendwelchen Vorbildern.

Dein inneres Wesen

Weitaus schwerer zu erfassen ist dein inneres Wesen, dein wahres Selbst. Wenn Charakterzüge so leicht zu erkennen wären wie die Körpergröße und die Farbe der Augen, wäre ja auch die Aufforderung zur Selbsterkenntnis sinnlos und überflüssig.

Es ist der Sinn deiner Suche, dir deine bekannten Eigenschaften noch einmal bewußt zu machen und darüber hinaus vielleicht auch noch ganz neue Seiten an dir zu entdecken.

Und das alles ist kein Selbstzweck, keine eitle Spielerei, sondern soll dir, wie gesagt, helfen, dein Leben sinnvoller zu gestalten und mit dir selbst und deiner Umwelt im Einklang zu leben.

Im ersten Kapitel hast du vielleicht bereits einige deiner Charaktereigenschaften aufgeschrieben. Lies sie dir jetzt noch einmal durch, oder schreibe jetzt welche auf, wenn du es noch nicht getan hast. Ganz spontan, ohne lange zu überlegen oder kritisch zu hinterfragen.

Brainstorming: Wer bist du?

Inzwischen kannst du auch den Sinn dieser Brainstorming-Methode leicht verstehen: Wenn du nicht erst lange nachdenkst, hast du nämlich einen ganz direkten Zugang zu deinem Unterbewußtsein; die ersten Eingebungen, die dir in den Sinn kommen, stammen aus diesen tieferen Schichten. Der Verstand mit seinem logischen Denken wird dabei gewissermaßen überrumpelt und ausgetrickst.

Du kannst sicher sein, daß die Informationen, die du auf diese Weise bekommst, für dich sehr wertvoll sind, auch wenn sie dir bei näherem Überlegen mitunter sogar absurd erscheinen mögen. Denn dein Verstand wird sich sehr schnell wieder einmischen. Du merkst das dann daran, daß du dir auf einmal sagst: Was soll eigentlich der Blödsinn, den ich da geschrieben habe, das ist sicher falsch und sowieso unlogisch und alles Quatsch.

Das einzige, was an dieser Beurteilung stimmt, ist das Wort »unlogisch«. Denn das Unterbewußtsein hat nicht nur seine eigene Sprache, sondern auch eine eigene Logik, die mit der des Verstandes nicht übereinstimmt.

Jetzt tu dir den Gefallen, deinen Zettel nicht wegzuwerfen, sondern jedes einzelne Wort genauer unter die Lupe zu nehmen.

Und dann frage dich bei jeder Eigenschaft:

Bin ich das wirklich?

Möglicherweise stellst du plötzlich erstaunt fest:

☐ »Das sagt ja meine Mutter (mein Vater, meine Oma, mein Onkel …) immer von mir.«

Oder:

☐ »So sehen mich vor allem meine Freunde.«
☐ »Meine Lehrer hätten mich gern so.«

Vielleicht auch:

☐ »So bin ich nur manchmal, aber nicht immer.«
☐ »Das spiele ich den anderen nur vor.«

Und:

☐ »So möchte ich wohl gern sein, aber wahrscheinlich bin ich (noch) gar nicht so.«

63

Oder irgendein anderer Zweifel meldet sich an, daß diese Eigenschaften gar nicht unbedingt deiner eigenen Meinung entsprechen.

Wie du deine Aufzeichnungen sinnvoll nutzt

Nimm dir ruhig Zeit, genauer darüber nachzudenken, wie du zu dieser Einschätzung deiner Person gekommen bist. Versuche zu ordnen, welche Beurteilung wohl von wem stammt. Und vor allem nimm dir die Zeit, dabei in dich hineinzuspüren. Sprich jede einzelne Angabe halblaut oder in Gedanken aus und achte dabei auf die Gefühle, die in dir auftauchen. Vielleicht hast du etwas Negatives aufgeschrieben, und während du es aussprichst, taucht ein Gesicht vor deinem inneren Auge auf, oder du hörst die Stimme dessen, der dich so beurteilt, oder du spürst, wie du wütend wirst, oder dir kommt eine Situation in den Sinn, in der es um diese Eigenschaft ging usw.

Wenn du zu brauchbaren Ergebnissen kommen willst, mit denen du auch etwas anfangen kannst, ist es wichtig, daß du dir regelmäßig Zeit für dich nimmst und deine Entdeckungen auch schriftlich festhältst. Dafür eignet sich ein Heft oder auch ein Ringbuch sehr gut. Ein Ringbuch hat den Vorteil, daß du ohne weiteres nachträglich Blätter einfügen kannst, wenn dir später noch etwas zu einem bestimmten Thema einfällt.

Selbsteinschätzung – Fremdeinschätzung

Es kann nun sein, daß du erst einmal immer ratloser wirst, je mehr du dich zu erkennen versuchst. Oft wird dann das Bedürfnis immer stärker, andere zu fragen:

Wie bin ich denn nun eigentlich?

Das kann sehr aufschlußreich sein – allerdings weniger im Hinblick auf dein tatsächliches Wesen, sondern mehr darauf, wie andere dich sehen. Eine solche Rückmeldung (Feedback) ist von Zeit zu Zeit wichtig, um zu überprüfen, ob das, was du aussendest, bei anderen auch so ankommt, wie du es gemeint hast. Es kann helfen, rechtzeitig Mißverständnisse zu erkennen und auszuräumen.

Erwarte aber bitte nicht von anderen, daß sie dir sagen können, **wie du tatsächlich bist.**

Ich kann es nicht oft genug wiederholen:

**Nur du allein kannst beurteilen,
wie es in dir aussieht, und niemand sonst.**

Jede Fremdeinschätzung zeigt dir nur, wie du auf andere wirkst, und sie ist immer nur eine subjektive Deutung, denn jeder kann dich nur durch seine Augen sehen. Eine solche Beurteilung kann allerdings manchmal durchaus richtig sein. Vor allem dann, wenn du selbst etwas verdrängst und nicht wahrhaben willst. Aber von Nutzen kann ein Hinweis von außen nur dann sein, wenn **du** ihn auch annimmst und verarbeitest.

Hier soll es aber noch gar nicht ums Ändern gehen. Nicht einmal eine Bewertung deiner Eigenschaften ist hier angebracht. Sieh dich einfach so an, wie du aus deiner Sicht bist.

Es ist eine Besinnung auf dich selbst, eine Bestandsaufnahme, wenn du so willst, nicht mehr und nicht weniger. Klar, daß du einiges an dir besser und anderes weniger gut finden wirst. Versuche trotzdem, deine Standortbestimmung so gelassen und sachlich wie möglich anzugehen.

Alles andere wird sich zu gegebener Zeit finden.

Wenn du dich nun systematisch daranmachst, deine Charakterzüge und Besonderheiten zu erforschen, ist vor allem eins wichtig:

Unterscheide immer genau zwischen dem, **wie du bist** und dem, **was du tust.**

Und das gilt ganz allgemein, wenn Menschen beurteilt werden.

Charakter und Verhalten

Ein Beispiel: Du hast eine Klassenarbeit verhauen. Für deinen Lehrer und deine Eltern steht fest: Du bist faul.

Bist du das wirklich?

Vielleicht sagst du ehrlich: Ja, ich hatte keine Lust zu üben. Aber selbst dann: Heißt das, daß Faulheit ein Charakterzug von dir ist?

Sicher gab es viele Gründe, warum du nicht getan hast, was von dir erwartet wurde. Aber wahrscheinlich gibt es daneben auch Situationen, in denen du alles andere als faul bist, in denen du dich vielmehr ausdauernd und voller Hingabe mit etwas beschäftigen kannst, egal, ob es sich dabei um Sporttraining, Computerspiele oder die Pflege deines Motorrollers handelt.

Es ist keine Haarspalterei, wenn du versuchst, zwischen einer Charaktereigenschaft und einem momentanen Verhalten zu unterscheiden. Und es macht schon einen Unterschied, ob du einem Freund nach einem Streit sagst: »Du **bist** ein Egoist!« oder: »In dieser Situation hast du dich reichlich egoistisch **verhalten**!«

In dem ersten Fall trifft die Ablehnung den ganzen Menschen, er bekommt sozusagen einen Stempel aufgedrückt und wird in die Schublade mit der Aufschrift »Egoist« gesteckt. Und das heißt: Alles, was er von jetzt an tut, sehe ich nur noch durch diese Brille.

Lehne ich aber nur sein Verhalten in einem ganz bestimmten Fall ab, kann meine Zuneigung zu dem Menschen davon unberührt bleiben, und ich gebe ihm die Chance, es beim nächsten Mal anders und besser zu machen.

Es kann sein, daß du schon einmal am eigenen Leibe erfahren hast, wie es ist, einfach so abgestempelt zu werden, und sicher hast du dich dann entsprechend hilflos gefühlt oder ohnmächtigen Zorn verspürt.

Selffulfilling prophecy

Daß die Erwartungshaltung anderer tatsächlich dazu führen kann, daß sich jemand schließlich diesem Bild entsprechend verhält und entwickelt, beschreibt Max Frisch eindrücklich in seinem Schauspiel *Andorra*. Von der Figur Andri wird gesagt, daß er Jude sei und deshalb anders als die Andorraner. Er hat es nie anders gehört, beobachtet sich genau und kommt zu dem Schluß, daß sie recht haben müssen. Es stellt sich aber heraus, daß es gar nicht stimmt. Er ist ein Findelkind, und seine Eltern waren Andorraner wie alle anderen auch.

In der Psychologie nennt man das »Selffulfilling prophecy«, eine sich selbst erfüllende Prophezeiung. Deshalb ist es so wichtig, daß du deine Selbsteinschätzung genau unter die

Lupe nimmst und feststellst, wo du nicht du selbst bist, sondern dich lediglich einer Erwartung gemäß entwickelst, oder aus einer Trotzhaltung heraus gerade das Gegenteil tust.

Damit nimmst du dir nämlich eine Chance, deine tatsächlichen Anlagen optimal zu entfalten.

Eine Selffulfilling prophecy muß allerdings nicht immer negativ sein. Die positive Erwartungshaltung eines anderen Menschen kann durchaus fördernd sein und im Einklang stehen mit deinen Begabungen.

In einem Versuch hat man Lehrern am Beginn des Schuljahres einige Schüler genannt, die als besonders intelligent eingestuft wurden. Was die Lehrer nicht wußten: Diese Auswahl war völlig willkürlich, und es gab tatsächlich keine Hinweise auf eine besondere Begabung, jedenfalls nicht am Anfang des Versuches. Am Ende des Schuljahres stellte sich allerdings heraus, daß die genannten Schüler tatsächlich besser abgeschnitten hatten als ihre Mitschüler. Das hatte die Erwartungshaltung der Lehrer und eine damit verbundene (unbewußte) besondere Förderung bewirkt.

Wahrscheinlich hast du inzwischen selbst festgestellt, daß es tatsächlich viel schwerer ist, den inneren Wesenskern zu entdecken und herauszufinden, wie du tief in deinem Innern wirklich bist, als lediglich das äußere Erscheinungsbild zu beschreiben.

»Wie bin ich wirklich?«

Du hast vielleicht eine Reihe von Eigenschaften aufgeschrieben und fragst dich nun:

○ Was davon ist Selbsteinschätzung und was Fremdeinschätzung?
○ Was ist Wunsch, und was ist Wirklichkeit?
○ Was beschreibt nur ein gelegentliches oder spontanes Verhalten und was meinen beständigen inneren Wesenskern?
○ Was entspringt tatsächlich meinem eigenen Antrieb, und was ist von außen beeinflußt und durch andere gesteuert?

Ich kann mir gut vorstellen, daß du jetzt das Gefühl hast, weniger denn je zu wissen, wer und wie du tatsächlich bist. Auch hier taucht es ja wieder auf, dieses bereits erwähnte »Einerseits–Andererseits«, die beiden entgegengesetzten Pole und die Spannung dazwischen – und du wirst diesem Prinzip noch häufiger begegnen.
Eine ganze Reihe von Hilfen, um sich selbst auf die Spur zu kommen, bietet die **Psychologie.**
Bekannt und bei vielen beliebt sind psychologische Tests.

Populäre Psycho-Tests

Es gibt eine Vielzahl von psychologischen Tests von unterschiedlichem Niveau, nicht nur in Büchern, sondern auch in vielen Zeitschriften.
Wenn du solche Tests kennst, weißt du auch, daß es oft schwierig ist, die Fragen zu beantworten, weil keine der vorgegebenen Antworten so richtig auf dich zutrifft. Oder

du kannst dich nicht zwischen mehreren Antworten entscheiden, weil es immer ganz auf den konkreten Fall ankommt, der aber in einem allgemein gehaltenen Test natürlich nicht berücksichtigt werden kann. Oder deine Antworten fallen ganz unterschiedlich aus, je nachdem, in welcher Lage und Stimmung du dich gerade befindest.

Deine Antwort hängt auch davon ab, ob du die beschriebene Situation tatsächlich schon einmal erlebt hast. Wenn nicht, kann es sein, daß du ankreuzt, wie du dich dann gern verhalten würdest und weniger, was du wirklich tun würdest. Das weißt du nämlich erst, wenn du es konkret erlebst.

Solche Tests können zwar ganz amüsant und unterhaltsam sein, aber die Frage ist ja:

Kann mir der Test helfen, mich besser kennenzulernen?

Und vor allem:

Was fange ich mit dem Testergebnis an?
Kann es mir eine Hilfe sein, mit meinen Problemen
besser fertigzuwerden?

Was hast du davon, wenn dir die Auswertung eines Tests mit der Frage »Sind Sie ein offener Mensch?« (*tina* 5/1996) bescheinigt, daß du »interessante neue Kontakte« dadurch verhinderst, daß du im Umgang mit deinen Mitmenschen »überaus zurückhaltend« bist?

Ich könnte wetten, daß dir das, wenn es denn tatsächlich auf dich zutrifft, bereits vorher klar war. An deinem Problem ändert das Ergebnis jedenfalls nichts.

Wenn nun beispielsweise Treue bzw. Untreue dein momentanes Problemthema ist, kann dir ein Test wie »Wie treu kannst du sein?« (*BRAVO Girl!* 6/96) vielleicht helfen, deine

Gedanken und Gefühle zu sortieren und zu verstehen. Ob du damit deine Probleme aber in den Griff kriegst, bezweifle ich.

Sagen wir mal, dein Freund hat dich betrogen, und du bist fix und fertig. (In diesem Fall geht es um Mädchen; das heißt aber nicht, daß Jungen in der entsprechenden Situation nicht genauso empfinden können.)

Du weißt nicht, wie es weitergehen soll und ob du ihm verzeihen kannst und willst. Dann findest du in deinem Testergebnis den Ratschlag, dir »das Leben nicht unnötig schwer« zu machen und »selbstbewußter zu werden«, damit du »über die eine oder andere kleine Untreue hinwegsehen und besser damit klarkommen« kannst.

Damit werden ganz bestimmte Wertmaßstäbe vermittelt, und wenn deine eigene Einstellung nicht damit überein-stimmt, entsteht sehr leicht das Gefühl: »Mit mir stimmt etwas nicht. Es ist falsch, so zu empfinden und so zu sein, wie ich bin.«

Um bei dem zitierten Testergebnis zu bleiben: Wenn Treue für dich »unabdingbare Basis einer Beziehung« ist und schon ein »One-night-Stand« das Ende deiner Liebe bedeu-ten würde, entsprichst du eben nicht dem hier vertretenen Idealbild des modernen Jugendlichen, der lebenslustig, of-fen und locker zu sein hat. Ein Seitensprung (wie man das früher nannte) wird als »selbstverständlich« und »kein Welt-untergang« betrachtet, sexuelle Treue »nicht überbewer-tet«, und eine freizügige Lebenseinstellung wird mit Selbst-bewußtsein gleichgesetzt.

Wenn du nun dein Testergebnis ernst nimmst, hast du mehrere Möglichkeiten:

Du kannst deine eigenen moralischen Grundsätze über Bord werfen und versuchen, auch so ganz locker und lässig zu werden. Das hieße aber auch, daß du deine eigenen

71

Gefühle unterdrücken mußt und dein inneres Gespür fremden Maßstäben unterordnest. Wenn du das überhaupt fertigbringst. Und wenn du das willst.

Sonst fühlst du dich wahrscheinlich unverstanden und noch unglücklicher, weil du dir zusätzlich zu dem Schmerz über die Untreue deines Partners noch sagen lassen mußt, daß **sein** Verhalten eigentlich völlig in Ordnung ist und nur **du** einfach zu altmodisch und überempfindlich bist und alles viel zu eng siehst – nach dem Motto: »Stell dich doch nicht so an!«.

Oder du schmeißt die Zeitung weg und sagst: »Blödsinn.«
Und dann? Dann bist du genauso schlau wie vorher.
Zunächst mal eins:

Du hast ein Recht auf deine Gefühle.

Ein Gefühl kann nicht richtig oder falsch sein; es ist, wie es ist. Und wenn du leidest, ist es dein Schmerz, egal, was die anderen dazu sagen. Laß dir deine Gefühle von keinem ausreden. Du weißt: Niemand außer dir kann sie spüren.

Aber: Du hast nur ein Recht auf **deine** Gefühle.

Das heißt: Du hast **nicht** das Recht, **andere** mit deinen Gefühlen zu manipulieren, sie mit deinem Schmerz zu bestimmten Verhaltensweisen zu zwingen, ihnen Schuldgefühle einzureden oder sie gar zu erpressen.

So kann keine Beziehung halten.

Liebe schon gar nicht.

Auch auf dieses wichtige Thema komme ich später zurück (Kapitel 9).

Hier geht es immer noch vor allem um Methoden, die dir helfen können, dich selbst besser kennenzulernen und einzuschätzen.

Nachteile der Psycho-Tests

Alle psychologischen Tests haben eines gemeinsam:
Sie können sich immer nur mit einem kleinen Ausschnitt
deiner gesamten komplexen Persönlichkeit befassen.[*] Jeder
Test bezieht sich auf einen ganz bestimmten Bereich und
bewertet dein Verhalten in einer speziellen Situation.

Und das bedeutet:

- Das Ergebnis hängt von deiner jeweiligen Stimmung und
  auch deiner Ehrlichkeit ab. Es ist also manipulierbar.
- Ein Test kann dein Wesen nicht unmittelbar erfassen,
  sondern zieht lediglich Rückschlüsse von deinen Antworten auf (möglicherweise) dahinterliegende Charakterzüge. Er geht also davon aus, daß man von dem Verhalten
  eines Menschen auf seine Eigenschaften schließen kann.
- Dabei kann der Test natürlich auch nicht berücksichtigen, ob sich deine Antworten auf tatsächlich erlebte
  Situationen und echte Verhaltensweisen beziehen, oder
  ob du dir nur vorstellst, daß du wahrscheinlich so reagieren würdest. Klar, daß das Ergebnis dann oft weniger
  Auskunft darüber gibt, wie du **bist,** sondern eher zeigt,
  wie du gern wärst.

[*] **Persönlichkeitstests** findest du zum Beispiel in:
  – *Das große Hans J. Eysenck Test-Buch. Ihre Intelligenz auf dem Prüfstand –
  Teste dich selbst.* (Goldmann).
  – *Selbsteinschätzung – Selbstentfaltung. Neue Wege zur Aktivierung der
  eigenen Fähigkeiten.* (Time-Life).

Tests in der Praxis des Psychologen

Es gibt andere Tests, die zwar wesentlich aussagekräftiger sind, sich aber für eine Selbstanalyse nicht sehr gut eignen. Beim **Rorschach-Test** (entwickelt von dem Schweizer Psychologen Hermann **Rorschach**) geht es zum Beispiel darum, in Farbklecksen Bilder und Figuren zu erkennen. Ein erfahrener Psychologe wird aufgrund dieser Angaben auf bestimmte Persönlichkeitsmerkmale der Testperson schließen können. Eine rein schematische Deutung, wie sie in Zeitschriftentests üblich ist, bringt da wenig.

Dasselbe gilt für **Assoziationstests,** bei denen zu einem vorgegebenen Begriff das Wort genannt werden soll, das einem als erstes in den Sinn kommt. Die meisten Menschen reagieren übrigens vorhersagbar. Die Antwort auf »schwarz« ist fast immer »weiß«. Auf die Aufforderung, ganz spontan ein Musikinstrument, ein Werkzeug und eine Blume zu nennen, wird in den meisten Fällen »Geige«, »Hammer« und »Rose« kommen. Probier es mal mit deinen Freunden aus. Interessant wird es also erst da, wo eine Reaktion von der Erwartung abweicht. Aber für einen Laien ist die Bedeutung kaum zu durchschauen und erst recht nicht für die Testperson selbst.

Beim **Thematischen Apperzeptions-Test (TAT)** geht es nicht um Begriffe, sondern um die Deutung von Bildern, die relativ neutral gehalten sind, so daß jeder seiner Phantasie freien Lauf lassen kann.

Hier ein kleines Beispiel:

Sieh dir das Bild an und denke dir eine Geschichte dazu aus, bevor du weiterliest.

Auf Einzelheiten deiner Geschichte kann ich hier verständlicherweise nicht eingehen. Der Hauptpunkt ist hier aber: Siehst du die Person die Leiter **hinauf**steigen? Dann spielen wahrscheinlich auch in deinem Leben Ehrgeiz und Erfolgsstreben, der Wunsch, »nach oben« zu kommen, eine Rolle. Steigt sie aber deiner Meinung nach **hinab,** könnte sich dahinter die Angst vor Mißerfolg verbergen oder das Gefühl, den Ansprüchen anderer nicht gerecht werden zu können. Eine genauere Deutung wäre aber auch hier nur dann möglich, wenn man die Details deiner Phantasiegeschichte berücksichtigt.

Der Lüscher-Farbtest

Brauchbar für eine Selbstanalyse kann der Farbtest sein, der von dem Schweizer Psychologen Max Lüscher entwickelt wurde. Er geht davon aus, daß die Vorliebe für bestimmte

Farben und auch ihre Ablehnung Rückschlüsse auf die psychische Verfassung eines Menschen zulassen. In der folgenden Tabelle findest du einen ersten Überblick über die wichtigsten Farben und worauf ihre Bevorzugung oder Ablehnung hinweisen.

Farbe	Bevorzugung	Ablehnung
blau	Bedürfnis nach Ordnung, Ruhe und Zufriedenheit	Enttäuschungen in Beziehungen
gelb	Wunsch, von Problemen befreit zu werden	Gefühl, isoliert zu sein
rot	Wunsch nach intensivem, erfolgreichem Leben	Schutz vor zu viel Aufregung
grün	Wunsch nach Anerkennung, Sicherheit und Harmonie	Gefühl, von anderen nicht akzeptiert zu werden
violett	Gefühl, anders zu sein, und Wunsch, dafür bewundert zu werden	Tendenz, sich anzupassen, ohne sich zu verpflichten
braun	geringe Beweglichkeit, zuverlässig, angepaßt	Ablehnung einer bodenständigen Einstellung
grau	Unterdrückung der eigenen Persönlichkeit, Distanz zu anderen Menschen	Wunsch nach Kontakt mit anderen
schwarz	Unzufriedenheit, Unterdrücken oder Verstecken innerer Bedürfnisse	Bedürfnis nach Lebendigkeit

Auf die genauere Bedeutung der Farben werde ich später noch eingehen, wenn es darum geht, welchen Einfluß sie auf unser Leben haben (Kapitel 9).

Die vier Temperamente

Jetzt möchte ich dir noch eine Einteilung vorstellen, die aus einer Zeit stammt, als die Psychologie noch gar nicht »erfunden« war, und die doch in ihren Grundzügen noch immer gültig ist.

Der griechische Arzt Hippokrates hat vor über zweitausend Jahren **vier verschiedene Temperamente** der Menschen beschrieben: **sanguinisch, cholerisch, phlegmatisch und melancholisch.**

Bevor ich auf die Merkmale und die Bedeutung näher eingehe, kannst du dich selbst testen, welches Temperament dir am ehesten entspricht.

Wähle aus der folgenden Liste die Eigenschaften aus, die auf dich zutreffen (meistens, nicht nur in Ausnahmefällen):

lebhaft (A)	pessimistisch (D)	aggressiv (C)
sachlich (B)	aufbrausend (C)	aktiv (C)
verschlossen (D)	leichtsinnig (A)	bedächtig (B)
ernst (D)	impulsiv (C)	optimistisch (A)
still (D)	ausgeglichen (B)	verständnisvoll (B)
gewissenhaft (B)	jähzornig (C)	schwermütig (D)
empfindlich (C)	beherrscht (B)	lässig (A)
friedfertig (B)	gesprächig (A)	nachdenklich (D)
gesellig (A)	reizbar (C)	zurückhaltend (D)
offen (A)	ausdauernd (B)	unruhig (C)
nachtragend (D)	sprunghaft (A)	verletzlich (D)
neugierig (A)	in sich ruhend (B)	unbeherrscht (C)

Zähle jetzt nach, welcher Buchstabe bei deiner Auswahl am häufigsten vorkommt. Er gibt an, welches Temperament bei dir am stärksten ausgeprägt ist. Es ist gut möglich, daß du von jedem etwas hast, denn wie bei der Typenlehre von

Kretschmer (siehe Seite 58) zeigt sich auch hier eher eine Tendenz.

Die Eigenschaften, die mit (A) gekennzeichnet sind, beschreiben den **Sanguiniker.** Er ist extravertiert, d. h. nach außen orientiert, ebenso wie der **Choleriker** (C). Sowohl der **Phlegmatiker** (B) als auch der **Melancholiker** (D) sind dagegen introvertiert, also nach innen gewandt.

Es gibt dabei kein »gutes« oder »schlechtes« Ergebnis: Ein Choleriker ist nicht »schlechter« als ein Sanguiniker. Alle vier Temperamente haben ihre positiven und ihre negativen Ausprägungen.

So kann die lebhafte Art des **Sanguinikers** ein Ausdruck von Lebensfreude sein, birgt in sich aber auch die Gefahr der Oberflächlichkeit.

Der **Choleriker** kann sein heftiges Temperament durch unkontrollierten Jähzorn zum Ausdruck bringen, aber auch durch mitreißende Aktivität, und er kann seine Aggressivität auch nutzen, um zielstrebig Widerstände zu überwinden.

Phlegmatisch bedeutet im Sprachgebrauch meist schwerfällig, behäbig und ohne inneren Antrieb. Dabei wird aber übersehen, daß der **Phlegmatiker** mit seiner Zuverlässigkeit und unerschütterlichen Ruhe auch zum Fels in der Brandung werden kann. Oft ist er der einzige, der die Nerven behält, wenn es hoch hergeht.

Der **Melancholiker** schließlich kann sich an lebensverneinende Grübeleien verlieren und sich völlig von der Außenwelt abschließen. Aber mit seinem feinen Gespür kann er sich auch gut in andere einfühlen und ihnen tröstend zur Seite stehen. Manchmal kann sein empfindsames Gemüt auch einen produktiven Ausdruck finden in Kunstwerken, die alle bereichern.

Vielleicht wirst du bei diesem Test wieder auf die gleichen Probleme stoßen, die schon früher (siehe Seite 69) angesprochen wurden.

Wie kann man diese Unsicherheiten ausschließen? Ist es überhaupt möglich, seine wahre Persönlichkeit zu erkennen und sich so zu sehen, wie man tatsächlich ist? Gibt es einen Weg, nicht nur die offensichtlichen Eigenschaften zu entdecken, sondern auch die verborgenen und vielleicht sogar schlummernden Talente?

»Persönlichkeit« – was ist das eigentlich?

Um diese Frage zu beantworten, muß zunächst einmal geklärt werden, was das überhaupt ist, die »Persönlichkeit« oder der innere Wesenskern des Menschen.

Und da sind sich nicht einmal die Gelehrten einig. Wie ist das mit den Charaktereigenschaften? Sind sie **angeboren** oder durch die **Umwelt** geprägt? Werden die grundlegenden Wesenszüge **vererbt**, oder ist es reiner **Zufall**, welche Eigenschaften sich entwickeln? Kommt ein Kind als »unbeschriebenes Blatt« auf die Welt, oder sind seine Anlagen zumindest innerhalb gewisser Grenzen festgelegt, so daß Erziehung allenfalls fördern oder unterdrücken kann?

Diese Fragen lassen sich nicht so ohne weiteres beantworten, weil dahinter auch immer ein ganz bestimmtes Weltbild steht.

Bevor wir uns aber näher mit diesen Fragen befassen, möchte ich dich bitten, die folgende Aufgabe zu lösen:

Diese neun Punkte sollen **ohne abzusetzen** mit **vier geraden Linien verbunden** werden.

O   O   O

O   O   O

O   O   O

Verbinde diese Punkte ohne abzusetzen
mit vier geraden Linien

Hast du es geschafft?
Die Lösung findest du auf Seite 362.

Solange du die neun Punkte als Begrenzung verstehst und versuchst, innerhalb des Schemas zu bleiben, wirst du zu keinem Ergebnis kommen. Erst wenn du einen Schritt weitergehst und den Bezugsrahmen erweiterst, kannst du auch eine Lösung finden.

4. Raum und Zeit:
Bis an die Grenzen

Grenzen engen ein

Dasselbe gilt auch für unsere Fragestellung:
Solange du das Leben des Menschen als mehr oder weniger zufälliges Ereignis zwischen den Grenzpfeilern Geburt und Tod betrachtest, wirst du sein wahres Wesen auch nicht erkennen können.

Von dieser Eingrenzung aber geht die wissenschaftliche Forschung aus. Innerhalb dieses Rahmens gibt es nur die Möglichkeiten, daß der Mensch ein Produkt der Erbanlagen oder der äußeren Einflüsse ist. Selbst wenn man beides in Betracht zieht, bleibt das Ergebnis – der Mensch – mehr oder weniger ein Zufallsprodukt mit einem eindeutig festgelegten Anfangs- und Endpunkt.

Eindeutig? Nein, denn schon da gibt es Probleme: Wann beginnt menschliches Leben? Mit der Geburt und dem ersten Atemzug? Oder mit den ersten wahrnehmbaren Bewegungen des ungeborenen Kindes? Mit der Ausbildung des Gehirns oder dem Schlagen des Herzens? Oder bereits in dem Augenblick der Befruchtung?

Und wann ist das Leben beendet? Mit dem letzten Atemzug? Mit dem Stillstand des Herzens? Oder wenn die Funktionen des Gehirns aufhören?

Diese Fragen sind für uns heute deshalb so wichtig, weil sie praktische Konsequenzen haben, beispielsweise hinsichtlich der Abtreibungsdiskussion oder der Organentnahme für eine Transplantation.

Für den einen ist Abtreibung Mord, für den anderen lediglich die »Entfernung unerwünschten Zellgewebes«. Manche befürworten es, Menschen mit Maschinen am Leben zu erhalten, solange auch nur ein noch so schwacher Impuls registriert werden kann, andere halten das für unvereinbar mit der Würde des Menschen und plädieren dafür, das Leben nicht um jeden Preis künstlich zu verlängern.

Welche Meinung du selbst vertrittst – und auch, ob du dir überhaupt schon einmal Gedanken darüber gemacht hast – hängt ganz sicher von deinen Erfahrungen ab und davon, wieviel du darüber weißt.

Aber es sind und bleiben eben nur persönliche Meinungen, über die man diskutieren kann und die sich auch ändern können, weil es keine endgültigen Beweise gibt. Über eindeutige Tatsachen kann man nämlich nicht streiten.

Wenn auch noch keine Einigung darüber besteht, **wann** das Leben genau beginnt und endet, so halten es doch die meisten Menschen für eine Tatsache, **daß** das Leben begrenzt ist.

Grenzen fordern heraus

Nun scheint es aber auch in der Natur des Menschen zu stecken, daß alle Grenzen, ob räumlich oder zeitlich, eine Herausforderung darstellen, diese zu erproben – und wenn möglich zu überschreiten. Jeder Bretterzaun macht neugierig auf das, was sich wohl dahinter verbirgt, und wenn der Erzähler an der spannendsten Stelle der Geschichte eine Pause macht, wird er ungeduldig bedrängt: »Und dann?«
Wir wollen immer wissen, wie es weitergeht und was vorher war.

Ich weiß noch genau, wie ich als Kind abends oft nicht einschlafen konnte, weil ich darüber grübelte, wie das wohl mit der Größe des Weltalls sei; daß etwas unendlich, ohne

Grenzen sein sollte, das war unvorstellbar – irgendwo **mußte** der Himmel doch zu Ende sein! Wie aber sollte dieses Ende aussehen? Und dann? Irgend etwas mußte doch auch wieder **dahinter** sein!

Und dasselbe galt auch für die zeitliche Ausdehnung: Was war, **bevor** das alles angefangen hat? Wie kann es enden? Was soll **nach** dem Ende sein?

Und diese Frage hat ja auch einen ganz persönlichen Bezug: Wo war **ich,** bevor ich auf die Welt kam? Wenn ich mit einem Mal da war, was war dann davor? Wie kann das sein, daß ich vorher nicht existierte? Und danach? Kann es möglich sein, daß es mich einmal nicht mehr gibt? Wie kann aber das »Ich« verschwinden? Wohin? Was geschieht dann mit **mir**?

Damals wußte ich noch nichts davon, daß es eben diese Fragen sind, die von jeher die Menschen bewegt haben, und meine Eltern konnten mir auch nicht weiterhelfen. Sie gehörten eher zu den Menschen, die das, was sie nicht erklären können, einfach hinnehmen: »Das weiß niemand. Das ist eben so.«

Mich aber hat es ganz kribbelig gemacht, dieses Gefühl, sich im Kreis zu drehen mit den Fragen, auf die es keine Antwort zu geben schien.

Die Antwort läßt sich aber nur finden, wenn der enge Bezugsrahmen erweitert wird, wenn die Vorstellung einer Begrenzung durch Zeit und Raum aufgehoben wird.

Ist das überhaupt möglich?

Es scheint so selbstverständlich zu sein, daß wir durch Zeit und Raum begrenzt werden. Wir erleben ja beides ständig als Hindernis, als etwas, das uns vom Ziel trennt und überwunden werden muß.

Die Entfernung, der räumliche Abstand verhindert, daß du

mit dem Menschen zusammensein kannst, nach dem du dich sehnst, und du zählst die Tage und Stunden, die noch bis zum Wiedersehen vergehen müssen.

Und doch habt ihr euch versichert: »Ich bin in Gedanken bei dir.« Wenn du die Augen schließt, kannst du die Anwesenheit des anderen fast spüren und sein Gesicht vor dir sehen.

Und dann kann es sogar passieren, daß du dir ganz fest wünschst, angerufen zu werden, und noch ehe du zu Ende gedacht hast, klingelt schon das Telefon.

Dein Wunsch, dein Gedanke, hat überhaupt keine Zeit benötigt, die Entfernung zurückzulegen.

»Zufall« ist das nur für unverbesserliche Skeptiker.

Nur Materie kennt Grenzen

Es ist nur dein Körper, der materielle Teil von dir, der abhängig ist von Zeit und Raum:

Materie braucht **Zeit**, um den **Raum** zu überwinden.

Alles Materielle unterliegt der Begrenzung durch Zeit und Raum. Es hat einen zeitlichen Beginn und ein Ende, und auch seine räumlichen Ausmaße, sein Gewicht und seine Masse sind feststellbar.

Auch dein **Körper.**

Er beginnt sich zu bilden, wenn Ei- und Samenzelle miteinander verschmelzen, und er löst sich nach und nach in seine Bestandteile auf, wenn das Leben endgültig aus ihm gewichen ist. Er nimmt auch einen bestimmten Raum ein, kann groß oder klein, dick oder dünn sein, er kann gewogen und gemessen und seine Masse berechnet werden.

Und wenn du von hier nach dort willst, nimmt das Zeit in Anspruch.

Aber dein Körper bewegt sich nur deshalb, weil eine Kraft in ihm wirkt, die nicht materiell ist – und deshalb auch nicht abhängig von Zeit und Raum.

Und doch ist der Unterschied zwischen deinem scheinbar festen Körper und der unsichtbaren Kraft, die wir Seele nennen, letztlich nur eine Sache der Schwingungsfrequenzen. Denn auch Materie ist, wie du im zweiten Kapitel erfahren hast, nichts anderes als verdichtete, formgewordene Energie. Die Schwingung der Seele ist dagegen so hoch, daß sie nicht sichtbar in Erscheinung tritt.

Mit deinem Körper orientierst du dich in der materiellen Welt. Er ist dabei nicht nur Träger der fünf Sinne, sondern er kann auch selbst mit Hilfe dieser Sinne wahrgenommen werden.

Auch du kannst nicht nur den Körper eines anderen Menschen, sondern auch deinen eigenen auf diese Weise wahrnehmen: Du kannst Teile von ihm sehen (auch ohne Spiegel) und ihn anfassen und spüren, du hörst deine eigene Stimme, während du sprichst, und du kannst auch feststellen, wie du riechst und schmeckst.

Aber deinen eigenen Körper – und nur ihn – kannst du – und nur du – auch auf eine andere Weise wahrnehmen: sozusagen von innen.

Von der Schwierigkeit, Unfaßbares in Worte zu fassen

Hier betreten wir einen Bereich, der den körperlichen Sinnen von außen nicht zugänglich ist, und dementsprechend verwirrend kann es sein, darüber zu sprechen.
Das beginnt schon bei der Wahl der Begriffe. Eine Fülle von Bezeichnungen wurde geschaffen, um etwas zu beschreiben, was eigentlich nur ganz individuell erfahrbar ist.
Denk nur mal daran, welche Möglichkeiten es gibt, um anderen zu erklären, wie es sich anfühlt, wenn man verliebt ist. Für den einen sind es Schmetterlinge im Bauch, für den anderen sogar Flugzeuge oder auch nur ein Kribbeln; es werden Vergleiche benutzt: als ob man schwebt oder auf einer rosaroten Wolke sitzt – jeder Liebesroman bietet eine Fülle von phantasievollen Beschreibungen.

Und doch ist es so:
Das Gefühl selbst ist nicht mitteilbar.
Du mußt es schon selbst erleben, um festzustellen, wie es sich für dich anfühlt.

Alle Begriffe, die nicht-materielle Aspekte beschreiben, beruhen daher nur auf Vereinbarungen und stellen Versuche dar, eine Basis zu finden, auf der Verständigung möglich ist. Deshalb ist es wichtig, zunächst einmal zu klären, in welchem Sinne ich hier bestimmte Begriffe verstehe und verwende. Es ist durchaus möglich, daß in anderen Büchern dieselben Wörter auch in einer anderen Bedeutung benutzt werden; darauf werde ich dich hinweisen, wenn es für das Verständnis wichtig ist.

Seele, Psyche und Persönlichkeit

Die **Seele,** von der ich hier spreche, darf nicht gleichgesetzt werden mit der **Psyche,** die Gegenstand der **Psychologie** ist, auch wenn dieses griechische Wort üblicherweise mit »Seele« übersetzt wird. Eine psychosomatische Erkrankung bedeutet, daß den körperlichen Symptomen psychische Ursachen zugrunde liegen. Und ein Psychiater ist ein Arzt, der für psychische Störungen zuständig ist. Daraus folgt, daß die Psyche gestört und krank sein kann.

Nicht so die Seele.

**Die Seele ist vollkommen und unzerstörbar,
ohne Begrenzung durch Zeit und Raum.**

Sie ist der innerste Wesenskern, das wahre Selbst, das von keiner Krankheit berührt wird und die Vernichtung des materiellen Körpers überdauert.

Die **Psyche** stellt nur **einen Aspekt** der Seele dar, solange diese an den materiellen Körper gebunden ist. Sie ist der Ausdruck der individuellen **Persönlichkeit.**

Nach Sigmund **Freud** ist unter diesem Begriff nicht nur das bewußte »Ich« (Ego) zu verstehen, sondern auch das »**Über-Ich«,** das die durch Erziehung verinnerlichten Werte und Normen der Gesellschaft enthält, und das »Es«, die unbewußte Schicht mit ihren Trieben und Instinkten.

Carl Gustav **Jung** veränderte dieses Modell und beschrieb neben dem eigentlichen **Ich,** dem Ego, noch weitere Persönlichkeitsanteile. Da ist die Maske, **Persona** genannt, die der Außenwelt präsentiert wird, und der **Schatten,** die dunkle Seite, die man nicht wahrhaben will und verdrängt. Und neben dem persönlichen **Unbewußten** existiert nach Jung auch noch das **kollektive Unbewußte,** an dem alle Menschen teilhaben. Und nicht nur das: **Alle** Menschen tragen in ihrer Psyche einen männlichen **und** weiblichen Wesensanteil **(Animus** und **Anima)** sowie bestimmte Ur-Symbole, die **Archetypen.**

Hier wird nicht nur deutlich, wie vielschichtig die Persönlichkeit eines Menschen ist, sondern auch, daß in diesen tieferen Schichten offenbar eine Verbindung zwischen allen Menschen besteht.

Untersuchen wir doch einmal die Bedeutung des Wortes »**Person**«, von dem »Persönlichkeit« abgeleitet wurde. Ursprünglich war damit die Maske des Schauspielers gemeint (und Jung verwendet den Begriff ja auch in ähnlicher Bedeutung), durch die seine Stimme hindurchtönte (»personare« ist lateinisch und bedeutet eben das: hindurchtönen). Eine andere Möglichkeit ist die Ableitung von dem ebenfalls lateinischen Wort »per-se-una«, das man übersetzen kann mit »eine Einheit für sich«.

Nehmen wir beide Begriffe zusammen, ergibt sich eine sehr interessante Deutung des Wortes »Person«: Es ist also zum einen etwas ganz Eigenes, das getrennt von allen anderen existiert, und zum anderen ist diese »Einheit für sich« doch nur eine Hülle, die das Eigentliche verbirgt.

Was ist es aber, das durch den Menschen »hindurchtönt«? Was steht hinter der Erscheinungsform des Menschen und findet seinen ganz eigenen, immer wieder neuen Ausdruck in jeder Persönlichkeit?

Die Antwort geben dir die Religionen, auch wenn die Begriffe, die sie verwenden, sich unterscheiden.

Die Hindus nennen es **Brahman.**

Die Juden benutzen viele Bezeichnungen, denn der Name selbst, **Jahwe,** ist zu heilig, um ausgesprochen zu werden.

Die Moslems sprechen von **Allah.**

Die Christen sagen: **Gott.**

Und alle sind sich einig:

Es geht dabei nicht um ein körperliches Wesen, sondern um den reinen, ewigen, unveränderlichen Geist.

Selbst solche Religionen, die wie der Hinduismus viele Götter kennen und verehren, sehen in ihnen nur Erscheinungsformen des einen unfaßbaren Geistes.

Auch Jesus sagt: »Gott ist **Geist**«, und ganz am Anfang der Bibel, in der Schöpfungsgeschichte, heißt es: »Der **Geist** Gottes schwebte über dem Wasser.«

Paulus schreibt im ersten Korintherbrief: »Es gibt verschiedene Gnadengaben, aber **nur einen Geist.** Es gibt verschiedene Kräfte, die wirken, aber nur den einen Gott: Er bewirkt alles in allen.«

Und davon sprach auch der Physiker Max Planck, als er hinter allem, was existiert, »einen bewußten, intelligenten Geist« annahm, der auch der Ursprung aller Materie ist (siehe Seite 43).

Der dritte Aspekt des Menschen neben **Körper** und **Seele,** der **Geist,** meint also weitaus mehr als lediglich sein Denkvermögen.

5. Der Mensch:
Unbegrenztes Wesen

Wie der Mensch beschaffen ist

Die Bibel beschreibt in einer zweiten (älteren) Schöpfungsgeschichte, wie Gott den ersten Menschen erschuf: Er formte den Körper aus Erde und blies ihm seinen Atem in die Nase. Und so, heißt es weiter, wurde der Mensch zu einer lebendigen Seele.

Hier haben wir alle drei Begriffe zusammen:
Körper, Geist und Seele.
Und symbolhaft wird nicht nur erläutert, was damit gemeint ist, sondern auch, wie die drei miteinander verknüpft sind.

Der **Körper** besteht aus Erde, das bedeutet: aus demselben Material wie unsere Umwelt. Die Wissenschaft hat das bestätigt, der menschliche Körper setzt sich tatsächlich aus eben den chemischen Elementen zusammen, die – auch in anderen Verbindungen – auf unserem Heimatplaneten vorkommen.

Der **Geist** ist der »Atem« Gottes, die Kraft, die von ihm ausgeht. Denn das griechische Wort für »Hauch« oder »Atem«, »pneuma«, bedeutet auch »Geist«.

Durch die Verbindung von Materie und dieser ewigen, unveränderlichen, reinen Energie entstand die lebendige **Seele:** der Mensch.
Die Seele wird mit dem Menschen gleichgesetzt: Sie ist also das eigentlich Menschliche, das, was seine wahre Persönlich-

keit ausmacht. Sie ist göttlichen Ursprungs und findet gleichzeitig auch ihren Ausdruck in dem leiblichen Körper. Demnach hat der innerste Wesenskern des Menschen auch Anteil an dem allumfassenden göttlichen Geist. In ihm hat er seinen eigentlichen Ursprung. Und aus dieser ewigen unversiegbaren Quelle fließt auch die Lebenskraft.

Aber wann beginnt das Leben?
Leben hat – wie der Geist, aus dem es entspringt – keinen Anfang und kein Ende.
Leben ist.

Die Biologie kennt Merkmale des Lebendigen: Wachstum, Bewegung, Stoffwechsel …
Aber das alles beschreibt nur die **Eigenschaften eines belebten Körpers** – im Gegensatz zur unbelebten Materie.
Die Lebenskraft findet in dieser Form einen sichtbaren Ausdruck, aber sie existiert auch unabhängig davon.

Energie ist unzerstörbar

Das Energieerhaltungsgesetz, ein physikalischer Grundsatz, besagt, daß Energie zwar umgewandelt und in verschiedenen Formen auftreten, aber nie zerstört werden kann. Sie verschwindet nicht wirklich, auch wenn sie für unsere Sinne nicht mehr wahrnehmbar ist, also mit einer Frequenz schwingt, die außerhalb unseres Wahrnehmungsbereiches liegt. Auch die Lebenskraft ist Energie. Und auch sie ist unzerstörbar.
Genau wie die Seele, der Wesenskern des Menschen.
Sie ist ebenso unvergänglich.
»Beginn des Lebens« meint also eigentlich den Zeitpunkt,

wenn sich Geist und Seele mit dem Körper verbinden und ihn beleben, »Lebensende«, wenn diese Verbindung zerreißt.

Was geschieht nach dem Tod?

Der **Körper** ist dann nur noch unbelebte Materie, die sich nach und nach zersetzt.

Aber was geschieht mit Geist und Seele?

Der **Geist** als der Urgrund, aus dem alles entsteht, bleibt von dieser Trennung unberührt.
Auch die Elektrizität, die eine Lampe zum Leuchten bringt oder einen Motor antreibt, wird nicht beeinträchtigt oder gar zerstört, wenn der Glühdraht durchbrennt oder die Maschine kaputtgeht.
Und die **Seele**? Der Persönlichkeitskern, das bewußte Ich des Menschen?
Zahllose Bücher sind zu diesem Thema schon geschrieben worden, aber selbst die großen Religionen sind sich darüber nicht einig.

Die Antworten der Religionen

Die **christliche** Religion betont, daß erst am Jüngsten Tag alle Menschen auferweckt werden und sich dann vor dem Gericht Gottes für ihre Taten verantworten müssen. Dementsprechend werden sie entweder mit dem ewigen Leben belohnt, oder aber es erwartet sie der »zweite«, endgültige Tod in einem Feuersee, wie es in der Offenbarung, dem letzten Buch der Bibel, heißt. Bis dahin aber sind die Toten – eben tot.

Ähnliche Vorstellungen finden wir im **Islam**. Aber während der Moslem nur auf Erlösung hoffen kann, wenn er nach den Vorschriften seiner Religion lebt, glauben Christen an die Vergebung ihrer Sünden durch den Tod Jesu am Kreuz. Der **Buddhismus** geht davon aus, daß zwar der Strom der Lebenskraft ununterbrochen weiterfließt, die bewußte Persönlichkeit aber mit dem Tod wieder vergeht, da sie sich erst durch die Verbindung der Lebenskraft mit einem Körper entwickelt.

Hindus sind von dem Überleben der Seele überzeugt, und die Lehre der **Reinkarnation** (»Re-Inkarnation« bedeutet wörtlich »Wieder-Einfleischung«, d. h. Wiederverkörperung) bildet einen Grundsatz ihres Glaubens. Für sie ist die Wiedergeburt sogar in einem Tierkörper denkbar.

Unabhängig von ihrer Religionszugehörigkeit sind aber heute immer mehr Menschen ebenfalls davon überzeugt, daß die Seele – und damit das bewußte Selbst – beim Tod lediglich den alten Körper verläßt, um dann in einem neuen Körper wiedergeboren zu werden.

Sucht sich die Seele einen neuen Körper?

Daß dieses Gedankengut ursprünglich auch im christlich-jüdischen Raum verbreitet war, bevor es als Irrlehre unterdrückt wurde, bezeugen noch einige Bibelstellen.

Nur vor diesem Hintergrund erhält nämlich die Frage der Jünger einen Sinn, als sie bei der Begegnung mit einem Blinden von Jesus wissen wollen: »Wer hat gesündigt, **er selbst** oder seine Eltern, so daß er blind **geboren** wurde?«. Und über Johannes den Täufer sagt Jesus selbst im

Matthäus-Evangelium, er sei der Prophet Elija, der wieder-kommen sollte.

Bei uns wurde die Reinkarnationslehre unter anderem durch Rudolf **Steiner,** dem Begründer der Anthroposophie und der Waldorf-Pädagogik, verbreitet.

Aber auch bei Philosophen und Dichtern wie Arthur **Scho-penhauer, Voltaire,** Heinrich von **Kleist,** Hermann **Hesse,** Gerhart **Hauptmann** und nicht zuletzt bei **Goethe** finden wir diesen Gedanken, daß sich die Seele wieder und wieder verkörpert.

Goethe hat diesen ewigen Kreislauf mit einem Vorgang in der Natur verglichen:

> Des Menschen Seele
> gleicht dem Wasser:
> Vom Himmel kommt es,
> zum Himmel steigt es,
> und wieder nieder
> zur Erde muß es,
> ewig wechselnd.

Reinkarnationsberichte

Als ich zum allerersten Mal davon hörte, daß jemand be-hauptete, schon einmal gelebt zu haben, war ich noch ein Kind. In einer Zeitschrift stand der Bericht über ein Mäd-chen in Indien, das genaue Angaben machte über sein früheres Leben – und alles wurde bei einer genauen Über-prüfung bestätigt.

Vermutlich war es der Fall Shanti Devi, der sich bereits in den dreißiger Jahren ereignete und dann etwa zwanzig Jahre später auch bei uns veröffentlicht wurde. Thorwald

Dethlefsen bezeichnete ihn in seinem Buch *Das Leben nach dem Leben* als »berühmtesten Fall von Reinkarnation«.

Bereits mit vier Jahren erzählte die kleine Shanti immer wieder davon, was sie »früher« in einem anderen Ort getan hatte. Als sie endlich mit neun ihre »alte Heimat« aufsuchen durfte, erkannte sie Straßen, Gebäude und auch Personen wieder. Dieses »Wiedersehen« war von starken Gefühlsregungen begleitet. Sie konnte auf alle Fragen richtig antworten und sprach sogar in dem dortigen Dialekt.

Das alles hat mich schon damals ungeheuer fasziniert. Ich glaubte, es sei ein einmaliger Fall, und ich nehme an, es wurde in der Zeitschrift auch so dargestellt.

Der amerikanische Psychiater Ian **Stevenson** aber hat eine Vielzahl solcher Fälle untersucht, gesammelt und dokumentiert, allein etwa zweitausend aus dem indischen Raum und dem Libanon. Besonders Kinder scheinen sich gar nicht so selten an ihr früheres Leben zu erinnern. Stevenson bestätigt, daß vor allem bei Drei- bis Fünfjährigen häufig noch Details in Erinnerung sind, die sich später jedoch verwischen.

In der Fernsehsendung »Viele Male auf Erden?«, die 1985 vom ZDF ausgestrahlt wurde, berichtete der inzwischen verstorbene Freiburger Parapsychologe Hans **Bender** von einem anderen Fall:

Ein knapp dreijähriger Junge aus einem kleinen indischen Dorf erzählt eines Tages, er habe früher mit seinen Eltern und einem jüngeren Bruder in der Nähe von Reisfeldern gewohnt. Dort hätte er auch oft seinen Drachen steigen lassen.

Seinen Angaben zufolge war er mit siebzehn Jahren in einem Tempel von einem Hund gebissen worden und danach gestorben. An seinem linken großen Zeh hat der kleine Junge ein Geburtszeichen, eine dunkle Stelle. Hier, so sagt er, habe ihn der Hund gebissen.

Schließlich findet man in dem erwähnten Dorf eine Frau, die tatsächlich ihren Sohn durch einen Hundebiß verloren hat. Der Kleine erkennt sie zwar nicht als seine Mutter wieder, wohl aber den Bruder. Auch die Reisfelder erkennt er und ebenso Gegenstände, die ihm in dem vorigen Leben gehört haben.

Als man ihn zu dem nahegelegenen Tempel bringt, sagt er, dort sei es nicht gewesen. Und tatsächlich bestätigt die Mutter, daß es in einem anderen Tempel passiert war. Dort kann der Junge dann sogar die genaue Stelle zeigen, wo er gebissen wurde, nämlich bei einer Buddha-Statue. Der Priester, der damals den Siebzehnjährigen versorgt hatte, bestätigt diese Angaben.

Es ist nicht weiter verwunderlich, daß die meisten Berichte aus dem Raum stammen, wo auch der Hinduismus verbreitet ist, denn für die Menschen dort hat der Gedanke, schon einmal gelebt zu haben, nichts Abwegiges.

Wie würden wohl Eltern bei uns reagieren, wenn ihr Kind plötzlich behauptet, jemand anderes zu sein? Vermutlich würden die Berichte als lebhafte kindliche Phantasie abgetan.

Erinnerungen in Hypnose

In den sechziger Jahren gab es dann aber auch bei uns immer häufiger aufsehenerregende Berichte von Menschen, die sich in der Hypnose plötzlich an ein früheres Leben erinnerten.

Sie waren zunächst in ihre Kindheit versetzt worden, dann

gingen sie mit ihren Erinnerungen immer weiter zurück, erlebten ihre eigene Geburt, die Zeit davor im Mutterleib, ja, sogar ihre eigene Zeugung – und plötzlich begannen sie, von einer ganz anderen Existenz zu sprechen.

Sie nannten Namen und Jahreszahlen, beschrieben Orte und Ereignisse – und vieles konnte überprüft werden und stellte sich als richtig heraus.

Vor allem der Fall »Bridey Murphy« aus den fünfziger Jahren, der aber bei uns erst später bekannt wurde, erregte weltweit Aufsehen. Eine amerikanische Hausfrau beschrieb in Hypnose ausführlich ihr Leben als Irin im vorigen Jahrhundert. Dieses *Protokoll einer Wiedergeburt* von Morey **Bernstein** wurde von vielen als endgültiger Beweis für die Reinkarnation betrachtet.

In Deutschland war es unter anderen Thorwald **Dethlefsen,** dem es in seinen Hypnosesitzungen gelang, Menschen in frühere Leben zurückzuführen. Die erstaunlichen Ergebnisse schildert er in seinem bereits erwähnten Buch *Das Leben nach dem Leben.*

Damit war Reinkarnation nicht mehr etwas, das nur Hindus passiert, sondern schien auch für andere Menschen zu gelten und außerdem »bewiesene Tatsache« zu sein.

Denn wie sonst sollte es zu erklären sein, wenn jemand

- nachprüfbare Angaben machen kann über Orte, an denen er nie zuvor gewesen ist?
- Orte exakt so beschreibt, wie sie früher (alten Archiven zufolge) ausgesehen haben, obwohl sie sich inzwischen vollkommen verändert haben?
- Namen von Menschen nennt, die früher, manchmal vor Hunderten von Jahren, nachweislich gelebt haben?
- eine Sprache fließend beherrscht, die ihm im Wachbewußtsein völlig fremd ist?

- sogar nicht mehr gebräuchliche Dialekte spricht, die nur noch wenigen Sprachexperten bekannt sind?
- andere Kenntnisse besitzt, von denen er im wachen Zustand nichts weiß?
- Angaben über Menschen machen und sie auch identifizieren kann, obwohl er ihnen nie zuvor begegnet ist?
- über vergangene Ereignisse, auch ganz persönliche, Bescheid weiß?
- und sogar Einzelheiten aus dem Leben eines Verstorbenen kennt, die nur dieser allein wußte?

Aber sind das Beweise?

Was ist dran an der Reinkarnation?

Kann man beweisen, daß mit der Seele auch das bewußte Selbst den körperlichen Tod überlebt?
Und daß alle Erfahrungen nicht nur gespeichert sind, sondern die Erinnerung daran auch in eine neue Existenz mitgenommen wird?
Es ist nach wie vor ein Thema, das heftig umstritten ist und immer wieder heiß diskutiert wird – sogar in Talk-Shows. Die einen berichten von ihren früheren Inkarnationen genauso selbstverständlich wie von ihrem letzten Urlaub. Andere tippen sich dabei an die Stirn und halten die »Wiedergeborenen« für Spinner, die sich wichtig machen wollen oder irgendwelche Probleme kompensieren müssen.
Daß bei solchen Diskussionen die Gefühlswellen so hochschlagen, hat etwas mit einer typisch menschlichen Eigenart zu tun: Niemand kann es ertragen, wenn ein anderer »besser« dasteht als er selbst, weil das eigene Selbstwertgefühl dabei in den Keller geht. Und wenn da jemand behauptet:

»Ich habe schon einmal (oder gar mehrmals) gelebt«, fragt man sich: »Warum gerade der? Was ist so Besonderes an ihm? Warum nicht ich?«

Das ist eine eindeutige Bevorzugung des anderen, so scheint es. Das ist ungerecht und tut weh, das darf nicht sein. Und da man selbst nicht mit eigenen Erinnerungen aufwarten kann, muß man den anderen abwerten, seine Berichte lächerlich machen oder beweisen, daß er sich irrt.

Dabei hat das alles überhaupt nichts mit dem Wert eines Menschen zu tun und hängt auch nicht von Überzeugungen ab.

Denn eins steht fest:

Die Wahrheit ist, wie sie ist. Sie wird durch Meinungen nicht verändert, ganz gleich, ob die Menschen daran glauben oder alles für ausgemachten Blödsinn halten.

Die meisten Menschen waren so lange fest davon überzeugt, daß die Erde eine Scheibe ist, bis sie die Möglichkeit hatten, ihre Kugelform zu erkennen. Davor haben sie Andersdenkende lächerlich gemacht, sie gezwungen, ihre Meinung zu widerrufen und sie sogar umgebracht – alles, um die Gültigkeit ihres Standpunktes zu untermauern.

Und dennoch waren sie im Unrecht.

Niemand kann die Reinkarnation endgültig beweisen oder widerlegen. Vieles spricht dafür, aber es gibt auch eine Reihe von Einwänden und anderen Deutungen.

Einige sagen: »Alles Zufall«. Aber damit machen sie es sich zu einfach. Diese »Erklärung« ist unwahrscheinlich, und wir können sie getrost vergessen, denn dafür sind die Vorfälle zu häufig.

Auch lebhafte Phantasie scheidet als Erklärung aus, wenn die Angaben nachprüfbar sind.

Häufig wird auch argumentiert: Dann müßten sich doch alle an eine frühere Existenz erinnern können, und das ist ja nicht der Fall.

Aber was besagt das schon? Wie weit kannst du dich zurück-erinnern? An den Schulanfang? An die Kindergartenzeit? Wenn du mit zwei Jahren umgezogen bist, wirst du dich höchstwahrscheinlich nicht mehr an die alte Wohnung er-innern können.

Ein Krankenhausaufenthalt mit drei Monaten ist dir ganz sicher nicht mehr bewußt im Gedächtnis, und wie deine Geburt verlaufen ist, kann dir nur deine Mutter erzählen und wer sonst noch dabei war.

Es ist also nicht außergewöhnlich, sondern eher die Regel, daß man lang zurückliegende Ereignisse »vergessen« hat, auch – vielleicht sogar erst recht – wenn es sich um ein-schneidende Erlebnisse handelt.

Du weißt aber, daß im Unterbewußtsein alles gespeichert ist und daß Hypnose eine Möglichkeit ist, Zugang zu diesem Speicher zu erlangen.

Deshalb wird auch oft gesagt, hinter der vermeintlichen Erinnerung an ein früheres Leben stecke tatsächlich die Erinnerung an Geschichten, die man früher mal gehört oder gelesen und dann vergessen hat, beispielsweise aus einem Roman oder einem Film. Das könnte sein, trifft aber sicher nicht dann zu, wenn es um Vorfälle geht, die nicht allgemein bekannt geworden sind und nie veröffentlicht wurden.

Andere sagen, dahinter stecke nur eine Wunschvorstellung und die Flucht vor der Realität, denn alle würden sich in der Rückführung als bedeutende historische Persönlichkeit erleben, jeder sei Cleopatra oder Julius Caesar. Aber diese Behauptung ist ganz einfach falsch. Im Gegenteil, häufig sind die geschilderten Ereignisse so banal und alltäglich, daß sie nicht einmal nachprüfbar sind. Und gemessen an den Problemen im derzeitigen Leben und an dem heutigen Lebensstandard erweisen sich viele der früheren Existenzen als überhaupt nicht wünschenswert.

Mein jetziges Leben ist ganz sicher nicht frei von Problemen, aber ich würde es gegen keine der früheren Existenzen, die ich bei Rückführungen (siehe Seite 105) erlebte, eintauschen wollen.

Auch Betrug wird als Erklärung nicht ausgeschlossen. Das setzt aber voraus, daß sich jemand, aus welchen Gründen auch immer, ganz genau informiert, eine Geschichte daraus bastelt und sie dann als seine eigene Erinnerung ausgibt. Oft war es aber so schwierig, die Informationen zu beschaffen, die später die Angaben bestätigten, daß die betreffende Person vorher ganz sicher keinen Zugang dazu gehabt haben konnte.

Andere Erklärungsmöglichkeiten

Ganz so einfach liegt die Sache also offenbar nicht. Aber wenn man auch hier den Bezugsrahmen erweitert und tiefer geht, gibt es tatsächlich andere Möglichkeiten, wie jemand zu solchen Kenntnissen Zugang finden kann.

Nicht nur die Esoterik, sondern auch tiefenpsychologische

Modelle wie das von C. G. **Jung** gehen ja davon aus, daß es eine Ebene gibt, auf der alle Menschen miteinander verbunden sind. Sie ist weder an Raum noch an Zeit gebunden, und alle Menschen haben daran Anteil und Zugang dazu. So könnte es sein, daß jemand »aus Versehen« eine fremde Erinnerung »anzapft« und sie für seine eigene hält. Klar, daß ihm dann auch das gesamte Wissen dieses Menschen bis ins intimste Detail zugänglich ist, selbst wenn die Seele den Körper längst verlassen hat.

Denn verlorengehen kann nichts. Alles ist Schwingung und Energie, auch Gedanken und Gefühle. Und Energie ist unzerstörbar.

Darauf beruht auch die Vorstellung der »**Akasha-Chronik**«. Dieser Begriff stammt aus dem hinduistischen Gedankengut und besagt, daß alles, was je gewesen ist und je sein wird, in einem allumfassenden Gedächtnis gespeichert ist. Es ist möglich, sich auf diese Schwingungsebene einzustellen und in dieser »Chronik« zu »lesen«, d. h. vergangene Ereignisse wahrzunehmen.

Warum es wichtig ist, woran du selbst glaubst

Ob du selbst an Reinkarnation glaubst oder nicht, beeinflußt natürlich nicht die Tatsache, ob es so etwas gibt oder nicht.

Aber wahrscheinlich hat das, was du glaubst, Auswirkungen auf dein eigenes Leben.

Bertolt **Brecht** hat diese Problematik in einer seiner Geschichten von Herrn K. beschrieben. Jemand fragt ihn, ob es einen Gott gäbe.

(Wobei die Formulierung »**ein** Gott« natürlich irreführend ist, weil dabei sofort wieder die Klischeevorstellung von dem alten Mann mit dem langen Bart auf der Wolke auftaucht. Das nur nebenbei.)

Herr K. antwortet ihm:

> *Ich rate dir, nachzudenken, ob dein Verhalten je nach der Antwort auf diese Frage sich ändern würde. Würde es sich nicht ändern, dann können wir die Frage fallenlassen. Würde es sich ändern, dann kann ich dir wenigstens noch so weit behilflich sein, daß ich dir sage, du hast dich schon entschieden: Du brauchst einen Gott.*

Diese Antwort kannst du auch auf die Frage nach der Reinkarnation beziehen. Würdest du dein Leben anders gestalten, wenn du genau wüßtest, daß du schon oft gelebt hast – und immer wiederkommen wirst?

Wenn ja, inwiefern?

Beunruhigt dich der Gedanke, oder stellt er eine Hoffnung dar?

Und wenn sich dein Leben dadurch positiv verändern würde: Was hält dich denn davon ab, **jetzt** so zu leben?

Was passiert bei einer Rückführung?

Rückführungen ins frühere Leben (oder ins persönliche oder kollektive Unbewußte, ganz wie du willst) werden inzwischen nicht mehr ausschließlich in Hypnose durchgeführt. Ein Nachteil der Hypnose ist, daß sich das Bewußtsein in diesem Zustand so weit von der Außenwelt entfernt, daß bei der Rückkehr keine Erinnerung mehr an das Erlebte besteht. Außerdem besteht dabei die Möglichkeit, vom Therapeuten selbst, bewußt oder unbewußt, durch Suggestionen beeinflußt zu werden.

Meist genügt schon eine tiefe Entspannung, um Bilder aufsteigen zu lassen oder auch, um sich an frühere Ereignisse zu erinnern.

Die Berichte, die ich dir bislang geschildert habe, stammen alle aus Büchern bzw. Sendungen, also sozusagen aus zweiter Hand.

Persönliche Erfahrungen sind noch etwas anderes.

Ein persönliches Rückführungserlebnis

Meinen ersten Versuch, mich an ein früheres Leben zu erinnern, habe ich aus reiner Neugier gestartet, und zwar mit Hilfe einer Tonkassette. Dabei »erlebte« ich einen Abschied, und das Gefühl der Verlassenheit war so stark wie in einem intensiven Traum, aus dem man weinend erwacht – oder wie in einer wirklich erlebten Situation.

Später habe ich eine ganze Reihe angeleiteter Rückführungen erlebt, und in einer davon erfuhr ich dann tatsächlich auch noch weitere Einzelheiten über diesen Abschied.

Ich kann nicht mit Bestimmtheit sagen, daß es wirklich Erinnerungen an frühere Leben waren; letztlich halte ich das auch nicht gar nicht für so wichtig.

Entscheidend ist immer der Bezug zum Hier und Jetzt.

Der Ausgangspunkt bei meinen Rückführungen war jedesmal ein bestimmtes Problem, ein Gefühl, das mich in der Gegenwart beschäftigte. Die Frage war zum einen: Wo liegt sein Ursprung? Und zum andern: Warum beeinflußt es mein Leben noch immer?

Auch die Psychoanalyse geht davon aus, daß ein Problem erst dann verarbeitet werden kann und sich auflöst, wenn seine Ursache ins Bewußtsein geholt wurde.

In der Entspannung wurde mir aufgetragen, mir dieses

Gefühl noch einmal zu vergegenwärtigen und dann zurück-
zugehen in die Situation, in der es seinen Anfang genommen hat.

Was ich bei meiner letzten Rückführung vor ein paar Jahren
erlebte, zeigt deutlich, worin der Sinn, aber auch die Gefahr
einer solchen »Zeitreise« liegt.

Ausgangspunkt war eine Situation, in der mich wieder einmal ein Gefühl der Ausweglosigkeit bedrückte: »Ganz egal,
wie ich mich entscheide – es ist immer verkehrt.«

Unter therapeutischer Begleitung ging ich in der Entspannung zurück und fand mich in der Zeit der Inquisition
wieder. Eigentlich hätte ich eher erwartet, mich selbst auf
dem Scheiterhaufen zu sehen. Denn das mußte ich mir
schon des öfteren sagen lassen: Wer so einen Hang zum
Okkulten hat, wäre früher sicher als Hexe verbrannt worden. Aber ich war nicht Opfer in diesem Sinne, sondern
erlebte mich als Mann im mittleren Alter, der fest davon
überzeugt war, daß die Frau, die er liebte, eine Hexe war. Es
war kein bloßer Verdacht: er/ich **wußte** es, und er/ich hatte
sie schon oft beschworen, von ihren Praktiken abzulassen –
vergebens.

Noch in der Erinnerung daran kann ich die Qual dieses
Mannes nachempfinden: Was sollte er tun? Wenn er sie
schützte und gewähren ließ, bedeutete das ewige Verdamm-
nis, ihre Seele wäre unrettbar für immer verloren. Würde er
sie dem Gericht ausliefern, warteten grausame Folterungen
und ein entsetzlicher Tod in den Flammen auf sie.

Er hatte es in der Hand, entweder ihre Seele zu retten,
indem er ihren Tod verschuldete (denn der Feuertod war
weit mehr als lediglich eine Bestrafung; den Flammen wurde eine reinigende Kraft beigemessen, und das Verbrennen
kam einer Läuterung der Seele gleich, sozusagen als vorweg-
genommenes Fegefeuer). Oder aber er konnte ihr irdisches

Leben retten, und das bedeutete, sie nach dem (natürlichen) Tod der ewigen Höllenqual zu überlassen.

Da war es, dieses Gefühl: »Es gibt keinen Ausweg. Egal, was ich tue, es ist immer das Falsche.«

Und mit was für Konsequenzen!

Mag sein, daß sich mein Unterbewußtsein nur eine Geschichte zusammengereimt hat, aber selbst ein Dramatiker hätte dieses entsetzliche Gefühl der absoluten Ausweglosigkeit nicht besser in Szene setzen können.

Während der Rückführung befand ich mich vollkommen in dem Denkmuster dieser Zeit und war auch gefangen in dem Fühlen dieses Mannes. Die Argumente von heute – vielleicht war diese »Hexe« nur eine kräuterkundige Frau, die andern half, vielleicht hatte sie Ahnungen und Fähigkeiten, die den »normalen« Menschen unheimlich war – hatten da keinen Platz.

Für ihn/mich stand die Frau eindeutig mit dem Teufel im Bunde. Es war furchtbar, ihren Tod zu verschulden, und fast noch schlimmer, sie zu verlieren. Aber sie ewig in der Hölle zu wissen, das war unerträglich.

Und gerade weil er sie liebte, stellte er ihr Seelenheil über alle persönlichen Gefühle – und hat sie schließlich verraten. Aber er ist an dieser Entscheidung psychisch zerbrochen.

Den Rest seines Lebens verbrachte er – so erlebte ich es in der Rückführung – in völliger Zurückgezogenheit, einsam und zerrissen von Zweifeln.

Das war meine letzte Rückführung. Was ich da durchlebte, hat mich so erschüttert, daß ich nicht mehr über meine »Vergangenheiten« wissen wollte.

Und hierin sehe ich auch die große Gefahr, besonders, wenn jemand sich einer solchen Situation ohne fachkundige Begleitung aussetzt. Man weiß vorher nie, welche Szenen auftauchen, und der Therapeut muß mit großem Einfüh-

lungsvermögen helfen können, diese Erlebnisse zu verarbeiten.

Denn das starke gefühlsmäßige Erleben der Situationen
wird von vielen Psychologen gerade als Beweis für die Echt-
heit angesehen, wie Harald **Wiesendanger** in seinem Buch
Zurück in frühere Leben schreibt.

Dennoch hat mir dieses Erlebnis auch viel gegeben.

Mir wurde vor allem klar, wie sehr jeder Mensch geprägt ist
von seinem Umfeld und seiner Zeit, wie er zum Gefangenen
seiner Überzeugungen werden kann, die ja immer abhängig
davon sind, wieviel er weiß und selbst erlebt hat. Keiner kann
aus seiner Haut heraus, und niemand darf von außen urteilen und verurteilen, ohne die tatsächlichen Motive des
anderen zu kennen und zu verstehen. Wie einfach ist es aus
heutiger Sicht, diesen Mann schuldig zu sprechen und ihm
fanatischen Eifer, Unmenschlichkeit und Verblendung zu
unterstellen. Und doch war sein Motiv das Gegenteil – er
handelte aus reiner, selbstloser Liebe. Es gibt immer wieder
Situationen, wo ich versucht bin, ein Urteil zu fällen, ohne
die andere Seite zu bedenken. Dann kann es gut sein, sich
an eine solche Erfahrung zu erinnern.

Denn jeder handelt immer nur genau so, wie es ihm in
diesem Moment möglich ist – sonst würde er es ja anders
machen.

Die manchmal nachfolgende Reue macht nichts ungesche-
hen und kann höchstens bei der nächsten Entscheidung
helfen. Aber selbst dann gibt es keine Garantie, daß man
diesmal richtig handelt.

Schon Goethe wußte: »Es ließe sich alles trefflich schlichten,
könnte man die Sachen zweimal verrichten.«

Mein Problem aber war ja: Wie kann ich eine richtige
Entscheidung treffen?

Und ich habe erkannt, daß es zwar wichtig ist, **vor** einer

Entscheidung die Folgen zu bedenken, soweit ich sie überblicken kann. Aber dann kann ich nichts anderes tun, als in
Übereinstimmung mit dem eigenen Gefühl zu handeln,
auch wenn es schwer fällt.

Hermann Hesse hat das ganz knapp auf den Nenner gebracht: »Wenn man etwas für recht hält, muß man es auch
tun.«

Und schließlich hat dieses Erlebnis auch noch dazu beige-
tragen, meine Beziehung zu meiner Schwester zu klären, die
ich in dieser Frau wiedererkannt hatte. Ich konnte danach
besser umgehen mit den unerklärlichen Schuldgefühlen ihr
gegenüber und dem Gefühl, für ihr Wohlergehen verantwortlich zu sein, obwohl sie älter ist als ich.

Ist es dann noch wichtig, Beweise zu finden, daß es eine
tatsächliche Erinnerung war und nicht nur so etwas wie ein
»in Szene gesetztes Problem«, ein Psychodrama?

Es gibt keine Beweise und auch keine Möglichkeit, sie zu
finden, und ich habe das auch nie versucht, weder nach
dieser noch nach den anderen Rückführungen.

6. Wie oben, so unten:
Astrologie

Wir sind ja von der Frage ausgegangen, ob es möglich ist, die eigene Persönlichkeit und ihre vielfältigen Wesensanteile klar zu erkennen. Offensichtlich ist es dafür notwendig, den gewohnten Standpunkt zu verlassen. Um den Blick zu erweitern, müssen Grenzen überschritten werden.

Damit haben wir aber einen Bereich betreten, der mit den fünf körperlichen Sinnen nicht mehr zu erfassen und daher auch mit den Methoden der Naturwissenschaft weder überprüfbar noch beweisbar ist.

Das ist der Bereich der **Esoterik**.

Was bedeutet Esoterik?

Eigentlich bedeutet esoterisch »nur einem inneren Kreis vorbehalten«. Esoterisches Wissen war ursprünglich geheim, nur für Eingeweihte bestimmt und wurde allein vom Meister an ausgesuchte Schüler weitergegeben.

Heute findet man esoterische Bücher auf jedem Wühltisch – und doch hat sich im Grunde nichts geändert. Denn das Wissen ist zwar allen zugänglich, wird aber nicht von allen angenommen und verstanden.

Auch Jesus kannte das Problem, das auftaucht, wenn von Dingen die Rede ist, die mit Worten nicht erfaßt werden können; deshalb erzählte er den einfachen Leuten bildhafte Geschichten. Mit den Jüngern sprach er offenbar anders darüber, denn er sagte ihnen: »Euch ist es gegeben, die Geheimnisse des Himmelreichs zu erkennen; ihnen aber ist es nicht gegeben.« (Wobei anzumerken ist, daß andere Bibelstellen deutlich bezeugen, was für Schwierigkeiten die Jünger damit hatten. Sie konnten sich dermaßen begriffsstutzig anstellen, daß selbst Jesus bisweilen die Geduld mit ihnen verlor).

Als die Jünger wissen wollten, welchen Sinn dieses Geschichtenerzählen hatte, erklärte ihnen Jesus: »Deshalb rede ich zu ihnen in Gleichnissen, **weil sie sehen und doch nicht sehen, weil sie hören und doch nicht hören und nichts verstehen.«**

Das war also damals schon so wie heute.

Aber auch das Problem ist noch immer dasselbe: Wenn wir etwas mitteilen wollen, sind wir auf die Sprache angewiesen, und selbst für solche Dinge, die nur erfahren, nicht aber beschrieben werden können, stehen uns nur Worte zur Verfügung.

Und so greifen auch wir auf Gleichnisse zurück, auf Vergleiche und Symbole, die eine andere, erweiterte Möglichkeit des Zugangs darstellen. Denn wir alle tragen diese Symbole, die Archetypen – und ein intuitives Verständnis dafür – in uns. Wer sie nutzen will, muß sich aber auf diese Art der Wahrnehmung einlassen und sich öffnen für die Eingebungen aus dieser tieferen Schicht, die uns allen gemeinsam ist. Die **Astrologie** (Lehre von den Gestirnen) ist ein solches System, das Urbilder und Symbole verwendet, um uns tiefere Zusammenhänge zu verdeutlichen.

In einer alten esoterischen Schrift, der Tabula Smaragdina (Smaragdtafel) von Hermes Trismegistos heißt es: »Was unten ist, ist wie das, was oben ist, und was oben ist, ist wie das, was unten ist, um die Wunder des Einen zu vollbringen.«

Demnach steht alles in einem engen Zusammenhang, ganz gleich, wie weit es voneinander entfernt ist. Die Stellung der Sterne und Planeten am Himmel über uns entspricht in symbolischer Weise dem Geschehen auf der Erde.

Um Urbilder und Symbole also geht es, wenn ein **Horoskop** erstellt wird und dabei von **Tierkreiszeichen** (Sternzeichen) und **Planeten** die Rede ist, nicht um die astronomischen Gegebenheiten.

Das Horoskop

Horoskop bedeutet so viel wie »Stundenschau« und meint die Stellung der Himmelskörper in einem ganz bestimmten Moment, besonders bei der Geburt eines Kindes. Da sich diese Konstellation infolge der Planetenbewegung relativ schnell verändert, ist es wichtig, den Zeitpunkt auf die Minute genau zu kennen.

Zum anderen kann die momentane Planetenstellung auch in Beziehung gesetzt werden zu der Anordnung, die bei der Geburt vorlag, und daraus kann man förderliche oder hinderliche Einflüsse ablesen.

Den äußeren Rahmen stellt dabei die Ekliptik dar; das ist der Kreis, der im Laufe eines Jahres scheinbar von der Sonne durchwandert wird. Ähnlich dem Zifferblatt einer Uhr ist er unterteilt in zwölf gleiche Abschnitte. Das sind die Tierkreiszeichen, auch Sternzeichen genannt.

Die Namen stimmen infolge der Kreiselbewegung der Erdachse nicht mehr mit den Sternbildern überein; aber das ist ohne Bedeutung, da es sich hier um Symbole handelt, die von den äußeren Veränderungen unberührt bleiben.

Jedem dieser Zeichen werden ganz bestimmte Eigenschaften zugeordnet. Diese Charakteristik ist keineswegs beliebig und zufällig, sondern folgt einer inneren Logik; sie ist ein Abbild der Vorgänge in der Natur im Jahreskreis und spiegelt das Gefühl des Menschen in der jeweiligen Zeit wider. Das beginnt damit, daß der Anfang des astrologischen Jahres nicht mit dem unseres Kalenderjahres übereinstimmt, sondern in der Zeit liegt, wenn auch die Natur wieder zu neuem Leben erwacht. Wer im Einklang mit der Natur lebt, wird den Frühlingsanfang genau so empfinden: als Beginn eines neuen Kreislaufs von Entstehen und Vergehen.

Die Qualitäten der Tierkreiszeichen

Die **Widder**-Zeit (20.3.–20.4.)* ist eine Zeit des Aufbruchs, und die gewaltige Kraft, mit der die kleinen Pflanzenkeime aus der Erde hervorbrechen, zeigt sich auch im oft ungeduldigen Vorwärtsstürmen des Widder-Geborenen, der manchmal sogar mit dem Kopf durch die Wand will.

In der **Stier**-Zeit (20.4.–21.5.) wird das verankert und gesichert, was im Widder noch in der Entfaltung war, so wie die jungen Pflanzen nun auch kräftige Wurzeln ausbilden. Der Stier-Typ ist ebenso bodenständig und beharrlich, manchmal sogar stur, und er genießt mit allen Sinnen, was er erreicht hat.

Die **Zwillinge**-Zeit (21.5.–21.6.) ist geprägt von Leichtigkeit, Lebendigkeit und Vielfalt. Aus den einfachen Keimen ha-

---

* Da die Sonne jeweils zu unterschiedlichen Uhrzeiten ins nächste Zeichen wechselt, können die hier angegebenen Daten um einen Tag abweichen.

ben sich verzweigte Pflanzen entwickelt, die Luft ist erfüllt vom Summen der Insekten, alles ist in Bewegung. Das kennzeichnet auch den Zwillinge-Typ. Er ist kontaktfreudig, geistig beweglich und immer auf der Suche nach neuen Eindrücken.

Auf diese Bewegung nach außen folgt in der **Krebs**-Zeit (21.6.–23.7.) wieder ein Sich-Zurückziehen. Die Blüten sind befruchtet worden, und nun wird die Kraft im Innern der Pflanze auf das Heranwachsen der Frucht konzentriert. So ist auch der Krebs-Geborene der mütterliche Typ, der vor allem aus seinen Gefühlen heraus lebt. Das führt dazu, daß er sehr empfindlich, ja launisch reagiert und sich sofort verschließt, wenn er sich angegriffen fühlt.

In der **Löwe**-Zeit (23.7.–23.8.) erreicht die sommerliche Pracht ihren Höhepunkt. Die Früchte sind jetzt üppig und voller Kraft. So tritt auch der Löwe-Geborene selbstbewußt und in großzügigem Stil auf, und es scheint ihm selbstverständlich, daß alle ihn bewundern und seiner Führung folgen.

Auf die Zeit der Reife folgt dann die Ernte und die Auslese. Diese Arbeit erfordert Ausdauer, Sorgfalt und Unterscheidungsvermögen. Das kennzeichnet den **Jungfrau**-Geborenen (23.8.–23.9.). Er ist ein systematischer Planer und gewissenhafter Arbeiter, gründlich und genau bis zum Perfektionismus.

In den Zeitraum der **Waage** (23.9.–23.10.) fällt die Tag-und-Nacht-Gleiche, und auch in der Natur ist etwas von einem Gleichgewicht zu spüren: Die heißen Tage des Sommers sind vorbei, aber der Winter mit seiner Kälte hat noch nicht begonnen. So strebt auch der Waage-Geborene nach Harmonie in allen Bereichen seines Lebens, was dazu führen kann, daß er alles vermeidet, was ihn aus dem Gleichgewicht bringen könnte – vor allem Entscheidungen.

Ganz anders der **Skorpion** (23.10.–23.11.). Für ihn gilt der Grundsatz: alles oder nichts. Er will immer bis zu den Grenzen vordringen, und dabei geht er in seiner leidenschaftlichen Art manchmal sogar selbstzerstörerisch bis an die letzte Grenze, den Tod. Der ist jetzt in der Natur allgegenwärtig. Alles bereitet sich auf den Winter vor, stirbt ab und wandelt sich. Deshalb fallen in diese Zeit auch die Gedenktage an die Toten.

In der **Schütze**-Zeit (23.11.–21.12.) wird nun der Blick, der zuvor in die Tiefe ging, in die Weite gerichtet. Die leeren Felder dehnen sich bis zum Horizont, der Sternenhimmel wölbt sich unendlich weit in den klaren Nächten. Auch den Schützen zieht es in die Ferne, er will seinen Horizont erweitern, den äußeren wie den inneren.

Mit dem Winteranfang und der längsten Nacht des Jahres am 21.12. ist ein Tiefpunkt erreicht – und danach geht es wieder aufwärts. Wenn auch in der Natur noch alles in der Kälte erstarrt ist, so werden doch die Tage allmählich wieder länger, und die Dunkelheit nimmt ab. So ist der **Steinbock**-Geborene (21.12.–21.1.) ernst, bisweilen auch verschlossen. Aber beharrlich und konsequent geht er vorwärts und läßt sein Ziel nicht aus den Augen.

In der **Wassermann**-Zeit (21.1.–19.2.) kommt Ungeduld auf; man hat genug vom Winter und versucht, ihn mit Gewalt zu vertreiben. Das ist der Hintergrund des übermütigen Treibens während der närrischen Tage. Aber Fastnacht und Karneval dauern nur kurz, und danach ist Fasten angesagt (»carne vale« heißt »Fleisch ade«!). Auch der Wassermann-Geborene möchte am liebsten die Welt von heute auf morgen verändern und aus dem Winter Frühling machen. Er meint es gut, aber oft bleibt er im Chaos stecken, ohne seine Pläne in die Tat umsetzen zu können.

Und wieder folgt auf den äußeren Trubel eine innere Einkehr, wenn die **Fische**-Zeit (20.2.–19.3.) beginnt. Die Veränderungen, die sich bereits anbahnen, sind noch nicht sichtbar, sondern finden im verborgenen statt. In der Erde beginnt die Saat zu keimen, aber noch sammelt die Natur ihre Kräfte, bevor der Durchbruch erfolgt. So spielt sich auch für den Fische-Geborenen das Leben mehr in seinem Inneren ab, und er ist schwer zu durchschauen. Dabei besteht die Gefahr, daß er sich an seine Träume verliert und den Kontakt mit der äußeren Realität verliert.

Hast du dich bei der Beschreibung deines Zeichens wiedererkannt? Oder hast du den Eindruck, daß es überhaupt nicht zutrifft?
Wenn du beispielsweise sagst: »Ich bin Löwe«, heißt das aber lediglich, daß die **Sonne** zum Zeitpunkt deiner Geburt in diesem Abschnitt stand. Das Sonnenzeichen ist zwar wichtig, weil es etwas über das innere Wesen des Menschen aussagt, aber es macht nicht das gesamte Horoskop aus.
Wenn du dich oder Bekannte in der Beschreibung nicht wiedererkannt hast, spricht das nicht unbedingt gegen die Astrologie. Zum einen gibt es im Horoskop noch viele andere Aspekte, die das Bild entscheidend verändern können, zum anderen kann es auch sein, daß die wahre Persönlichkeit unterdrückt und nicht ausgelebt wird. Das Horo-

skop zeigt lediglich an, welche Möglichkeiten der Entwicklung bestehen, so wie im Samenkorn die Pflanze bereits angelegt ist. Aus einem Apfelkern kann immer nur ein Apfelbaum werden, aber wie groß er wird, ob er Früchte tragen wird oder verkümmert, das hängt von vielen äußeren Umständen ab.

Ein wichtiger Punkt im Horoskop ist der **Aszendent.** Damit ist das Zeichen gemeint, das im Moment der Geburt am östlichen Horizont aufstieg. Viele Astrologiebücher enthalten Tabellen, mit deren Hilfe du deinen Aszendenten herausfinden kannst, aber dazu mußt du genau wissen, an welchem Ort und zu welcher Uhrzeit du geboren wurdest. Während das Sonnenzeichen etwas über dein Wesen aussagt, beschreibt der Aszendent, wie du dich den anderen zeigst. Das kann von deiner eigentlichen Persönlichkeit erheblich abweichen, und es kommt natürlich auch darauf an, welche deiner Seiten stärker zum Zuge kommt. Ein Löwe-Geborener mit dem Aszendenten Krebs hat möglicherweise nichts von dem selbstbewußten Auftreten des Löwen, sondern zieht sich viel eher empfindsam zurück, wie es für den Krebs typisch ist.

Die Stellung der Planeten im Horoskop

Es geht im Horoskop aber auch noch um die Stellung der anderen Planeten (auch Sonne und Mond zählen dazu, obwohl das astronomisch nicht korrekt ist).

Der **Mond** gibt Aufschluß über das Gefühlsleben, und seine Stellung kann die Eigenschaften des Sonnenzeichens durchaus relativieren. Der verträumte Fisch wird sich kaum von seinen Gefühlen beherrschen lassen, sondern eher vernunftbetont reagieren, wenn sein Mond in der Jungfrau steht.

Da sich der Mond nur kurz in den einzelnen Zeichen aufhält, benötigst du deine genaue Geburtsminute, wenn du dein Mondzeichen feststellen willst.

Merkur sagt etwas über das Denken aus. Im Stier steht er für den praktischen Verstand, im Wassermann zeigt er sich zwar originell, aber oft auch wirklichkeitsfremd.

Venus steht für Liebe und Schönheitssinn. Verlaß dich nicht auf die Treue eines Stiers, wenn seine Venus in den Zwillingen steht!

Die Stellung des **Mars** sagt etwas über das Durchsetzungsvermögen aus. Wer den Mars im Löwen hat, setzt sich ganz offen selbstbewußt und siegessicher durch, mit Mars in den Fischen erreicht man dagegen sein Ziel eher indirekt und unterschwellig.

Jupiter hat etwas mit den Idealen und Wertvorstellungen zu tun, wie zum Beispiel Gerechtigkeit (Waage) oder Fürsorge (Krebs).

Saturn zeigt Grenzen auf. Er wird auch der »Hüter der Schwelle« genannt, und seine Stellung gibt Hinweise auf die Prüfungen und Aufgaben, die zu bewältigen sind (im Leben, nicht in der Schule). Darauf werde ich im achten Kapitel noch genauer eingehen.

Uranus symbolisiert Umbruch, **Neptun** das Unbewußte, und **Pluto** ist der Planet der Massenbewegung. Sie halten sich jeweils für mehrere Jahre in einem Zeichen auf und haben daher in dieser Hinsicht kaum individuelle Bedeutung. Ihre Stellung prägt vielmehr eine ganze Generation.

Weitere Punkte im Horoskop sind der aufsteigende sowie der absteigende **Mondknoten**, die sich genau gegenüber stehen. Damit sind die Schnittpunkte der Umlaufbahnen von Sonne und Mond gemeint. Sie sollen Aufschluß geben über die Probleme, die man aus dem früheren Leben mitgebracht hat und die es in diesem Leben zu bewältigen gilt (siehe Seite 181).

Auf das Lebensziel weist auch der höchste Punkt im Horoskop hin, die Himmelsmitte oder **Medium Coeli** (MC).

Die Aspekte

Aber nicht nur die Stellung der Planeten in den einzelnen Zeichen ist von Bedeutung, sondern auch ihre Beziehungen zueinander, Aspekte genannt.

Stehen zwei Planeten im Horoskop in **Opposition** (σ^{o}), also direkt gegenüber, weist das auf Konflikte hin.

Auch das **Quadrat** ($\square$), ein 90°-Winkel, zeigt Spannungen an.

Bei der **Konjunktion** (σ), einer engen Verbindung (von der Erde ausgesehen), kommt es darauf an, welche Planeten beteiligt sind, da sie ihre Wirkung im Positiven wie im Negativen gegenseitig verstärken.

Die Aspekte **Trigon** ($\triangle$ = 120°-Winkel) und **Sextil** ($\ast$ = 60°-Winkel) sind dagegen positiv zu werten.

Der Einfluß der weiteren Aspekte ist nur gering.

Der bereits erwähnte Aszendent hat noch eine weitere wichtige Bedeutung: Ausgehend von dieser Position wird das Horoskop in zwölf Abschnitte, die **Häuser** oder **Felder,** eingeteilt. Es gibt verschiedene Methoden zur Berechnung der Häuser, und je nach System können die Häuser unterschiedlich groß oder von gleicher Größe sein. Durch die Stellung der Planeten in den einzelnen Häusern kommt noch ein weiterer Aspekt bei der Horoskopdeutung hinzu. Der Aszendent markiert den Beginn des ersten Hauses, das etwas über die Grundstimmung im Leben aussagt. Das zweite Haus gibt Auskunft über Besitz, das dritte über die Verbindung mit der näheren Umgebung, und im vierten geht es um die Herkunft, die eigenen Wurzeln.

Das fünfte Haus hat etwas mit dem Selbstausdruck im weitesten Sinne zu tun; dazu gehören sowohl Vergnügen und künstlerisches Schaffen als auch die Kinder. Das sechste Haus symbolisiert die Arbeit, und das siebte ist das »Ehe-Haus«. Das achte hieß früher »Haus des Todes«; es hat etwas mit Grenzüberschreitung im weiteren Sinne zu tun.

Im neunten Haus geht es nicht nur um Reisen, sondern um die Erweiterung des Horizontes im allgemeinen.

Das zehnte Haus hat eine besondere Bedeutung, denn hier liegt auch die Himmelsmitte (MC), die darauf hinweist, worin das anzustrebende Lebensziel, die wahre Berufung besteht.

Freundschaft und Gruppenzugehörigkeit ist das Thema des elften Hauses, und im zwölften geht es um den Rückzug aus der äußeren Welt und die Hinwendung zum inneren Selbst. Wenn du die Themen der Häuser in ihrer Reihenfolge mit den 12 Tierkreiszeichen vergleichst, kannst du leicht ihre Zuordnung erkennen.

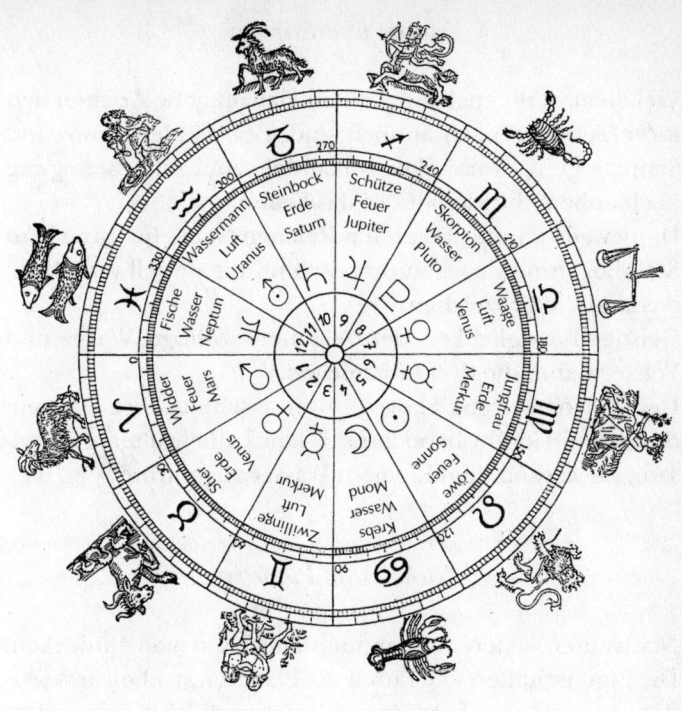

*Dieser Horoskopkreis gibt dir einen Überblick
über die Zuordnungen und Zusammenhänge*

Vielleicht ist dir auch aufgefallen, daß manche Zeichen sich ihrer Tendenz nach ähnlich sind. Bei Widder, Löwe und Schütze geht es um aktives Handeln und eine Bewegung nach außen; ihr Element ist das **Feuer.**

Die jeweils darauf folgenden Zeichen Stier, Jungfrau und Steinbock sind dagegen praktisch und materiell orientiert: das sind die **Erdzeichen.**

Geistige Beweglichkeit kennzeichnet Zwillinge, Waage und Wassermann, die drei **Luftzeichen.**

Den Zeichen Krebs, Skorpion und Fische ist ihre Hinwendung zum Gefühlsbereich und dem Unbewußten gemeinsam; sie werden dem Element **Wasser** zugeordnet.

Zeichen und Planeten

Noch einen weiteren Zusammenhang kann man entdecken: Die Eigenschaften, die durch die Planeten symbolisiert werden, kommen in bestimmten Tierkreiszeichen besonders deutlich zum Ausdruck und sind ihnen zugeordnet.

Mit diesen Ausführungen habe ich dir zwar nur eine erste Orientierung geben können, aber sicher ist schon deutlich geworden, wie komplex die Aussage und Interpretation eines Horoskops ist.

Die einzelnen Deutungen ergänzen sich, ja, sie können sich sogar widersprechen. Das entspricht aber durchaus dem Wesen des Menschen, der in sich eine Vielzahl von Eigenschaften und Gefühlsregungen vereint.

Wie kommst du zu deinem Horoskop?

Es gibt mehrere Möglichkeiten, wie du zu deinem Horoskop kommst und mehr über deine Persönlichkeit, deine Chancen und Krisen und schließlich über deine Lebensaufgabe erfahren kannst.

Du kannst dir mit Hilfe von Büchern und Tabellen (den Ephemeriden) selbst dein Horoskop berechnen, zeichnen und deuten. Das erfordert allerdings intensive Arbeit und ist recht aufwendig.

Du kannst dir aber auch – wenn du bereit bist, entsprechend tief in die Tasche zu greifen – eine umfassende fertige Horoskopanalyse erstellen lassen. Es gibt die unterschiedlichsten Qualitäten, vom Computerhoroskop mit stereotypen Formulierungen bis zum ausgearbeiteten Text im Buchformat.

Manchmal erfährst du dabei aber nicht einmal etwas über die Stellung der Planeten usw., sondern bekommst nur eine zusammenfassende Deutung. Der Nachteil dabei ist, daß dir damit etwas Fertiges vorgelegt wird und du kaum einen Einblick darüber erhältst, wie diese Charakterisierung zustande gekommen ist.

Viel spannender als die fertige Deutung und nicht so kompliziert wie das eigene Errechnen des Horoskops ist nach meiner Erfahrung der Mittelweg, auf dem du dir Schritt für Schritt immer näher kommst.

Viele Astrologiebücher enthalten Tabellen, aus denen du ablesen kannst, in welchen Zeichen die Planeten an dem Tag deiner Geburt standen. Damit kannst du dir schon einen ersten Überblick verschaffen.

Die Beziehung der Himmelskörper zueinander kannst du allerdings nur in einem individuell berechneten Horoskop erkennen, weil es dabei auf die Gradangaben ankommt.

Auch die Häusereinteilung ist abhängig von der gradgenauen Angabe des Aszendenten.

Wenn du also neugierig geworden bist und ganz genau Bescheid wissen willst, wäre es gut, wenn du dir eine Horoskopzeichnung (ohne Deutung) anfertigen läßt. Es gibt Astrologen oder auch Heilpraktiker, die das machen, und in astrologischen Zeitschriften findest du ebenfalls manchmal recht günstige Angebote.

Die Deutung des Horoskops

Bei der Deutung geht es eigentlich vor allem darum, ein Gespür für die Be-Deutung der Symbole zu bekommen. Die Tierkreiszeichen und die Planeten sind ja, wie gesagt, Urbilder, die sich im Unterbewußtsein aller Menschen befinden und die auch in anderen Bereichen, beispielsweise in Märchen und Träumen, auftauchen können. Vielleicht gelingt es dir rasch, dich in die tiefere Aussage einzufühlen, vielleicht brauchst du mehr Übung und entdeckst erst nach und nach die inneren Zusammenhänge und deine ganz persönliche Beziehung zu den Bildern.

Wer noch wenig Erfahrung hat, wird sicher mit einem systematischen Vorgehen den größten Nutzen aus der Analyse ziehen.

Wenn du dir inzwischen ein Heft oder ein Ringbuch zugelegt hast, empfiehlt es sich, den Seiten verschiedene Überschriften zu geben wie »Talente und Begabungen«, »Schwächen«, »besondere Interessen« usw. Dann kannst du dir beim Lesen alles notieren, was du zu diesen Themen findest.

Lies zunächst alle allgemeinen Informationen über dein **Sonnenzeichen.** Hier erfährst du schon viel über deine

Begabungen und Talente, aber auch über deine Schwächen.

Dann folgt der **Aszendent**, mit dessen Hilfe du die Rolle durchschauen kannst, die du anderen gegenüber spielst.

Danach gehst du die Stellungen der einzelnen Planeten in den Zeichen und den Häusern durch und untersuchst die Aspekte. Dabei sind dann auch wieder Uranus, Neptun und Pluto wichtig, weil ihre Position in den Häusern (im Gegensatz zu den Zeichen) individuell verschieden ist. Das gilt auch für die Aspekte.

Bei den Planeten kann die Stellung des **Mars** dir beispielsweise auch Auskunft darüber geben, welcher Beruf für dich besonders geeignet ist. Beim Sonnenzeichen ging es ganz allgemein um Interessen und Talente, Mars dagegen zeigt deine Handlungsbereitschaft und deine Fähigkeit, Ideen in die Tat umzusetzen.

So verrät zum Beispiel in meinem Horoskop das Sonnenzeichen (Zwillinge) schon, daß ich gern schreibe und meine Gedanken mitteile. Typisch für Zwillinge ist es auch, daß die Interessen weit verzweigt sind; deshalb werden in diesem Buch auch viele verschiedene Themen angesprochen. Und da meine Sonne im achten Haus steht, ist es auch kein Wunder, daß es um Esoterik geht. Nur ist systematisches Vorgehen und Durchhaltevermögen eigentlich nicht Zwillinge-Art. Da hilft mir glücklicherweise »mein« Mars – er steht in der Jungfrau.

Spätestens mit dieser Formulierung habe ich wahrscheinlich die Kritiker auf den Plan gerufen.

Wie kann ein Planet, der -zig Millionen Kilometer von uns entfernt ist, irgend etwas bewirken? Und selbst wenn es so wäre – wie kann dann seine Position einen Unterschied in der Wirkung ausmachen?

Dabei gehen diese und andere Kritikpunkte (auf die ich hier

nicht eingehen will, weil sie in jedem Astrologiebuch erörtert werden), wie so viele dieser unfruchtbaren Diskussionen über Esoterik, von falschen Voraussetzungen aus. Ich sagte schon, daß es um Symbole geht, nicht um die astronomischen Gegebenheiten. Die meisten Astrologen betonen auch, daß von einer bestimmten Konstellation lediglich die entsprechende Zeitqualität abgelesen werden kann, so wie ein Thermometer zwar die Temperatur anzeigt, sie aber nicht erzeugt. Eine Formulierung wie »Merkur beflügelt und schenkt neue Ideen« ist einfach eine Kurzfassung für: »Die Stellung des Merkur zeigt eine Zeit an, in der es leicht fällt, neue Ideen zu entwickeln.«

Zeitqualität

Wir sind gewohnt, Zeit als etwas quantitativ Meßbares zu sehen, und wir können ihre Dauer selbst in unvorstellbar großen und kleinen Einheiten angeben.
Astrologie erhält aber nur dann einen Sinn, wenn wir davon ausgehen, daß Zeit auch von ihrer Qualität her unterschiedlich sein kann. Diese Vorstellung ist heute vielen jedoch fremd und unverständlich.
Dabei hat schon im 3. Jahrhundert v. Chr. jemand festgestellt:

Alles hat seine Stunde. Für jedes Geschehen unter dem Himmel gibt es eine bestimmte Zeit: eine Zeit zum Gebären und eine Zeit zum Sterben, eine Zeit zum Pflanzen und eine Zeit zum Abernten der Pflanzen, eine Zeit zum Töten und eine Zeit zum Heilen, eine Zeit zum Niederreißen und eine Zeit zum Bauen, eine Zeit zum Weinen, eine Zeit für die Klage und eine Zeit für den Tanz; eine Zeit zum Steinewerfen und eine Zeit zum Steinesammeln, eine

Zeit zum Umarmen und eine Zeit, die Umarmung zu lösen, eine Zeit zum Suchen und eine Zeit zum Verlieren, eine Zeit zum Behalten und eine Zeit zum Wegwerfen, eine Zeit zum Zerreißen und eine Zeit zum Zusammennähen, eine Zeit zum Schweigen und eine Zeit zum Reden, eine Zeit zum Lieben und eine Zeit zum Hassen, eine Zeit für den Krieg und eine Zeit für den Frieden.

So steht es im Alten Testament, Kohelet 3, 1–8.
Zeitqualität bedeutet nicht, daß eine Zeit gut oder schlecht an sich ist, sondern nur, daß sie im Hinblick auf ein bestimmtes Vorhaben förderlich oder hinderlich sein kann.

Andere Horoskopsysteme

Andere Kulturkreise haben ihre eigenen Horoskopsysteme, aber auch diese arbeiten mit bestimmten Ur-Symbolen und basieren auf derselben Vorstellung, daß die Zeitqualität den Menschen entsprechend prägt.

Beim **Chinesischen Horoskop** gibt es ebenfalls zwölf Tierkreiszeichen, die aber jeweils für ein Jahr gelten und denen andere Elemente, nämlich Wasser, Feuer, Holz, Metall und Erde zugeordnet sind.

Im **Keltischen Baumhoroskop** sind es unterschiedlich lange Abschnitte und auch einzelne Tage des Jahres, die mit bestimmten Bäumen und besonderen Eigenschaften in Verbindung gebracht werden.

Die **Indianische Astrologie** beruht auf einer Einbettung des Menschen in die Natur. Die Einteilung des Jahres entspricht etwa den Abschnitten der Tierkreiszeichen, aber sie stehen

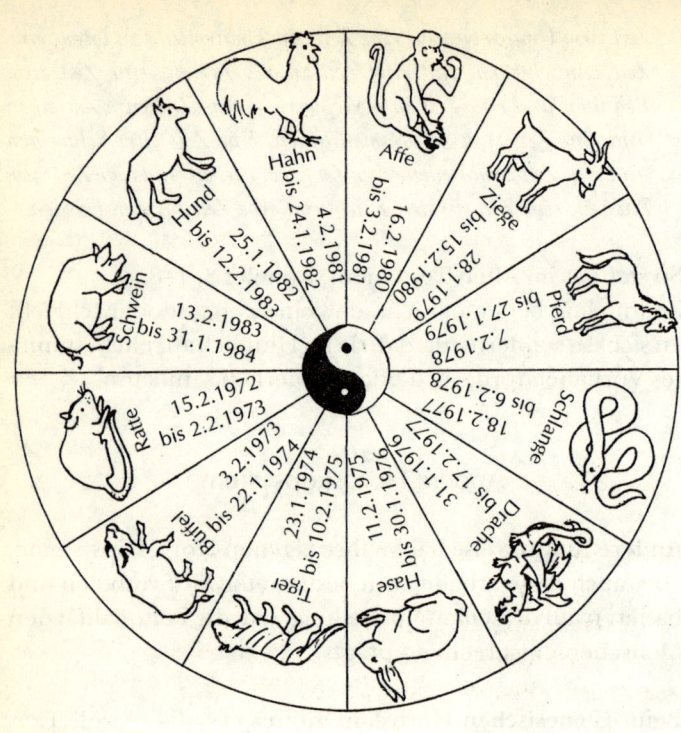

Das chinesische Horoskop

unter einem bestimmten Mond und werden jeweils einem Tier, einer Pflanze, einem Mineral usw. zugeordnet.

Du kannst diese Horoskope natürlich mit heranziehen, um dein Charakterbild zu ergänzen. Da diese Systeme aber in ein anderes Weltverständnis eingebettet sind, wirst du ihre wahre Bedeutung erst erfassen können, wenn du dich auch mit dem kulturellen Hintergrund auseinandergesetzt hast und sie sozusagen von innen heraus verstehst.

Wenn dich eines dieser Horoskope besonders anspricht, oder wenn du dich zu einem bestimmten Volk und seiner Mentalität hingezogen fühlst, kann das durchaus ein Hinweis auf eine frühere Inkarnation sein. Laß dich von deinem Gefühl leiten und finde heraus, mit welchem Bild du dich am ehesten identifizieren kannst und mit welcher Kultur du dich eingehender beschäftigen möchtest.

Wer zum Beispiel Anfang Oktober 1980 geboren wurde, kann eine Waage sein oder ein Affe (chinesisch), eine Eberesche (keltisch) oder ein Rabe (indianisch).

Teil II

Wohin gehe ich?
Warum bin ich hier?

7. Der Aufbruch:
Blick nach vorn

Anfang und Entwicklung

Ganz gleich, welches Horoskop dich am meisten anspricht, – ausschlaggebend für die Deutung ist immer der Zeitpunkt der Geburt.

Wie kann aber ein einzelner Moment Auskunft geben über das, was sich erst im weiteren Verlauf des Lebens entfaltet? Es heißt, daß der Anfang schon im Keim die weitere Entwicklung in sich trägt, so wie im Samen auch die zukünftige Pflanze bereits angelegt ist. Thorwald Dethlefsen beschreibt das sehr anschaulich in seinem Buch *Schicksal als Chance.* Wie bei einem Hologramm enthält der eine Augenblick des Beginns alle Informationen des gesamten Verlaufs, der aber in der zeitlichen Dimension noch entfaltet und sichtbar werden muß.

Dieses alte Wissen schimmert noch durch, wenn ein schlechter Tagesverlauf damit erklärt wird, daß man mit dem falschen Fuß zuerst aufgestanden sei.

Wieso ist es aber gerade der Moment der **Geburt,** der als Beginn zugrunde gelegt wird?

Es gibt durchaus Astrologen, die bei einer Horoskopdeutung auch den (errechneten) Zeugungsmoment berücksichtigen. Tatsächlich scheint ja die Geburtsminute als Beginn des Lebens ein recht willkürlich gewählter Zeitpunkt zu sein. Forschungen haben bestätigt, daß das Kind bereits lange vor der Geburt Eindrücke wahrnehmen und auch speichern kann. Ich habe selbst zwei Kinder, und es widerstrebt mir, ein ungeborenes Kind Embryo und Fötus zu nennen, weil diese Bezeichnung nahelegt, daß es sich dabei noch nicht um einen Menschen im eigentlichen Sinne handelt. Aber bereits in dem Moment der Verschmelzung von Ei und Samenzelle sind die Anlagen festgelegt, und damit beginnt eine Entwicklung, die ein Leben lang weitergeht. Es gibt keinen Zeitpunkt, an dem der Mensch endgültig »fertig« ist – es sei denn bei seinem Tod.

Aus den beiden Zellen kann nur dieser eine bestimmte Mensch werden, und wenn seine Entwicklung in irgendeinem Stadium abgebrochen wird, wird es diesen Menschen so niemals mehr geben. Niemand kann eine Mutter, deren Kind stirbt, damit trösten, daß sie noch andere Kinder haben kann, denn es wird niemals dasselbe Kind sein. Das gilt auch dann, wenn es bereits vor der Geburt stirbt, aus welchen Gründen auch immer.

Die Geburt ist allerdings ein Einschnitt in der Entwicklung. Zum einen tritt der kleine Mensch aus dem Verborgenen heraus und »kommt zur Welt«. Und zum andern beginnt er mit dem ersten Atemzug als Individuum für sich selbst zu existieren.

Was das bedeutet, wird klar, wenn man sich die Grundbedingungen für die menschliche Existenz vor Augen hält. Der materielle Körper setzt sich, wie bereits erwähnt, aus den Elementen seiner Umwelt zusammen, und die bezieht er aus seiner Nahrung. Der alte Spruch »Der Mensch ist, was er ißt« hat durchaus einen wahren Kern.

Aber noch dringender als Nahrung und Flüssigkeit, ohne die er immerhin einige Zeit auskommen kann, braucht er Luft zum Atmen. Der rein körperliche Vorgang des Gasaustausches ist dabei nur ein Aspekt. Mit der Luft, die mit jedem Atemzug aufgenommen wird, wird dem Körper auch die Lebensenergie zugeführt, die bei den Chinesen **Ch'i** heißt, bei den Japanern **Ki** und in den Sanskrit-Texten **Prana** genannt wird. Richtiges Atmen ist deshalb die Voraussetzung für Gesundheit und Vitalität. Das erklärt auch, warum jede Zigarette den Körper schwächt, selbst wenn die Organe erst auf Dauer geschädigt werden: Die Aufnahme von Prana wird erheblich eingeschränkt, wenn gleichzeitig Rauch in die Lunge dringt. Und das oft gerade in solchen Situationen, wo Energie besonders dringend benötigt wird.

Solange das Kind im Mutterleib heranwächst, wird es über die Nabelschnur mit allem Notwendigen versorgt und braucht selbst weder zu essen noch zu trinken noch zu atmen. Aber mit dem ersten Atemzug und dem Abnabeln beginnt sein eigenständiges Leben.

Dieser Vorgang wiederholt sich auf einer anderen Ebene noch häufiger im Leben, und vielleicht bist du gerade jetzt in der Situation, wo du dich von deinen Eltern »abnabeln« und auf eigenen Füßen stehen mußt.

Wenn aber der Geburtsmoment so entscheidend ist für Wesen und Schicksal des Menschen, hängt dann nicht letztlich doch alles vom Zufall ab? Warum kommt der eine auf die Welt, wenn die Sterne günstig stehen und der andere zu einem ungünstigen Zeitpunkt? Welche Bedeutung hat dann eine künstlich eingeleitete Geburt oder ein Kaiserschnitt?

Geht man davon aus, daß das Leben des Menschen eine einmalige Angelegenheit ist, die mit dem Tod ein für alle Mal beendet ist, erscheint tatsächlich vieles im Leben bloß zufällig oder gar sinnlos.

Akzeptiert man aber den Gedanken der Reinkarnation, läßt sich manches besser verstehen.

Zufälle gibt es nämlich nicht. Wenn man sich ein Ereignis nicht logisch erklären kann, heißt das noch lange nicht, daß dahinter kein Sinn steckt. Oft fehlt uns nur der Überblick, um den großen Zusammenhang zu erkennen.

Stell dir ein riesiges Puzzlespiel vor und betrachte eines der winzig kleinen Teilchen. Selbst bei einem Puzzle, das nur aus tausend Teilen besteht, wirst du darauf nichts anderes erkennen können als irgendwelche Formen und Farben, erst recht, wenn du das Gesamtbild nicht kennst.

Erst dann, wenn du das Teilchen am richtigen Platz einfügst, wird dir klar, welchen Ausschnitt du da vor dir hattest, und die bis dahin zusammenhanglosen Farben und Formen bekommen plötzlich einen Sinn.

Nicht anders verhält es sich mit den sogenannten unerklärlichen Ereignissen in unserem Leben, ja, mit den äußeren Bedingungen und dem Verlauf des Lebens überhaupt.

Die Zeitspanne zwischen Geburt und Tod, die üblicherweise als Leben eines Menschen gilt, ist ja nur ein kleiner Ausschnitt aus der Gesamtheit des Seins. Niemand beginnt bei seiner Geburt bei Null, wir alle bringen eine Fülle von Erfahrungen aus früheren Leben mit, und sie haben auch Auswirkungen auf unser derzeitiges Dasein.

Alles ist Teil eines großen Plans, der in seiner Gesamtheit für das begrenzte menschliche Hirn allerdings nicht überschaubar ist.

Du hast dein Leben gewählt

Das bedeutet aber keineswegs, daß das Schicksal des Menschen vorherbestimmt ist und daß er allem, was geschieht, hilflos ausgeliefert ist. Und schon gar nicht, daß es ihm von irgendeiner höheren Macht auferlegt wurde.

Im Gegenteil: Der Mensch ist von Anfang an derjenige, der sein Leben plant und gestaltet, und das beginnt mit den äußeren Bedingungen, in die er hineingeboren wird.

»Geboren werden« ist eine Passivform, und das erweckt den Eindruck, als geschähe da etwas mit einem, womöglich gegen den eigenen Willen. Aber niemand kommt ohne seine Zustimmung zur Welt. Noch bevor der physische Körper im Mutterleib entsteht, sucht sich das nicht-materielle Wesen, das die Persönlichkeit des Menschen ausmacht – die Seele, wenn du so willst – seine zukünftigen Eltern aus. Jeder wählt genau die Menschen und die Lebensverhältnisse, die er braucht, um in dieser Existenz bestimmte Erfahrungen machen zu können.

Und damit bringt auch jeder Mensch genau die Voraussetzungen mit auf die Welt, die es ihm ermöglichen, die nächste Stufe in seiner Entwicklung zu erreichen. Er wird nicht nur in der dazu passenden Umgebung geboren, sondern auch genau in dem Moment, in dem die Zeitqualität übereinstimmt mit seinem Wesen.

Du erinnerst dich: Alles, was existiert, sind Schwingungen. Und: Alles steht in enger Verbindung miteinander – wie oben, so unten.

Deshalb kommt ein Kind dann auf die Welt, wenn alles zusammenpaßt, wenn alle Schwingungen aufeinander abgestimmt sind. Ungünstige Konstellationen gibt es in diesem Sinne nicht. Es ist immer der Zeitpunkt, der für den gewählten Lebensplan optimal ist. Und der richtet sich nach dem Ziel, das in dieser Inkarnation erreicht werden soll.

Das zu wissen ist auch wichtig für werdende Eltern. Das Kind, das durch sie entsteht, ist nicht ihr »Produkt«, nicht ihr Eigentum. Sie geben einer Seele die Möglichkeit, sich zu verkörpern, damit sie hier auf der Erde in ihrer Entwicklung voranschreiten kann.

Der libanesische Dichter Kahlil Gibran hat diesen Gedanken in Worte gefaßt. Der Text stammt aus seinem Buch *Der Prophet*, das 1923 erschien, nachdem er 25 Jahre daran gearbeitet hatte.

Eure Kinder sind nicht eure Kinder.

Sie sind die Söhne und Töchter der Sehnsucht des
  Lebens nach sich selber.

Sie kommen durch euch, aber nicht von euch,

Und obwohl sie mit euch sind, gehören sie euch
  doch nicht.

Ihr dürft ihnen eure Liebe geben, aber nicht eure
  Gedanken,

Denn sie haben ihre eigenen Gedanken.

Ihr dürft ihren Körpern ein Haus geben, aber nicht
ihren Seelen,

Denn ihre Seelen wohnen im Haus von morgen, das
  ihr nicht besuchen könnt, nicht einmal in euren
  Träumen.

Ihr dürft euch bemühen, wie sie zu sein, aber versucht
  nicht, sie euch ähnlich zu machen.

Denn das Leben läuft nicht rückwärts, noch verweilt
  es im Gestern.

Ihr seid die Bogen, von denen eure Kinder als lebende
  Pfeile ausgeschickt werden.

Der Schütze sieht das Ziel auf dem Pfad der
  Unendlichkeit, und er spannt euch mit Seiner
  Macht, damit seine Pfeile schnell und weit fliegen.

Laßt euren Bogen von der Hand des Schützen auf
  Freude gerichtet sein;

Denn so wie Er den Pfeil liebt, der fliegt, so liebt Er
  auch den Bogen, der fest ist.

Denk jetzt einmal einen Moment darüber nach, was das für
dich bedeutet:

Du hast dein Leben, so wie es ist, selbst gewählt.
Du hast dir auch deine Eltern selbst ausgesucht.

138

Nimm dir mal wieder dein Ringbuch oder Heft zur Hand und schreibe jetzt alle die Lebensumstände auf, die dir am meisten zu schaffen machen und denen du dich ohnmächtig ausgeliefert fühlst.
Und dann sage dir (oder schreibe auf):

»Daß ich (z. B. Eltern habe, die ständig unzufrieden mit mir sind), habe ich mir selbst ausgesucht.«
»Daß ich ... habe ich selbst so gewollt.«
Oder so ähnlich.

Fertig? Hast du es wirklich getan?
Oder hat sich in dir alles gesträubt und dagegen gewehrt?
Bist du wütend geworden und hast gedacht: »Spinnt die? Ich kann doch überhaupt nichts dafür!«

Macht nichts. Das ist meistens so, wenn man mit einer völlig ungewohnten Denkweise konfrontiert wird.
Vermutlich hast du vor allem nicht einsehen können, warum du selbst diese Wahl getroffen haben solltest:
Warum gerade diese Eltern? Warum diese Lebensumstände? Warum nicht andere, bessere, einfachere?

»Warum«? – die Frage nach Ursache und Sinn

Das Fragewort »warum« zielt aber immer in zwei Richtungen. Die eine wendet sich in die Vergangenheit, fragt nach den Ursachen und Gründen: »Warum habe ich Ärger mit meiner Mutter?« – »Weil ich zu spät nach Hause gekommen bin, ihr widersprochen habe« usw. »Warum ist mein Taschengeld schon nach kurzer Zeit alle?« – »Weil alles so teuer ist, ich etwas Bestimmtes kaufen mußte« usw.

Die andere Richtung ist die Zukunft, dabei geht es auch um eine andere Dimension des Problems.

»Warum habe ich jetzt diesen Ärger mit meiner Mutter?« meint dann: »Was soll er bewirken? Worin liegt der Sinn? Die Antwort auf diese Frage beginnt mit »damit«: »Damit wir über den Sinn ihrer Anordnungen sprechen und vielleicht neue Vereinbarungen treffen können.«

»Welchen Sinn kann es haben, daß ich mit meinem Geld nie auskomme?« – »Vielleicht: Damit ich lerne, bewußter damit umzugehen; oder damit ich Ideen entwickle, wie ich selbst etwas dazuverdienen kann und nicht mehr auf meine Eltern angewiesen bin; oder damit ich nicht mehr so viele überflüssige Sachen kaufe und vorher genauer überlege, was ich wirklich brauche usw.«

Bleiben wir bei dem Beispiel »Zu spät nach Hause kommen«. Mach dir klar, daß Eltern sich Sorgen machen, wenn du später als vereinbart nach Hause kommst – ihr Schimpfen ist ein Ausdruck von Angst, nicht Schikane. Nimm die Situation als Anlaß, über die Vorschriften zu sprechen und neue Grenzen abzustecken. Eltern kriegen es oft gar nicht mit, daß ihre Kinder nicht nur älter, sondern auch reifer werden. Zeige ihnen, daß du in der Lage bist, mehr Verantwortung für dich selbst zu übernehmen.

Die produktivere Seite des »Warum« ist also die Frage nach den Konsequenzen, nicht nach den Ursachen, es sei denn, du machst sie dir bewußt, um in Zukunft diesen Fehler zu vermeiden.

Was für ein Einzelproblem gilt, hat ebenso Gültigkeit für die Frage nach den gesamten Lebensumständen.

»Warum bin ich hier?« heißt zum einen:

Was hat dazu geführt, daß ich jetzt unter diesen Umständen hier lebe?

Die Antwort darauf gibt das Gesetz des **Karma.**

Was bedeutet Karma?

Dem Wort nach bedeutet Karma nichts weiter als »Tun« oder »Handeln«. Es wird aber meist gedeutet als universales Gesetz von Ursache und Wirkung.

Das jetzige Leben ist nach diesem Verständnis geprägt durch die Taten in den früheren Existenzen, und alles, was dem Menschen widerfährt, ist eine Auswirkung und direkte Folge seines Tuns. Dahinter steht die Vorstellung, daß jedes Geschehen durch das vorangegangene verursacht wurde, und zugleich ist es auch selbst wieder Ursache für das nachfolgende Ereignis. So ist alles, was jemals geschehen ist und geschehen wird, miteinander verbunden – eine ewige Kette von Ursache und Wirkung.

Nach hinduistischem und buddhistischem Glauben wird ein Mensch so lange wiedergeboren, bis er sein Karma abgetragen, d. h. einen Ausgleich geschaffen hat für alle seine Taten.

Denn mit allem, was der Mensch tut, sammelt er Karma. Und immer hat er die Möglichkeit, Fehler der Vergangenheit durch gute Taten auszugleichen und damit sein Karma zu verbessern. So kann er auch gleichzeitig Sorge dafür tragen, daß er für seine nächste Existenz bessere Voraussetzungen mitbringt und sich sein Leben angenehmer gestalten wird.

Wenn du also unbedingt wissen willst, welche Probleme in deinem jetzigen Leben ihren Ursprung in früheren haben, kannst du natürlich versuchen, es mit Rückführungen herauszufinden.

Vergiß aber nicht, daß es die **heutigen** Probleme sind, die bewältigt und gelöst werden wollen. Und damit sind wir bei der zweiten Bedeutung der Frage, die weitaus wichtiger ist. »Warum bin ich hier?« heißt vor allem: Wozu habe ich mir gerade diese Lebensumstände ausgesucht? Welche Aufgaben, welche Ziele sind mit dieser Existenz verbunden?

Blick nach vorn

Der dänische Philosoph Sören **Kierkegaard,** der im vorigen Jahrhundert lebte, hat gesagt: »Man kann das Leben nur rückwärts verstehen, aber leben muß man es vorwärts.«

Deine Suche nach dir selbst darf sich deshalb auch nicht darin erschöpfen, nur nach rückwärts zu schauen und herauszufinden, wie du bist und welche Anlagen du auf die Welt mitgebracht hast. Einen Sinn bekommt diese ganze Analyse erst, wenn du die entdeckten Talente und Begabungen auch nutzt, um deinen eigenen Weg zu finden, der nach vorn führt, auf dein Lebensziel zu.

Um deine Lebensaufgabe und dein übergeordnetes Ziel im Leben ging es schon einmal im zweiten Kapitel. Inzwischen hast du bereits eine ganze Menge über dich herausfinden können, und vielleicht hast du jetzt auch schon konkretere Zielvorstellungen.

Das ist wichtig, denn wie der Dichter **Jean Paul** sagte: »Das Ziel muß man früher kennen als die Bahn.«

Deine persönlichen Ziele

Mach dir deshalb jetzt deine Lebensziele bewußt. Lies dir dazu noch einmal deine Liste durch, oder schreibe deine Ziele jetzt auf, wenn du das noch nicht getan hast. Du kannst deine erste Liste auch ergänzen und verändern.

Sei ganz ehrlich dabei. Du machst das nur für dich selbst, um mehr Klarheit zu gewinnen, und du bist keinem Rechenschaft schuldig außer dir selbst.

Versuche auch, deine Ziele so genau wie möglich zu formulieren. Es können Wünsche sein, deren Erfüllung erst weit in der Zukunft liegt, aber auch solche, die dir schon jetzt ganz wichtig sind.

Alle deine Wünsche und Ziele, die du anstrebst, helfen dir deinen Weg zu finden und geben dir auch Aufschluß über dich selbst. Schreibe sie jetzt auf.

Ich möchte im Leben folgendes erreichen: _____

_____

Was hast du aufgeschrieben? Hat es etwas mit dem zu tun, was für dich im Moment ein Problem darstellt (siehe Seite 146)?

Wenn es dich z. B. belastet, daß eure Wohnung zu klein ist und im vierten Stock liegt, könnte ich gut verstehen, wenn du dir ein Haus mit Garten wünschst. An diesem Beispiel wird deutlich, daß ein Problem auch gleichzeitig den Wunsch nach einer Lösung und Veränderung in sich trägt. Sobald du akzeptierst, daß du den jetzigen Zustand selbst gewählt hast, erkennst du aber, daß du ihn auch ebenso gut verändern kannst.

Du bist kein hilfloses Opfer der Umstände. Übernimm die Verantwortung und strebe an, was du dir wünschst. Unzufriedenheit ist der erste Schritt zur Überwindung deiner Probleme. Wir würden immer noch in Höhlen hausen und blutige Knochen abnagen, wenn das ein rundum befriedigender Zustand gewesen wäre.

Vielleicht hast du aber auch nur allgemeine Ziele aufgeschrieben, ähnliche wie diese: eine liebevolle Beziehung, eine Familie mit Kindern, einen befriedigenden Beruf, viel Geld, so daß ich mir alles leisten kann, reisen und die Welt kennenlernen, Frieden auf der Welt, Gesundheit.

Ganz gleich, was du anstrebst – im Grunde kann man alle Ziele in zwei Gruppen aufteilen:

- materielle Ziele wie Geld, Haus, Auto, Schmuck usw.
- nicht-materielle Ziele wie Liebe, Familie, Frieden, Selbstverwirklichung usw.

Versuche jetzt, deine Wünsche diesen beiden Kategorien zuzuordnen.

materielle Wünsche   nicht-materielle Wünsche

_____   _____

_____   _____

_____   _____

_____   _____

_____   _____

Wahrscheinlich ist dir aufgefallen, daß du einige Punkte wie Haus und Auto oder Gesundheit und Liebe sehr leicht einordnen kannst. Aber wo gehört der Beruf hin? Oder das Reisen? Denn einerseits hängen sie mit materiellen Gegebenheiten, dem Geld nämlich, zusammen, andererseits geht es dabei aber auch um eine nicht-materielle Seite, die Freude an der eigenen Leistung, zum Beispiel, oder die Aufregung, neue Länder und Menschen kennenzulernen.

Ordne diese Wünsche dort ein, wo du den Schwerpunkt siehst, und mach dir deine Motive klar. Würdest du zum Beispiel auch eine langweilige oder dreckige Arbeit ausführen, wenn du dabei viel verdienen würdest? Oder ist es dir wichtiger, daß die Arbeit befriedigend ist?

Hinterfrage deine Wünsche

In unserer Gesellschaft haben zwar theoretisch die nicht-materiellen, ideellen Ziele den höheren Stellenwert, aber machen wir uns nichts vor: Im täglichen Leben geht es vor allem um materielle Wünsche.

Und deshalb wollen wir auch die erste Spalte deiner Liste einmal genauer unter die Lupe nehmen.

Nimm dir jeden Begriff der Reihe nach vor, stell dir ganz genau vor, wie die Erfüllung dieses Wunsches praktisch aussehen würde.

Und dann frag dich: **Warum möchte ich das haben?**

Gib dich nicht mit der ersten Begründung zufrieden, sondern hake nach und frage immer weiter, bis du schließlich zum Kern der Sache kommst. Klaus Jürgen **Becker** nennt diese Technik in seinem Buch *Urlaub für immer* »Zwiebelschälen«.

Wenn du dir ein teures Auto wünschst und das damit begründest, daß du nicht mehr mit dem Rad fahren oder zu Fuß gehen möchtest, ist das nur die halbe Wahrheit. Dann täte es nämlich auch ein billiger Gebrauchtwagen. Auch mit der Begründung »weil es bequemer ist« oder »weil es mir besser gefällt« bist du noch nicht bei der letzten »Zwiebel-schale« angelangt.

Wie du weißt, fragt »warum« nicht nur nach der Ursache, sondern auch nach dem Sinn.

Du kommst deshalb der Sache schon näher, wenn du deine Antwort mit »Damit ...« beginnst:

> Antwort: »Damit mich meine Freunde beneiden.«
> Frage: »Warum möchte ich beneidet werden?«
> Antwort: »Damit ich mich überlegen fühlen kann.«
> Frage: »Warum möchte ich mich überlegen fühlen?«
> Antwort: »Damit ...«

Was hinter allen Wünschen steht

Merkst du was?
Schon nach den ersten Fragen wird klar, daß es gar nicht um das Haben-Wollen und den Besitz als solches geht, sondern daß damit ein bestimmter **Zweck** verbunden ist. Und dieser Zweck hat etwas mit Gefühlen zu tun. Hinter jedem Wunsch steckt eine Sehnsucht, und wir glauben, wenn wir dieses oder jenes besitzen, könne das den ge-wünschten Gefühlszustand hervorrufen.
Und das gilt für **alle** deine Wünsche. Ob es Gesundheit ist oder Liebe, einer neuer PC oder ein Hund – letztlich kannst du **jeden** Wunsch auf ein Grundbedürfnis zurückführen:

»Ich möchte mich gut fühlen – glücklich sein.«

Damit wir uns nicht mißverstehen: Ich will dir hier keineswegs einreden, daß deshalb die materiellen Dinge alle überflüssig sind.

Wir sind ja auf dieser (materiellen) Erde und in unserem (materiellen) Körper, weil wir Erfahrungen sammeln wollen, die nur auf dieser (materiellen) Ebene möglich sind. Christen, die Askese predigen und den »schnöden Mammon« verachten, übersehen, daß die Bibel voll ist von Hinweisen, daß sich der Mensch an allem erfreuen soll, was die Welt bietet, weil Gott uns die gesamte Schöpfung zur Verfügung gestellt hat. Selbst Jesus war den leiblichen Genüssen nicht abgeneigt, weshalb er sich von den Pharisäern auch als »Fresser und Säufer« beschimpfen lassen mußte (Matthäus 11, 19).

Es geht allerdings um den rechten Stellenwert des Materiellen. Es kann nicht Sinn des Lebens sein, mehr und immer mehr anzuhäufen und darüber zu vergessen, warum man es eigentlich haben wollte.

Das Ziel war ja: glücklich zu sein.

Wann aber ist man wirklich glücklich?

Wenn einem zum Glück nichts mehr fehlt – wenn man wunschlos glücklich ist.

Dieser Zustand ist aber nie von Dauer.
Wie hat es Wilhelm Busch doch so treffend formuliert:

> Wonach du sehnlichst ausgeschaut,
> Es wurde dir beschieden.
> Du triumphierst und jubelst laut:
> Jetzt hab ich endlich Frieden.

Ach Freundchen, werde nicht so wild.
Bezähme deine Zunge.
Ein jeder Wunsch, wenn er erfüllt,
Kriegt augenblicklich Junge.

Das Ziel hinter den Zielen

Deshalb sehen die Religionen diesen Zustand des wunsch-
losen Glücks als das endgültige Ziel, das **hinter** dem Leben
steht.
Ewige Glückseligkeit: Das ist für Christen und Moslems das
Paradies, für den Hindu das Aufgehen in Brahman und für
Buddhisten das Nirvana, das vollständige Verlöschen aller
Wünsche und Bedürfnisse.
Vordergründig erscheinen dabei die Auffassungen des We-
stens und des Ostens als völlig gegensätzlich. Vom Paradies,
einem Ort unbeschreiblicher Schönheit, erhofft man sich
eine nicht mehr zu übertreffende Steigerung aller irdischen
Genüsse, das Nirvana dagegen ist ein Zustand des Nicht-
Seins, in dem alles Denken, Fühlen und Wollen aufgehört
hat.
Und dennoch ist das Ziel dasselbe: ohne Wunsch zu sein.
Im Westen scheint die Meinung zu herrschen, um wunschlos glücklich zu sein, müsse man eben alle Wünsche **erfüllen,** bis man endlich **alles** hat und kein Wunsch mehr
übrigbleibt.
Der östliche Weg verläuft entgegengesetzt zum westlichen;
man meint, um wunschlos glücklich zu sein, müsse man alle
Wünsche **aufgeben,** bis man endlich **nichts** mehr haben will
und kein Wunsch mehr übrigbleibt.
In seinem Buch *Ewige Fragen* faßt Georg **Grimm** das so
zusammen: »Der vollkommen angemessene Zustand ist er-

reicht, wenn einem schlechterdings nichts mehr fehlt, wenn man also absolut nichts mehr vermißt.«

Wie ist dieses Ziel zu erreichen?

Nehmen wir den östlichen Weg der Entsagung. Um wirklich gar nichts mehr zu brauchen, muß der Verzicht radikal sein. Und das bedeutet letztlich, sich auch von seinem irdischen Körper zu lösen, der ja selbst dann noch sein Recht fordert, wenn alle anderen Wünsche und Begierden erloschen sind. Kann das aber der Sinn der menschlichen Existenz sein, den Körper, in dem wir geboren werden, zu überwinden und möglichst bald wieder abzulegen? Wozu dann der Aufwand?

Dein Auftrag: Werde du selbst

Es hat ja einen Sinn, daß du dich für dieses Leben in diesem Körper entschieden hast. Und jeder Wunsch, den du hast, ist wie ein Motor, der dich antreibt und deine Entwicklung vorantreibt. Ohne Wünsche gäbe es überhaupt keine Entwicklung. Eine wichtige Aufgabe im Leben besteht darin, deine **wirklichen** Wünsche zu erkennen, die Wünsche, die deiner Entwicklung die richtige Richtung geben.

Kennst du das Buch *Die unendliche Geschichte* von Michael Ende? Der Auftrag, den Bastian erhält, heißt: »Tu, was du willst«, und er faßt die Worte zunächst als Aufforderung auf, alles zu tun, wozu er gerade Lust hat. Erst zum Schluß begreift er, was damit wirklich gemeint ist, nämlich: seinen wahren Willen herauszufinden.

Und das ist gar nicht so einfach. Denn das hat nichts mehr mit Masken und Rollen zu tun, nichts mehr damit, was andere von dir erwarten oder wie sie dich gerne hätten, nicht einmal damit, wie du dich selbst gern präsentieren würdest. Das bedeutet, hinter die Fassade zu schauen und dort den Menschen zu finden, der du deinem innersten Wesen nach wirklich bist. Selbstbewußtsein und Selbstverwirklichung sind die Schlüsselwörter, aber nicht in dem Sinne, wie sie heute so oft gebraucht und mißbraucht werden.

Werde dir bewußt, wie dein wahres Selbst ist, und dann verwirkliche es, indem du aus deiner Mitte heraus handelst und mit dir selbst im Einklang lebst. Dann lebst du auch im Einklang mit allen anderen.

Deshalb sagte Jesus: »Liebe deinen Nächsten **wie dich selbst.**« Denn nur wer zu sich selbst ja sagen kann, ist auch fähig, anderen Liebe zu geben.

Du kannst nur das geben, was du selbst in dir hast.

Dein Horoskop kann dir dabei helfen das herauszufinden. Damit du aber nicht einfach kritiklos übernimmst, was in irgendwelchen Büchern steht (denn alle Planetenstellungen, Aspekte usw. können auch unterschiedlich gedeutet werden), ist es wichtig, daß du dir bei deiner Horoskopdeutung (wie auch schon im dritten Kapitel) immer wieder die Frage stellst: »Bin ich das wirklich?«

Wer bist du wirklich?

Spüre in dich hinein, achte auf die Gefühle, die auftauchen, wenn du etwas über die einzelnen Eigenschaften, Begabungen, Interessen und vor allem über die Schwächen liest.

Wahrscheinlich wirst du schon bald so etwas wie einen »roten Faden« in deinem Horoskop finden, bestimmte Merkmale, die immer wieder erwähnt werden.

Vielleicht hast du auch ab und zu ein Aha-Erlebnis. Das fühlt sich so an, als würde sich eine Tür öffnen, von der du bis dahin nicht einmal gewußt hast, daß sie da ist.

Oder du erlebst das Gegenteil und bist mit irgendeiner Aussage überhaupt nicht einverstanden. Dann lohnt es sich noch mehr, genau hinzuspüren. Wie fühlt sich das an? Ist es einfach das Gefühl: »Tatsächlich? Das wußte ich ja noch gar nicht?« Dann ist es auch nicht weiter von Bedeutung.

Oder kommt da Ärger hoch: »Das ist ja wohl der größte Schwachsinn, den ich je gelesen habe! Horoskope sind doch wohl Blödsinn! Das stimmt doch alles überhaupt nicht!« Dann heißt es aufpassen! Ich kann dich nicht daran hindern, das Buch und dein Horoskop in die Ecke zu schmeißen. Aber du solltest wissen, daß alles, worauf du mit heftigen Gefühlen reagierst, auch immer etwas mit dir zu tun hat.

Der Volksmund sagt dazu »Der getroffene Hund bellt« und »Wem der Schuh paßt, der zieht ihn sich an«.

Schwächen sind unentwickelte Stärken

Wenn du also etwas entdeckt hast, von dem du wünschtest, es wäre nicht da, freu dich. Ich weiß, das klingt paradox. Aber tatsächlich ist es ein Vorteil, wenn man seine Schwächen kennt. Es ist so wie mit der Wespe (oder der Spinne) im Zimmer: Solange man sie sehen kann, weiß man wenigstens, wo sie ist.

Du weißt ja, auch das, was tief im Unterbewußtsein begraben ist, beeinflußt unser Empfinden und Verhalten.

Frag dich, woran es liegen könnte, daß das, was du da entdeckt hast, dir so fremd ist, warum es in deinem Leben bislang keine Rolle gespielt hat.

Zum Beispiel: Merkur steht in deinem Horoskop im Steinbock, und du liest, daß das auf die Fähigkeit zu methodischem Denken und Konzentrationskraft hinweist. Dein Mathelehrer bescheinigt dir aber mit jeder Fünf, die er dir gibt, daß du weder logisch denken noch dich richtig konzentrieren kannst.

Wie kommt es, daß sich diese Begabung nicht entfaltet hat? Hast du von deinen Eltern vielleicht immer wieder gehört: »Mathe habe ich auch nie gekonnt, das liegt bei uns in der Familie«? Oder sind es andere Dinge, von denen dein Kopf so voll ist, daß für Mathematik kein Platz mehr ist? Oder meinst du, daß das nicht zu dem Bild paßt, das die anderen (und du selbst) von dir haben?

Möglicherweise sind ja auch andere Aspekte in deinem Horoskop stärker und beeinflussen dich mehr in eine andere Richtung.

Versuche auf jeden Fall, diese Hinweise nicht von vornherein abzublocken. Beobachte dich. Und sei ganz offen für neue Anregungen. Sag dir bei der nächsten Gelegenheit: »Ich kann das, ich bin begabt dafür«, und dann geh mit diesem Bewußtsein an die Sache ran. Mag sein, daß du beim ersten Mal noch keinen Unterschied merkst. Aber Übung macht ja bekanntlich den Meister.

Was die Schwächen betrifft, so sind sie nichts anderes als unentwickelte Stärken. Du wirst gleich verstehen, was ich damit meine.

Manche Leute haben ja ganz merkwürdige Vorstellungen von den Eigenschaften der Tierkreiszeichen. Da hört man dann Pauschalurteile wie: »Ach, dein Freund ist Skorpion? Wie kannst du nur mit ihm klarkommen, die Skorpione sind doch alle so schwierig!«

Oder: »Sie ist ja ganz nett, aber mit einem Krebs lasse ich mich lieber nicht ein. Die sind so launisch.«

Die Aufgaben der einzelnen Tierkreiszeichen

In Wirklichkeit gibt es natürlich keine »guten« oder »schlechten« Zeichen, und ein Skorpion ist nicht schwieriger als ein Stier. Es gibt allerdings bei jedem Zeichen verschiedene Ausprägungen und Entwicklungsstufen.

Das Sonnenzeichen, um das es hier ja geht, stellt vor allem eine Aufforderung dar, seinen Persönlichkeitskern zu erkennen und zu entwickeln. Die typischen Eigenschaften jedes Zeichens sind dabei zunächst einmal mehr oder weniger neutral; es kommt immer darauf an, wie sie genutzt werden.

Die impulsive Kraft des **Widders** ist vergleichbar mit dem Feuer, seinem zugeordneten Element. Es kann verheerenden Schaden anrichten, wenn es außer Kontrolle gerät, aber es spendet auch Wärme und Licht, wenn es nutzbar gemacht wird. So ist es die Aufgabe des Widder-Geborenen, die auf unterster Stufe noch triebhafte, unbeherrschte Aggressivität in den Griff zu kriegen. Auf einer höheren Stufe kann sich dieselbe Kraft dann als Mut und Zivilcourage zum Wohle anderer äußern.

Beim **Stier** kann sich seine Beständigkeit als unbelehrbare Sturheit zeigen oder als Treue und Zuverlässigkeit. Sein Streben nach Besitz und Genuß kann gierig und egoistisch sein oder ein Zeichen von Verantwortung und Lebensfreude, wenn er gelernt hat, zu teilen und für andere zu sorgen.

Die Vielseitigkeit des **Zwillinge**-Geborenen kann ihn dazu verführen, ständig Neues anzufangen, ohne es zu beenden. Solange er nicht lernt, seine vielen Ideen zu Ende zu denken und dabei auch in die Tiefe zu gehen, bleibt auch sein Redetalent in bloßer Schwatzhaftigkeit stecken.

Die Aufgabe des **Krebs**-Geborenen besteht darin, seine Fähigkeit, tief zu empfinden, auch als Verständnis für andere, als Mitgefühl und Fürsorglichkeit auszudrücken, anstatt sich bei jeder Gelegenheit beleidigt zurückzuziehen und sich von seinen Launen beherrschen zu lassen.

Löwe-Geborene stehen gern im Mittelpunkt. Am Anfang ihrer Entwicklung ist ihr Selbstbewußtsein noch aufgesetzt und nicht Ausdruck einer inneren Sicherheit. Dann wirken sie leicht arrogant und prahlerisch. Erst auf höherer Stufe entwickeln sie echte Autorität und Führungsqualitäten und können anderen damit eine große Hilfe sein.

Auch das Ordnungs- und Organisationstalent des **Jungfrau**-Geborenen kann für andere sehr hilfreich und nützlich sein, wenn er über die Stufe hinaus ist, wo er sich nur als pedantischer Besserwisser aufführt.

Waage-Geborene streben immer nach Harmonie und Ausgleich. Das kann sich so äußern, daß sie jedem Konflikt und jeder Entscheidung aus dem Wege gehen, weil sie keinem wehtun wollen – und damit stolpern sie erst recht von einem Problem zum nächsten. Auf höherer Stufe sind sie Friedensstifter, die es mit diplomatischem Geschick verstehen, andere zu versöhnen. Auch ihr ausgeprägter Schönheitssinn kann als Eitelkeit und Verschwendungssucht in Erscheinung treten, bevor sie gelernt haben, ihre Talente zur Verschönerung ihrer Umgebung zu nutzen.

Was den **Skorpion** für viele seiner Mitmenschen so »schwierig« macht, ist seine leidenschaftliche Art, die keine Kompromisse kennt, erst recht keine »faulen«. Im Grunde ist aber gerade dieser Drang, den Dingen auf den Grund zu gehen und die gesamte Energie in eine Richtung zu lenken, seine große Stärke. Was er lernen muß, ist, dabei vernünftige Ziele anzustreben und auch bereit zu sein, davon abzulassen, wenn sie sich als unbrauchbar erwiesen haben. In der Beziehung zu anderen Menschen müssen sich seine starken Gefühle von einer besitzergreifenden Haltung zu einem tiefen Einfühlungsvermögen wandeln.

Auch den **Schütze**-Geborenen drängt es danach, Grenzen zu überwinden, um einen Sinn zu finden. Sein Freiheitsbedürfnis kann dazu führen, daß er unfähig ist, Grenzen zu akzeptieren, vor sich selbst wegläuft und zum Fanatiker oder Blender wird. Seine Aufgabe ist es, seinen Weg zu finden zwischen Unternehmungslust und Rastlosigkeit, Idealismus und Scheinheiligkeit, Offenheit und Grenzenlosigkeit.

Die Stärke des **Steinbocks**, pflichtbewußt und konsequent eine begonnene Aufgabe zu Ende zu führen, kann als Schwäche erscheinen, wenn er starr und dickköpfig an längst Überholtem festhält. Er würde niemals mit den Gefühlen anderer spielen, aber dadurch kann er auch verschlossen und abweisend erscheinen.

Die Aufgabe des **Wassermann**-Geborenen liegt ganz deutlich im sozialen Bereich. Sein Bestreben, starre Strukturen aufzubrechen, darf sich aber nicht darin erschöpfen, großartige Utopien zu entwerfen, die nicht zu verwirklichen sind.

Wie die anderen Wasserzeichen muß auch der **Fische**-Geborene lernen, seinen tiefen Gefühlen eine Richtung zu geben und seine Sensibilität in den Dienst seiner Mitmenschen zu stellen. Dabei muß er deutlich zwischen sich und den anderen unterscheiden. Wenn er sich, statt mitfühlend zu helfen, mit dem Leid des anderen identifiziert, verfällt er leicht in Depressionen und kann nichts bewirken.

Die Grundqualität des Zeichens ändert sich bei seiner Entwicklung nicht, nur ihre Ausrichtung. Aus einem chaotischen Wassermann mit revolutionären Ideen kann keine ordnungsliebende Jungfrau oder ein konservativer Stier werden, und es ist auch gar nicht seine Aufgabe, sich völlig umzukrempeln. Er ist aber gefordert, seine originellen Ideen zum Wohle anderer zu verwirklichen und so vom destruktiven Umstürzler zum Erneuerer im positiven Sinn zu werden.

Im wesentlichen geht es bei der Entwicklung immer um den Schritt **vom Ich zum Du, vom Egoismus zur Bereitschaft, seine Fähigkeiten in den Dienst seiner Mitmenschen zu stellen.**

Beruf und Berufung

Ein Bereich, in dem die eigenen Anlagen zum Wohle aller zur Entfaltung kommen können, ist der Beruf. Richtig verstanden hat er etwas mit Berufung zu tun und ist weit mehr als nur ein »Job«, mit dem man Geld verdient.

Darin besteht ja die große Unzufriedenheit der meisten Menschen, daß sie die Arbeit als notwendiges Übel betrachten, mit dem man Geld verdient, das aber ansonsten mit ihren tatsächlichen Bedürfnissen nichts zu tun hat. Was für eine wunderbare Vorstellung ist es dagegen, das zu tun, was einem Spaß macht, und noch dafür bezahlt zu werden!

Vielleicht kann dir dein Horoskop helfen, auch beruflich wenigstens die richtige Richtung einzuschlagen.

Neben der Stellung des Mars und des Merkur ist dafür die Himmelsmitte (MC) von Bedeutung. In welchem Zeichen steht dieser Punkt in deinem Horoskop? Die charakteristischen Eigenschaften dieses Zeichens geben dir Auskunft über dein Thema und dein Ziel. Ein MC im Krebs verweist beispielsweise darauf, daß es wichtig ist, Gefühlstiefe zu entwickeln, und wahrscheinlich wird jemand mit dieser Konstellation immer wieder Situationen erleben, in denen er gefordert ist, Mitgefühl und Hilfsbereitschaft zu zeigen. Beruflich könnte sich derjenige am besten dort entfalten, wo es um den Dienst am Mitmenschen geht, beispielsweise als Arzt oder in der Altenpflege.

Ein weiteres Beispiel:

Die Merkmale des Zeichens Stier sind Beständigkeit und Zuverlässigkeit. Jemand mit dem MC in diesem Zeichen kann sich gut verwirklichen in einem Beruf, der irgendwie mit Grund und Boden zu tun hat, sei es als Gärtner oder als Immobilienmakler.

Das Horoskop macht dir natürlich keine Vorschriften und bietet auch keine Erfolgsgarantie. Es ist lediglich ein Instrument, mit dem du auch verborgene Talente aufspüren und so dein Leben bereichern kannst.

8. Die Schwelle:
Hemmung und Herausforderung

Hüter der Schwelle: Saturn

»Es gibt Berge, über die man hinüber muß, sonst geht der Weg nicht weiter«, hat Ludwig Thoma gesagt.

Und diese »Berge« sind es, die Saturn im Horoskop anzeigt. Er ist der »Hüter der Schwelle«. An seiner Stellung läßt sich ablesen, worin die Aufgaben bestehen, die zu bewältigen sind, und welche Schwierigkeiten überwunden werden müssen, bevor eine neue Stufe erreicht werden und der Weg weitergehen kann. Das Zeichen, in dem er steht, enthält Hinweise auf die Art der Schwierigkeiten, und das Haus zeigt den Bereich an, in dem die Probleme gelöst werden sollen.

Einige Astrologen schließen von der Stellung des Saturn auch auf das Karma des Menschen, das heißt auf Probleme, die aus früheren Leben stammen. Vieles, was ohne den Hintergrund der Reinkarnation unbegreifliches Schicksal ist, erhält damit einen Sinn, und was noch wichtiger ist, es eröffnen sich Wege, die zur Lösung dieses Problems führen können.

In der folgenden Tabelle kannst du ablesen, in welchem Zeichen Saturn an deinem Geburtstag stand:

20.06.1971–10.01.1972	Zwillinge	18.09.1975–14.01.1976	Löwe
11.01.1972–21.02.1972	Stier	15.01.1976–05.06.1976	Krebs
22.02.1972–01.08.1973	Zwillinge	06.06.1976–17.11.1977	Löwe
02.08.1973–07.01.1974	Krebs	18.11.1977–05.01.1978	Jungfrau
08.01.1974–18.04.1974	Zwillinge	06.01.1978–26.07.1978	Löwe
19.04.1974–17.09.1975	Krebs	27.07.1978–21.09.1980	Jungfrau

| 22.09.1980–29.11.1982 | Waage | 07.05.1983–24.08.1983 | Waage |
| 30.11.1982–06.05.1983 | Skorpion | 25.08.1983–17.11.1985 | Skorpion |

Grundsätzlich gibt die unentwickelte Ausprägung des jeweiligen Zeichens (siehe Seite 153–156) den Bereich an, der im vorigen Leben überbetont war und jetzt noch immer zu Schwierigkeiten führt.

So bedeutet Saturn im **Stier,** daß diese Menschen im Vorleben Geld und materiellen Besitz höher bewertet haben als Gefühlsbindungen. Ihre Aufgabe ist es, in diesem Leben ihren Geiz zu überwinden und schenken zu lernen.

Saturn in den **Zwillingen** weist auf die Aufgabe hin, Oberflächlichkeit zu meiden und vor allem in Beziehungen zu Gefühlstiefe und Beständigkeit zu gelangen. Es gilt, Problemen standzuhalten und ihre Chance zur Entwicklung zu erkennen, statt nach immer neuen Ausweichmöglichkeiten zu suchen.

Saturn im **Krebs,** dem »Familienzeichen«, findet sich häufig bei Menschen, die Angst vor engen Bindungen haben, weil sie möglicherweise in einem früheren Leben (Familien-)Beziehungen als Fessel erlebt haben, die sie an der eigenen Entwicklung gehindert hat. Sie müssen lernen, ihren Freiraum zu wahren, ohne bindungsunfähig zu werden.

Auch im **Löwen** zeigt Saturn Probleme in (Liebes-)Beziehungen an. Aufgrund früherer Enttäuschungen neigen diese Menschen dazu, sich nicht wirklich geliebt zu fühlen. Deshalb verhalten sie sich dem Partner gegenüber oft so abweisend, eifersüchtig oder überheblich, daß sie tatsächlich immer wieder dieselbe Erfahrung machen (Selffulfilling prophecy). Ihre Aufgabe ist es, sich auf die Liebe einzulassen und zu akzeptieren, daß damit immer ein Risiko verbunden ist. Man kann sich dabei nicht gegen Enttäuschungen absichern. Wer liebt, muß sich dem anderen öffnen und wird damit auch verletzlich.

In der **Jungfrau** zeigt der Saturn eine frühere Überbetonung des Kopfes und eine Vernachlässigung des Gefühlsbereiches an. Auch in diesem Leben glauben diese Menschen, sich die Zuneigung anderer durch Zuverlässigkeit und korrekte Pflichterfüllung verdienen zu müssen. Dabei erleben sie immer wieder, daß ihre Anstrengungen vergeblich sind, denn Liebe hängt nicht von dem ab, was man tut, sondern wer und wie man ist. Sie müssen lernen, sich auf ihre Gefühle einzulassen und sich selbst als liebenswert zu empfinden. Erst dann können sie auch zu anderen eine liebevolle Beziehung eingehen.

Steht Saturn in der **Waage,** ist das Thema vor allem Gerechtigkeit, die eine Grundvoraussetzung ist für das Zusammenleben mit anderen, sei es in beruflicher oder privater Hinsicht.

Was für die Sonne im **Skorpion** gesagt wurde, trifft noch stärker zu, wenn Saturn in diesem Zeichen steht. Die gewaltige Energie muß in die richtige Richtung gelenkt werden, wo sie zum Nutzen und nicht zum Schaden anderer wirken kann. Eine wichtige Aufgabe ist daher, Toleranz zu entwickeln und auch im Konkurrenzkampf fair zu bleiben.

In welchem Haus Saturn bei deiner Geburt stand, kannst du nur deinem individuellen Horoskop entnehmen.
Wie bei jeder Deutung ist auch hierbei vor allem Einfüh-

lungsvermögen entscheidend. Natürlich können dir Bücher eine allgemeine Tendenz aufzeigen, aber wie das Problem im jeweiligen Fall zu deuten ist, ergibt sich erst aus dem konkreten Zusammenhang.

Ein Saturn im 9. Haus, das ja dem Schützen zugeordnet ist und etwas mit Horizonterweiterung im weitesten Sinne zu tun hat, kann auf weite Reisen und Auslandsaufenthalte hinweisen. Diese Stellung kann sich aber auch auf den Weg nach innen und auf intensive Lernerfahrungen beziehen. Möglicherweise geht es auch um die Beschäftigung mit Religion und Philosophie sowie Krisen, die mit dem Glauben zusammenhängen. Oder alles zusammen.

Im Horoskop einer meiner Schwestern steht nicht nur Saturn, sondern auch Venus und Pluto stehen im 9. Haus. Sie hat tatsächlich, wie es Venus anzeigt, einen Ausländer geheiratet, aber die Ehe hat nicht lange gehalten. (Was nicht verwundert, da Venus, die das Weibliche symbolisiert, im Spannungsverhältnis zu Mars steht, dem Symbol für das Männliche. Sie hat auch nicht wieder geheiratet.) Auch nach der Scheidung ist sie in dem Land geblieben, obwohl sie dort nicht sehr glücklich ist. Das alles hat sie zu intensiven Auseinandersetzungen mit Glaubensfragen geführt, und sie hat sich dabei den ursprünglichen, naturnahen Religionen angenähert, denen Pluto entspricht.

Vielleicht hätte sich ihr Leben anders gestaltet, wenn sie damals schon ihr Horoskop gekannt hätte. Möglicherweise hätte sie sich dann von ihrer Ehe und dem Leben im Ausland nicht die Lösung ihrer Probleme erhofft, sondern wäre auf weitere Schwierigkeiten vorbereitet gewesen.

Und das führt uns wieder zu der Kernfrage: Ist unser Leben nicht doch vorherbestimmt? Haben wir denn überhaupt eine Chance, unser Schicksal zu beeinflussen? Oder zwingen uns »die Sterne«?

Ich sagte schon: Du hast dich, genau wie alle Menschen, selbst für dieses Leben entschieden. Du bringst die Voraussetzungen mit, die für deinen Lebensplan optimal sind. Wie du sie nutzt und ob du deine Chance wahrnimmst, hängt von vielen Umständen ab. Vor allem aber davon, wie weit dir das alles bewußt ist.

Wenn du deine Aufgaben und Schwächen kennst, kannst du zumindest besser damit umgehen.

Es geht im Leben immer um eine Weiterentwicklung, auch wenn sie sich manchmal unterschwellig und nicht offensichtlich vollzieht.

Das Prinzip der Evolution, das der gesamten Schöpfung zugrundeliegt, gilt auch für jedes individuelle Leben. Wie schnell jemand vorankommt und auf welche Art sich sein Fortschritt gestaltet, das liegt an jedem selbst.

Ein Vergleich mag dabei wieder helfen, die Zusammenhänge besser zu verstehen.

Das Leben als Schule

Es wird oft gesagt, das Leben sei wie eine Schule. Wir haben bestimmte Lektionen zu lernen, aber anders als alle Lehrer, die du kennst, ist das Leben selbst ein Lehrmeister mit unerschöpflicher Geduld – und von unerbittlicher Strenge. Geduldig, weil du immer und immer wieder die Chance bekommst, deine Lektion zu wiederholen, bis du sie begrif-

fen hast. Unerbittlich, weil du deine Lektion so lange wiederholen **mußt,** bis du sie endlich begriffen hast.

Und das kann manchmal lange dauern. So lange, daß eine
Lebensspanne dafür nicht ausreicht.

Wenn du hier bei uns verschiedene Leute befragst, ob sie
gern mehr als einmal leben würden, wirst du wahrscheinlich
überwiegend zustimmende Antworten erhalten. Wir alle
hängen am Leben, wollen so viel davon auskosten wie nur
irgend möglich, und der Gedanke, eine zweite, dritte Chance oder sogar noch mehr Chancen zu bekommen, ist für die
meisten sehr verlockend. Wenn jemand erzählt, er habe
schon einmal gelebt, klingt das nach einer besonderen
Auszeichnung.

Für einen Buddhisten oder Hindu sieht das ganz anders aus:
Sie gehen davon aus, daß **jeder** Mensch unzählige Male
wiedergeboren wird, und ihr höchstes Ziel ist es gerade, von
dem Rad der Wiedergeburten (samsara) befreit zu werden
und nicht mehr auf die Welt kommen zu **müssen,** denn
Leben ist nach ihrer Ansicht vor allem Leiden.

Das entspricht der Einstellung vieler Schüler zur Schule. Für
sie ist die Schulzeit eine Zeit voller Zwänge und Prüfungen,
und Lernen hat einen eher unangenehmen Beigeschmack.
Es geht dann eigentlich nur darum, das alles möglichst bald
hinter sich zu bringen und sein Reifezeugnis zu bekommen,
das einem die Tür zur Freiheit, zum »richtigen« Leben,
öffnet.

Und du? Spürst du auch den inneren Widerstand, sobald du
das Wort »lernen« hörst?

Das war nicht immer so. Auch wenn du es nicht glauben
magst: Lernen gehört zu den Grundbedürfnissen des Menschen und ist ein innerer Drang. Ein kleines Kind lernt
unermüdlich und mit großer Begeisterung. Jeder Fehl-
schlag ist nur eine Herausforderung, es so lange zu versu-

chen, bis es endlich klappt. Das ändert sich erst, wenn das Lernen nicht mehr aus innerem Antrieb erfolgt, sondern als Zwang erlebt wird, der einem von außen auferlegt wird.

Das passiert leider häufig mit Schuleintritt. Oder auch schon vorher, wenn die Eltern zu ehrgeizig sind. Viele meinen ja, »Erziehung« habe etwas mit »ziehen« zu tun, aber nicht einmal Pflanzen kann man veranlassen, sich schneller zu entwickeln, indem man daran zieht.

Früher hieß es: »Nicht für die Schule, sondern für das Leben lernen wir.«

Da das Lernen in der Schule aber häufig als etwas empfunden wird, das so gar nichts mit einem selbst und den eigenen Bedürfnissen zu tun hat, wird diese Einstellung auch auf das Leben übertragen, das einem genauso fremdbestimmt erscheint wie die Schulzeit.

Ich stelle immer wieder mit Erstaunen fest, wie sehr Schüler ihre Erfahrungen verallgemeinern und fraglos als gegeben hinnehmen, so daß sie gar nicht merken, wie sie sich selbst mit ihren Vorurteilen den Weg verbauen.

Lernblockaden

Und das sind die häufigsten Blockaden beim Lernen:

Blockade Nr. 1: »Lernen ist Zwang, und gegen Zwang muß man sich wehren.«

Daraus folgt, daß das, was die Lehrer erzählen, einfach keinen Spaß machen **kann.**

Es gibt tatsächlich Schüler, die sich gegen alles wehren, was im Unterricht gemacht wird, **weil** es eben Schule ist. Unter anderen Umständen würden sie die Themen durchaus interessieren.

164

Blockade Nr. 2: »Lernen ist eine todernste Angelegenheit. Was wirklich wichtig ist, kann keinen Spaß machen.«
Wer unter Druck lernt oder verbissen büffelt, stellt zwar oft fest, daß es einfach nicht in seinen Kopf hineingeht. Aber andererseits nehmen Schüler oft einen aufgelockerten Unterricht, bei dem es fröhlich zugeht, nicht ernst und schalten ab, weil sie meinen, daß man dabei ja ohnehin nichts »Richtiges« lernt.

Blockade Nr. 3: »Bei einer Arbeit kommt es nur darauf an, eine gute Zensur zu bekommen – egal wie.«
Sinn einer Prüfung ist eigentlich, herauszufinden, wie gut man den Stoff verstanden hat und wieviel man noch lernen muß. Wer etwas lernt, um es nachher auch anwenden zu können, weiß das.

Blockade Nr. 4: »Wenn ich eine Klasse wiederholen muß, bin ich weniger wert als andere.«
Wie schnell jemand lernt, hat nichts mit seinem Wert zu tun. Eine Klasse zu wiederholen ist eigentlich nur eine Chance, Versäumtes aufzuholen.

Blockade Nr. 5: »Lehrer stellen Aufgaben und lassen Arbeiten schreiben, um die Schüler zu quälen.«
Das kann nur der empfinden, der keine Beziehung hat zu dem, was er lernen soll.

Blockade Nr. 6: »Wenn ich eine Aufgabe nicht lösen kann, liegt es daran, weil der Lehrer mich nicht mag und mir mit Absicht so schwere Fragen stellt.«
Siehe oben.

Du fragst dich, was das soll, und warum ich jetzt ausgerechnet auch noch mit Schule und Unterricht anfange?
Irrtum – ich rede vom Leben, seinen Aufgaben, Prüfungen und Zielen.

Was das Leben so schwer macht

Dieselben Blockaden und Vorurteile, die den Fortschritt in der Schule hemmen, sind es auch, die das Leben oft so schwer machen.
Das fängt an mit der Einstellung zum Leben. Gerade viele Jugendliche machen es ihren Eltern zum Vorwurf, daß sie überhaupt auf der Welt sind.
»Ich bin ja nicht gefragt worden«, heißt es dann, »also seid ihr auch dafür verantwortlich, daß es mir gutgeht.«

Du weißt inzwischen, daß das nicht stimmt.

Deine Eltern haben die Aufgabe, dich so lange zu begleiten, bis du in der Lage bist, selbst Verantwortung für dich zu übernehmen.
Das ist ja Sinn und Ziel der gesamten Erziehung: den jungen Menschen schrittweise zur Selbständigkeit zu führen, so daß Erziehung überflüssig wird.
Auch wenn du dich wehrst, du kommst um deine Lektionen nicht herum. Dafür bist du ja hier.

Im übrigen brauchst du zum Lernen doppelt so viel Energie, wenn du dich dagegen wehrst. Allein dein Sträuben verbraucht schon die Hälfte deiner Kraft. Das ist, als würdest du mit der einen Hand die Tür zuhalten, die du mit der anderen zu öffnen versuchst.

Probleme sind Entwicklungschancen

Jedes Problem, mit dem du im Verlauf deines Lebens konfrontiert wirst, ist eine Herausforderung, eine Chance zur Weiterentwicklung, und es wird auch nur so lange ein Problem für dich darstellen, bis du es verstanden, gelöst und damit überwunden hast. Im Kindergarten war es für dich ein Problem, bei deinen Schuhen selbst die Schleife zu binden, und in der ersten Klasse, alle Buchstaben richtig zu schreiben. Heute machst du das automatisch und ohne nachzudenken.

Wenn du es nicht beim ersten Mal gleich schaffst – macht nichts. Das Leben wird dafür sorgen, daß du deine nächste Chance erhältst. Mogeln bringt dich da nicht weiter. Verlaß dich darauf, daß dich das Problem, vielleicht in anderer Form, wieder einholt.

Du brauchst dich aber nicht mit anderen zu vergleichen, denn anders als in der Schule sind die Lektionen, die du zu lernen hast, ganz individuell auf dich zugeschnitten.

Du darfst außerdem darauf vertrauen, daß dir die Aufgaben immer in einer solchen Form gestellt werden, daß du sie auch bewältigen kannst. Niemand straft dich, und niemand legt dir Steine in den Weg – es sein denn, du sollst lernen, wie man klettert.

Und glaub nicht, daß du nur lernen kannst, indem du durch Schicksalsschläge heimgesucht wirst. Du bekommst immer genau das, was du erwartest und brauchst. Dein Unterbewußtsein sorgt dafür. Wenn du davon ausgehst, daß das Leben eine faszinierende Angelegenheit ist und Lernen Spaß macht, wirst du deine Erfahrungen auch genau auf diese Art machen. Dann wird jedes »Problem« für dich zu einer spannenden neuen Erfahrung und dein Lebensweg zu einer interessanten Reise.

Dein Horoskop kann dabei als »Reiseführer« dienen.

Zum Beispiel kann Saturn dich rechtzeitig auf Hürden aufmerksam machen. Er wird oft als »Schicksalsplanet« bezeichnet und gefürchtet. Aber seine Stellung zeigt lediglich das Problem auf, an dem wir nicht vorbeikommen.

Saturn quält nicht und straft nicht, genausowenig wie der Lehrer, der wissen will, ob du deine Aufgaben verstanden hast. Erst wenn du die eine Lektion begriffen hast, kannst du die nächste in Angriff nehmen.

Und wenn du meinst, daß er dir mit einer Aufgabe zu viel zugemutet hat, liegt das vielleicht auch daran, daß du dich unterschätzt. Es kann als Herausforderung gemeint sein, deine Kraft zu erproben und deine eigenen Grenzen zu erweitern.

Die größte Schwierigkeit besteht eigentlich oft darin, zu erkennen, um welche Lektion es gerade geht und was du dabei lernen sollst, denn der Lehrmeister »Leben« ist auch in methodischer Hinsicht einfallsreicher als menschliche Schulmeister. Du wirst dich immer wieder in Situationen wiederfinden, wo du vielleicht nicht auf Anhieb erkennst, um was es geht, weil die »Verpackung« ganz unterschiedlich sein kann. Wenn du aber weißt, welches Thema für dich eine Rolle spielt, kann es dir helfen, die Situation zu durchschauen.

Neben Saturn sind es die Mondknoten, die dir Hinweise darauf geben können.

Die Mondknoten: Wegweiser zur Lebensaufgabe

Wulfing von **Rohr** bezeichnet die Mondknoten als »Schicksalspunkte«, und auch andere Astrologen sind der Ansicht, daß man an ihrer Stellung sowohl altes Karma als auch die neue Lebensaufgabe ablesen kann. Beide Punkte stehen im Horoskop direkt gegenüber; meist ist nur der aufsteigende (nördliche) Mondknoten, der auch als »Drachenkopf« bezeichnet wird, eingezeichnet.

Das Zeichen, in dem dieser Punkt steht, gibt – ähnlich wie bei der Stellung der Sonne und des Saturn – an, um welche Qualitäten es in diesem Leben vorrangig geht. Im direkten Zusammenhang damit steht die »alte Karmalast« (von Rohr), die aufgelöst werden muß.

Ein Beispiel mag das verdeutlichen. Steht der »Drachenkopf« im Widder, sollen dessen positive Eigenschaften in den Vordergrund treten. Dieser Mensch ist gefordert, mehr Durchsetzungskraft aufzubringen, mehr Mut und aktives Handeln. Der absteigende Mondknoten, der »Drachenschwanz« steht dagegen in der Waage, und es wird deutlich, daß deren Schwächen im gleichen Maße überwunden werden müssen. Wer einen eigenen Standpunkt bezieht und lernt, diesen auch durchzusetzen und zu behaupten, kommt wohl oder übel in Konflikt mit seiner »Harmoniesucht«, die es allen recht machen will und allen Entscheidungen ausweicht.

Einen weiteren Hinweis können dir die zugeordneten Elemente geben. Ein aufsteigender Mondknoten in einem Wasserzeichen zeigt an, daß der Gefühlsbereich stärker ausgelebt werden soll, ein Luftzeichen verweist auf den Gebrauch der Verstandeskräfte usw.

Die folgende Tabelle gibt dir einen Überblick über den

Stand des aufsteigenden Mondknotens zwischen 1972 und 1984:

28.04.1972–26.10.1973	Steinbock	05.07.1978–11.01.1980	Jungfrau
27.10.1973–09.07.1975	Schütze	12.01.1980–19.09.1981	Löwe
10.07.1975–06.01.1976	Skorpion	20.09.1981–15.03.1983	Krebs
07.01.1976–04.07.1978	Waage	16.03.1983–10.09.1984	Zwillinge

Zwischen dem 5.7.1978 und dem 11.1.1980 stand der Mondknoten also in dem Erdzeichen Jungfrau. Wenn du in dieser Zeit geboren bist, kann es sein, daß du gern Luftschlösser baust und vielleicht auch in der Beschäftigung mit der Esoterik eine Möglichkeit siehst, der harten Realität zu entfliehen (absteigender Mondknoten in dem Wasserzeichen Fische). Es ist aber deine Aufgabe, deine Pläne auf ihre Machbarkeit hin zu untersuchen und ihnen eine solide Basis zu geben. Unterscheide genau, ob sich deine Träume verwirklichen lassen oder nicht, aber laß dich nicht von Leuten verunsichern, die meinen, nur der Alltagstrott, in dem es keine Träume mehr gibt, sei das wahre Leben. Wenn du einen ausgefallenen (Berufs-)Wunsch hast, dann überlege, ob es für dich die Möglichkeit gibt, ihn zu verwirklichen und ob du bereit bist, dafür auch Anstrengungen auf dich zu nehmen.

Aber warte nicht darauf, daß du entdeckt wirst oder dir sonstwie alles in den Schoß fällt. Setz dir ein Ziel und arbeite darauf hin.

Möglicherweise erlebst du immer wieder Situationen, in denen es, bei allen äußeren Unterschieden, letztlich doch nur darauf ankommt, ganz konkret zwischen Wunsch und Wirklichkeit zu unterscheiden.

Zu wissen, worum es eigentlich geht, kann eine große Hilfe sein, wenn eine Entscheidung gefordert ist.

Bleiben wir einmal bei dem Beispiel Widder – Waage und dem damit verbundenen Thema Durchsetzungsvermögen – Harmoniebestreben. In diesem Fall muß der Betreffende also lernen, nicht immer um des lieben Friedens willen nachzugeben, sondern sich zu behaupten. Im umgekehrten Fall, mit dem aufsteigenden Mondknoten in der Waage, wäre in derselben Situation eine andere Entscheidung gefordert, nämlich nicht egoistisch mit dem Kopf durch die Wand zu wollen, sondern mit Rücksicht auf andere auch einmal zu einem Kompromiß bereit zu sein.

Noch deutlicher wird die Aufgabe durch die Häuser ausgedrückt, in denen die Mondknoten stehen, denn hier findest du auch einen Hinweis auf den Bereich, in dem diese Aufgabe gelöst werden soll.

Das Thema des Beispiels Widder/Waage würde sich im 7. Haus dann ganz konkret auf die Partnerschaft beziehen, und die Aufgabe wäre dann, sich nicht unterbuttern zu lassen, sondern Partnerschaft als ein gleichberechtigtes Miteinander zu verstehen und zu verwirklichen.

Auch im umgekehrten Fall – Waage/Widder – geht es um dieses Ziel, aber dann hättest du zu lernen, deinem Partner die Chance zu geben, sich frei zu entfalten und dabei auch mal eigene Ansprüche zurückzustellen.

Lernen heißt sich erinnern

Im Leben wie in der Schule mag es dir manchmal so vorkommen, als würden dir die Aufgaben und Themen, die du zu bearbeiten hast, völlig willkürlich und wahllos vorgesetzt. Tatsächlich gibt es aber Lehrpläne und Richtlinien, die dem Unterricht einen bestimmten Rahmen geben.

Das gleiche gilt auch für dein Leben. Und den Plan für dein

Leben hast du dir – im Gegensatz zu den Lehrplänen der Schule – selbst ausgesucht. Du selbst, das bedeutet: das unbegrenzte Wesen, das du in Wahrheit bist.

Dieses Wissen trägst du in dir, aber es ist, wie so vieles, das in deinem Unterbewußtsein aufbewahrt ist, deinem Bewußtsein nicht immer frei zugänglich.

Wenn es um deine Lebensaufgabe geht, heißt lernen eigentlich nichts anderes als sich erinnern. Oder, um noch einmal Richard Bach zu zitieren: »Lernen ist herausfinden, was du bereits weißt. Handeln ist zeigen, daß du es weißt.«

Wie du handelst und dein Leben gestaltest, das hängt also ganz davon ab, was du als Sinn hinter deinem Dasein erkannt hast. Und deine Erkenntnisse wiederum beeinflussen dein Leben und Lernen, so daß sich alles ununterbrochen im Fluß befindet.

Das bedeutet, daß man, wie Kierkegaard es sagte, das Leben und seinen Sinn eigentlich nur »rückwärts« wirklich verstehen kann. Das gesamte Bild des Lebens und was all die einzelnen »Puzzleteilchen« tatsächlich bedeuten, ist erst dann zu erkennen, wenn es fertig ist – wenn das Leben zu Ende ist.

Aber ist der Tod das Ende? Oder ist er auch nur eine weitere Schwelle, die überschritten werden muß, damit der Weg weitergehen kann?

Ich erinnere mich noch gut an eine Unterrichtsstunde, in der ich mit meinen Schülern über das Thema »Tod« sprach. Nachdem ich ihnen die Antworten der verschiedenen Religionen vorgestellt und erklärt hatte, kam die etwas ungeduldige Frage eines Schülers: »Ja, aber wie ist es denn nun **wirklich**?«

Ich konnte ihm nur sagen, was **für mich** Wirklichkeit ist, denn das bedeutet ja Glaube: »Überzeugtsein von Dingen, die man nicht sieht« (Hebräer 11,1).

Und doch gibt es etliche Menschen, die behaupten, sie wüßten **tatsächlich,** was nach dem Tod auf sie zukommt, denn sie haben diese Schwelle bereits einmal (fast) überschritten.

Erfahrungen an der Schwelle des Todes

Allen voran sind es die Schweizer Ärztin Elisabeth **Kübler-Ross** und der amerikanische Psychiater Raymond A. **Moody,** die zahlreiche Berichte gesammelt haben von Menschen, die bereits klinisch tot waren und dann wieder ins Leben zurückgeholt wurden.

Daß sich solche Erfahrungen in unserer Zeit häufen, hat etwas mit dem medizinischen Fortschritt zu tun, durch den Wiederbelebungsversuche mit immer größerem Erfolg durchgeführt werden können.

Aber neu sind solche Berichte nicht. Jean-Baptiste **Delacour** berichtet in seinem Buch *Aus dem Jenseits zurück* über eine ganze Reihe von ähnlichen Ereignissen, die schon einige Jahrzehnte zurückliegen, und er vergleicht die Erfahrungen der Wiederbelebten auch mit alten Schriften über das Jenseits.

Das Erstaunliche daran ist, daß im wesentlichen alle Berichte übereinstimmen, wenn auch nicht in allen Einzelheiten. Und es ist dabei ganz gleich, aus welchem Land und Kulturkreis der Betroffene kommt, welcher sozialen Schicht und welcher Religion er angehört oder was für eine Bildung er besitzt.

Das, was diese Menschen an der Schwelle des Todes erlebten, kann also nicht aus irgendwelchen Büchern stammen oder durch eine bestimmte Glaubenshaltung hervorgerufen worden sein.

Der Moment des Sterbens wird dabei immer als ein Ablösen vom leiblichen Körper erlebt. Oft sieht der Sterbende seinen Körper und die gesamte Szene unter sich, kann alles wahrnehmen, was gesprochen und getan wird, aber er entfernt sich immer weiter davon. Dabei wird ein Gefühl der Freiheit erlebt, und das, was mit dem Körper gemacht wird, um den Menschen wiederzubeleben, erscheint als völlig unwichtig – so, als hätte das gar nichts mehr mit einem selbst zu tun.

Viele berichten, sie hätten sich immer schneller durch einen Tunnel auf strahlend helles Licht zu bewegt. Dieses Licht sei nicht vergleichbar mit irdischem Licht, denn es strahle gleichzeitig unendliche Liebe aus. Oft wird es auch als Lichtgestalt beschrieben.

Manche spürten dabei auch die Anwesenheit von anderen Wesen oder begegneten bereits verstorbenen Verwandten. Eine weitere Erfahrung dabei ist ein Rückblick auf das vergangene Leben, das wie ein Film abläuft und einem noch einmal vor Augen führt, wo man richtig gehandelt hat und wo man Fehler gemacht hat. Aber auch dieses Erlebnis erscheint immer im Licht grenzenloser Liebe und hat nichts mit Vorwürfen und Verurteilung zu tun.

Schließlich erfolgt die Rückkehr, und die meisten erleben den Wiedereintritt in den stofflichen Körper als unangenehm und schmerzhaft, denn nun werden, vor allem bei einem Unfall oder einer schweren Krankheit, auch alle Schmerzen wieder empfunden, von denen man vorher völlig befreit war.

Es sind nur wenige Fälle, wo die Rückkehr freiwillig erfolgte, weil das Verantwortungsgefühl für die Menschen, die man zurückgelassen hatte, stärker war als der Wunsch, in diesem wunderbaren Zustand zu verbleiben.

Blick ins Jenseits oder Halluzinationen?

Wie bei den Reinkarnationsberichten gibt es natürlich auch bei den Nah-Tod-Erfahrungen eine Reihe von anderen Erklärungsversuchen.

Das Hauptargument ist, daß alle diese Menschen eben nicht wirklich tot waren, denn sonst hätten sie ja nicht wiederbelebt werden können. Möglicherweise setzt das Gehirn in einer Extremsituation bestimmte Stoffe frei, die dann Halluzinationen hervorrufen.

Ben-Alexander **Bohnke** vermutet in seinem Buch *Esoterik*, daß solche »Todeserfahrungen« vielleicht auch »Wiedererinnerungen an die Geburt« sind, und er sieht die Parallelen in der Bewegung, die durch den Tunnel auf das Licht zu führt, und dem Gefühl, daß eine neue Existenz beginnt.

Auch hier läßt sich weder etwas beweisen noch widerlegen. Für die Menschen, die so etwas erlebt haben, gibt es keinen Zweifel, daß sie wirklich wissen, was sie nach dem Tod erwartet, und die meisten hatten danach auch die Angst vorm Sterben völlig verloren. Bei ihren Berichten hatten sie vor allem mit der Schwierigkeit zu kämpfen, daß sie etwas in Worte zu fassen versuchten, was sie nicht mit ihren körperlichen Sinnen erlebt hatten und was deshalb ja auch völlig außerhalb des Erfahrungsbereiches anderer Menschen lag. Wenn es schon nicht möglich ist, »gewöhnliche« Gefühle und Eindrücke direkt zu vermitteln, die ich – wie alle anderen auch – in meinem irdischen Körper empfinde, wie kann ich dann etwas begreiflich machen, das jenseits dieser Erfahrung liegt?

Hast du jemals versucht, einen Traum zu erzählen und dabei deine seltsamen Empfindungen auszudrücken? Du weißt noch genau, wie es sich angefühlt hat, aber du bist außerstande, anderen mehr zu vermitteln, als daß alles »ganz komisch« oder »merkwürdig« war. Was übrig bleibt, ist ein Gerüst, die Grundzüge einer Handlung, die aber dennoch von dir ganz anders erlebt wurde, als du sie mit Worten beschreiben kannst.

Was an dem Phänomen der Nah-Tod-Erfahrung unerklärbar bleibt, ist die Tatsache, daß die Betreffenden später genau angeben konnten, was mit ihrem Körper unternommen wurde oder was dabei gesprochen wurde, obgleich sie das mit den körperlichen Sinnesorganen gar nicht hätten wahrnehmen können.

Und nicht nur das. Selbst Menschen, die von Geburt an blind waren, konnten erzählen, was sie, über ihrem Körper schwebend, **gesehen** hatten, und ihre Angaben waren nachweislich korrekt.

Erstaunlich ist auch, daß der Maler Hieronymus **Bosch** bereits vor fünfhundert Jahren malte, wie Menschen von Engeln durch einen Tunnel begleitet werden, der zu einem hellen Licht führt – »Der Aufstieg in das himmlische Paradies«. Dieses Bild setzt die Berichte so genau in eine bildliche Darstellung um, wie es auf dieser Ebene nur möglich ist: das Gefühl, nach oben zu schweben, die Anwesenheit anderer Wesen, die einen in Empfang nehmen, den Tunnel, an dessen Ende überirdisches Licht wartet.

Ich weiß aus persönlicher Erfahrung, daß es nicht nur sehr religiöse Menschen sind, die die Schwelle des Todes so erleben. Mein Vater war ein Mensch, der nur das glaubte, was er sah, und wenn er je etwas über Esoterik gelesen hätte, hätte er es als Humbug und Spinnerei abgetan.

Und doch erzählte er nach seinem ersten Herzinfarkt, den er nur dank rascher ärztlicher Hilfe überlebt hatte, er habe etwas ganz Merkwürdiges erlebt. Seine Mutter und seine Schwester, die schon lange nicht mehr am Leben waren, seien ihm entgegengekommen, hätten ihn aber zurückgeschickt und ihm zu verstehen gegeben, daß seine Zeit noch nicht gekommen sei.

Es wäre schön, wenn ich jetzt sagen könnte, mein Vater habe daraufhin sein Leben völlig umgekrempelt, wie so viele, die einmal diesen Zustand erlebt hatten. Er hat es leider nicht getan, und bei seinem nächsten Herzinfarkt hat er auch keinen Aufschub mehr bekommen.

Im Horoskop meines Vaters stand Saturn im Löwen. Es ist daher nicht verwunderlich, daß es gerade sein Herz war, das ihm seinen Dienst versagte. Es war ihm, wie so vielen Männern seiner Generation, immer schwer gefallen, sein Herz sprechen zu lassen.

Worauf es im Leben wirklich ankommt

Wenn diese Erfahrungen auch nicht einen endgültigen, sondern eher einen vorläufigen Rückblick auf das vergangene Leben darstellen, sozusagen eine Zwischenbilanz sind, werfen sie doch ein Licht auf die Frage:
Was ist denn nun das Wichtigste im Leben?
Die Antwort, die immer wieder gegeben wird, lautet:

LIEBEN und LERNEN.

9. Die Erkenntnis:
Wie alles zusammenhängt

Wissenschaft und Esoterik

Viele Menschen sind der Ansicht, daß Esoterik nur etwas für weltfremde Spinner ist. Wer auf dem Boden der Tatsachen steht und sich an den naturwissenschaftlichen Erkenntnissen orientiert, so meinen sie, müsse doch einsehen, daß es für alles eine »natürliche« Erklärung gibt.

Das stimmt auch – die Frage ist nur, was man darunter versteht. Wenn »natürlich« lediglich das bedeutet, was wir zur Zeit zu erkennen imstande sind, ist das allerdings zu wenig. Denn das Wissen, das wir mit Hilfe unserer fünf Sinne erlangen können, muß zwangsläufig begrenzt bleiben.

Esoterik und Naturwissenschaft schließen einander keineswegs aus. Es sind nur verschiedene Wege, um zu Erkenntnissen zu gelangen. Ursprünglich gab es keine Trennung der beiden Bereiche, dann liefen die Wege immer mehr auseinander, bis die Standpunkte konträr erschienen – und sie nähern sich jetzt wieder einander an. Irgendwann wird der Kreis geschlossen sein, und beide werden wieder Hand in Hand gehen.

Denn es reicht nicht aus, sich nur mit der Erforschung der materiellen Welt zu beschäftigen. Die Wissenschaftler, die Geist und Materie voneinander trennen wollen, müssen sich den Vorwurf gefallen lassen, der bereits vor zweitausend Jahren erhoben wurde: »Sie verweilen bei der Erforschung seiner Werke und lassen sich durch den Augenschein täuschen; [...] Wenn sie durch ihren Verstand schon fähig waren, die Welt zu erforschen, warum fanden sie dann nicht eher den Herrn der Welt?« (Weisheit 13, 7 + 9).

Tatsächlich ist es so, daß die Wissenschaft mit fortschreitender Entwicklung immer mehr das bestätigt, was Esoteriker schon von jeher wußten. Ein gutes Beispiel dafür ist die Entdeckung des Hologramms, einer Art Laserfotografie. Wird das Bild in einzelne Teile zerlegt, stellt man fest, daß jedes Bruchstück die gesamte Information des Ganzen enthält und nicht nur, wie bei einem normalen Foto, einen Ausschnitt.

Physiker wie David **Bohm** haben daraus die Theorie abgeleitet, daß auch unser gesamtes Universum so etwas wie ein Hologramm ist. Alles, was existiert, trägt also in sich sämtliche Informationen des großen Ganzen.

Hermes Trismegistos hat das, kurz gefaßt, so formuliert: »Wie oben, so unten« (siehe auch Seite 111).
Die Hindus sagen, daß sich in allem, was existiert, nur Brahman, der Urgrund allen Seins, ausdrückt.
Im Alten Testament (ebenfalls im Buch der Weisheit) steht: »Denn in allem ist dein unvergänglicher Geist.«

Auch du bist ein Teil des Universums. Und auch in dir ist alles Wissen. Deine Aufgabe ist es, durch die Begrenzungen des menschlichen Daseins zur Quelle zu gelangen.
Und um dort hinzukommen, muß man auch bereit sein, gegen den Strom zu schwimmen.
Die Astrologie kann ein Wegweiser sein. Darin ist alles enthalten, was du brauchst, um deinen Standort, dein Ziel und deinen Weg zu finden.
Aber es gibt auch noch andere Systeme, die ebensogut geeignet sind, dir bei deiner Suche zu helfen, denn sie alle sind Teil des großen Hologramms.
Überall wirst du den gleichen Prinzipien und Urbildern

begegnen. So auch in der Numerologie, die Lehre von den Bedeutungen der Zahlen.

Was Zahlen bedeuten

Die Numerologie wird oft lediglich als eine unterhaltsame Zahlenspielerei betrachtet. Dabei ist gerade sie ein System, hinter dem viel mehr steckt, als man auf den ersten Blick ahnt. Bevor ich auf ihre Möglichkeiten zur Charakterdeutung eingehe, möchte ich deshalb zunächst einmal die Bedeutung der Zahlen erklären.

Wie die Zeit hat auch jede Zahl zwei Dimensionen: eine quantitative, indem sie Anzahl und Mengen angibt, und eine Qualität, die ihren tieferen Sinn ausmacht.

Auch dieses Wissen ist verschüttet und uns fremd geworden. Es taucht höchstens noch in Redensarten auf, die man benutzt, ohne den tieferen Sinn zu verstehen.

Das einzige, was Kinder über den Umgang mit Zahlen in der Schule lernen, ist, wie man sie als Mengenangabe benutzt. Dabei wird die Zahl auf ihren quantitativen Aspekt reduziert, und was übrigbleibt, ist eine leere Hülle. Vergleicht man in dieser Hinsicht zwei Zahlen miteinander, beispielsweise 3 und 6, kann man eben nur feststellen, daß die zweite größer ist, genauer gesagt: doppelt so groß wie die andere. Aus dieser Sicht erschiene es natürlich geradezu absurd, einen Zahlenwert mit einer bestimmten Eigenschaft zu verknüpfen; zumindest ist ein Zusammenhang nicht zu erkennen, und die Zuordnungen werden als willkürlich und beliebig angesehen. So gesehen kann Numerologie dann auch nichts anderes als Aberglaube sein.

Aber genau wie auch die Tierkreiszeichen Symbole sind, die mit den ihnen zugeordneten Charaktereigenschaften

Aspekte der Wirklichkeit widerspiegeln, folgen auch die Zahlen in ihrer wahren Bedeutung einer inneren Logik.

Den Anfang macht die **Null**. Darin drückt sich das formlose, ungestaltete Prinzip aus, das für uns weder erkennbar noch vorstellbar ist. »Nichts« ist für das menschliche Gehirn einfach nicht faßbar. Genauso unfaßbar ist aber das unendliche Große, das Alles. Es ist das Nirvana des Buddhismus und das Ain Soph (En Soph) der jüdischen Kabbala, das Absolute, Ewige, Unbegrenzte.

Wenn man vom zählbaren Mengenbegriff absieht, stellt auch die **Eins** noch eine Dimension dar, die jenseits unseres Begreifens liegt. Im Gegensatz zur Null ist die Eins die erste Dimension: ein Punkt im mathematischen Sinne. Jeder Punkt aber, den wir uns bildlich vorstellen können, ist – wie klein er auch sein mag – eine Fläche und damit schon zweidimensional.
In der Eins steckt der Anfang, aus dem alles entsteht, sie ist der Ursprung von allem, was existiert. Sie entspricht Gott, dem Schöpfer.

Unerkennbar und unvorstellbar bleibt die Eins aber deshalb, weil Erkenntnis immer **zweierlei** voraussetzt, nämlich einen, der etwas wahrnimmt, und etwas, das wahrgenommen wird. Sogar dann, wenn ich mich selbst erkenne, werde ich in diesem Moment gleichzeitig zum Betrachter und zum Gegenstand meiner eigenen Betrachtung.
Erst wenn die Eins sich aufspaltet und aus der Einheit eine »Zweiheit« wird, ist auch ein Erkennen möglich.
Die Aufspaltung kann aber auch dazu führen, daß jemand ver**zwei**felt, weil damit das Gefühl der Geborgenheit und der Einheit verloren geht.

Du findest dieses **Prinzip der Dualität** oder Polarität überall: Tag und Nacht, oben und unten, männlich und weiblich, Energie und Materie – einerseits und andererseits. Die Chinesen nennen diese beiden Pole **Yin** und **Yang**, wobei Yin als das weibliche, empfangende Prinzip gilt und Yang als das männliche, schöpferische. Beide Aspekte, Yang und Yin, männlich und weiblich, aktiv und passiv, stehen gleichwertig nebeneinander und ergänzen sich. Es sind die beiden Seiten einer Münze, wesensverschieden und doch zusammengehörig und ohne einander nicht denkbar. Und gleichzeitig trägt jede Hälfte auch in sich den Keim der anderen, wie das hier abgebildete Symbol deutlich macht.

Die Zwei symbolisiert den Schöpfer und seine Schöpfung, die sich aber nur scheinbar gegenüberstehen. Denn die Schöpfung ist ja aus dem Einen hervorgegangen.
Auch der Materie kann deshalb weder eine über- noch eine untergeordnete Bedeutung zukommen; sie ist lediglich die **eine** Hälfte unserer erkannten Wirklichkeit.

Das Wort Materie hat ja etwas mit »mater« (lat. Mutter) zu tun. Ein Kind entsteht aber nur durch Mutter **und** Vater, und so bedarf der materielle Körper auch des immateriellen belebenden Geistes, um ein lebendiges Wesen zu werden.

Die Zwei führt also konsequent zur **Drei:** Aus der Verschmelzung der Gegensätze ergibt sich ein Drittes, so wie aus der Vereinigung von Mann und Frau ein neuer Mensch hervorgeht.

Die Drei als Ergebnis ist damit schon in der Zwei enthalten, und die Zwei in der Eins, die sich teilt. Darin liegt die Bedeutung der christlichen Vorstellung der Dreifaltigkeit, daß Gott eins und doch gleichzeitig drei sein kann: Gott als Vater, Sohn und Heiliger Geist – Gott, das ursächliche, unteilbare Prinzip (Eins) offenbart sich den Menschen durch Christus (Zwei) und bewirkt so die Wandlung des Menschen, der sich seines wahren Ursprungs bewußt wird (Drei).

Im Volksmund heißt es: »Aller guten Dinge sind drei«, im Märchen sind es drei Brüder, drei Prinzessinnen, drei Wünsche und so weiter. Die ersten beiden stellen dabei immer den Auftakt dar und finden im dritten ihren Höhepunkt und Abschluß.

Astrologisch ist das Symbol für die **Eins** die Sonne, das ursächliche, aktive, geistige Prinzip und die Lebenskraft.

Dagegen entspricht die **Zwei** dem Mond und dem Gefühlsbereich, dem passiven, empfangenden Prinzip.

Die **Drei** gilt als Glückszahl und wird dem Jupiter, dem Glücksplaneten, zugeordnet.

Mit der Uranus-Zahl **Vier** beginnt gewissermaßen eine neue Ebene, nachdem mit der Drei bereits eine erste Stufe der Vollständigkeit erreicht wurde. Das Symbol der Vier ist das

Quadrat, das Standfestigkeit und Sicherheit ausdrückt. Sie ist die Basis unserer irdischen Existenz, denn wir unterscheiden vier Elemente, und unser Leben spielt sich in vier Dimensionen ab: drei sind durch die räumliche Ausdehnung gegeben, und als vierte kommt die Zahl hinzu. Ein weiteres Symbol für die Vier ist das Kreuz, dem wir beispielsweise auch in der Windrose mit den vier Himmelsrichtungen begegnen. Und dieses Bild macht deutlich, daß auch in der Vier bereits die nächste Zahl enthalten ist, da der Schnittpunkt gleichzeitig ein weiteres Element darstellt.

Dort in der Mitte steht der Mensch, der sich nach allen Richtungen bewegen kann und seine Umwelt durch seine fünf Sinne wahrnimmt. Deshalb ist die **Fünf** nicht nur das Symbol des Menschen, sondern auch die Merkur-Zahl. Im Horoskop steht dieser Planet ja für den Verstand und geistige Wendigkeit.

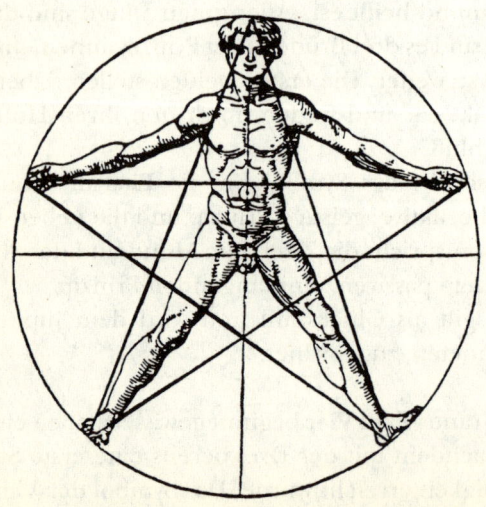

Aber auch die Gestalt des Menschen selbst hat Beziehung zur Fünf. Mit ausgestreckten Armen und Beinen aufrecht stehend ergibt sich zusammen mit dem Kopf die Form eines fünfzackigen Sterns (Pentagramm).

Selbst die fünf Finger einer Hand geben symbolisch die Bedeutung der Fünf wieder: Der Daumen steht als fünfter Finger den anderen vier gegenüber, und erst durch seine Beweglichkeit wird der Mensch **hand**lungsfähig.

Die **Sechs** wird durch einen sechszackigen Stern dargestellt, der aus zwei Dreiecken gebildet wird. Damit ist die Verbindung des Geistigen und des Materiellen, des männlichen und des weiblichen Prinzips gemeint. Auch rechnerisch ergibt sich die Sechs immer aus den ersten drei Zahlen, ganz gleich, ob wir sie addieren oder malnehmen:

$$1 + 2 + 3 = 6 \text{ und } 1 \times 2 \times 3 = 6.$$

Die Verdoppelung der Drei zeigt an, daß das Neue, das hieraus hervorgeht, jenseits der Grenzen auf einer höheren Ebene liegt: Es ist die Offenbarung des Göttlichen in der Welt.

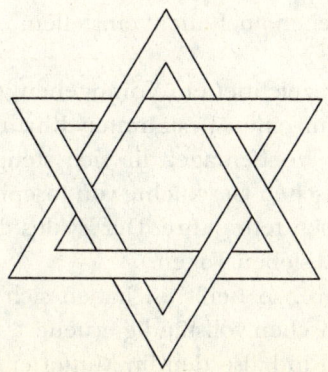

Die Sechs ist die Zahl der Venus, der Göttin der Schönheit und der Liebe.

Auch bei der sexuellen Vereinigung von Mann und Frau kann eine Grenze überschritten und eine höhere Stufe erreicht werden. Ich rede hier nicht von der Selbstbefriedigung zu zweit, wobei der Körper des anderen lediglich zum eigenen Lustgewinn benutzt wird.

Erst eine Verbindung auf allen Ebenen und die Liebe zum anderen kann die Grenze zwischen dem Ich und dem Du aufheben und eine Ahnung vermitteln, was es bedeutet, »**ein** Fleisch« zu werden, wie es in der Bibel heißt. Dann geht es auch nicht mehr darum, mit allen möglichen Stellungen und raffinierten Techniken zum Höhepunkt zu kommen, sondern diesen Moment tatsächlich als **Eins**sein zu erleben. Darin besteht **eine** Möglichkeit des Menschen, die Dualität zu überwinden und sich dem Göttlichen zu nähern, aber dieser Zustand kann nicht erzwungen werden. In dem Moment, in dem ich versuche, ihn bewußt zu erreichen und wahrzunehmen, werde ich zum Beobachter und falle aus der Eins heraus in die Zwei. Das ist vergleichbar mit dem Bemühen, den Übergang vom Wachsein zum Schlaf bewußt zu erleben; solange du im Wachbewußtsein verbleibst, kann sich der Schlaf eben auch nicht einstellen.

Die **Sieben** kennzeichnet ein Vorangehen, und wir finden sie da, wo es um einen bestimmten Rhythmus geht. Wir kennen sieben Wochentage, die sich stetig wiederholen, und in der biblischen Geschichte von Joseph folgen sieben magere auf sieben fette Jahre. Der Zyklus der Mondes besteht aus vielmal sieben Tagen.

Alle sieben Jahre, so heißt es, haben sich die Zellen im Körper des Menschen vollständig erneuert, und mit sieben Jahren hat ein Kind also den im Mutterleib entstandenen

Körper völlig durch den selbstgebildeten ersetzt. In diesem Alter beginnt eine neue Stufe der Entwicklung.

In der Sieben kommt aber auch das Geheimnisvolle zum Ausdruck, und sie galt bei vielen Völkern als heilige Zahl. Die Sieben ist Neptun zugeordnet, dem römischen Meeresgott, der als Planet das Unbewußte, Tiefgründige und Mystische symbolisiert.

Im Märchen wird die Sieben immer durch etwas Andersartiges ergänzt, so daß sie bereits auf die **Acht** verweist. Den sieben Zwergen wird Schneewittchen zugesellt, den sieben Geißlein der Wolf, und die sieben Raben werden von ihrer Schwester erlöst.

Das achte Element ist damit entscheidend für den gesamten Verlauf der Handlung, es vervollständigt die Sieben nicht nur, sondern überwindet sie gleichzeitig. Die Acht ist ja auch die Zahl des Saturn, der als Hüter der Schwelle gilt. Bevor es weitergehen kann, muß das Hindernis überwunden, die Prinzessin er**löst** – das Problem ge**löst** werden. Dabei muß man aber auch **acht**sam vorgehen …

Die liegende Acht, die Lemniskate, ist das Symbol für Unendlichkeit.

Ist die Schwelle überwunden, wird die **Neun** und damit wieder ein vorläufiger Abschluß erreicht.

So wie die Sechs als Verdoppelung der Drei auf die Verbindung der materiellen mit der geistigen Ebene verwies, stellt die Neun eine Verknüpfung mit dem dritten Aspekt dar, wie wir ihn aus der Dreiheit des Menschen – Körper, Geist und Seele – kennen.

Nach neun Schwangerschaftsmonaten kommt das Kind zur Welt – auch darin drückt sich die Vollendung aus.

Die Neun wird dem Mars zugeordnet und zeigt sich deshalb

auch als ein Symbol des aktiven Handelns, denn wie jeder Abschluß verweist sie bereits auf den Neubeginn.

Die Neun ist die letzte der einstelligen Ziffern, und es gibt numerologische Systeme, die auch nur die Zahlen Eins bis Neun benutzen. Alle mehrstelligen Zahlen können nämlich durch das Bilden der Quersumme (das Addieren der einzelnen Ziffern) auf diese neun Zahlen zurückgeführt werden. Auch beim Rechnen stößt man auf den besonderen Charakter der Neun:

○ Jede Zahl, deren Quersumme 9 ist, ist auch durch 9 teilbar:
Beispiel: 12861 : 9 = 1429
Quersumme $1 + 2 + 8 + 6 + 1 = 18$
$1 + 8 = 9$

○ Jedes Vielfache der 9 ergibt als Quersumme wiederum 9:
$4 \times 9 = 36$, Quersumme $3 + 6 = 9$; oder $15 \times 9 = 135$, Quersumme $1 + 3 + 5 = 9$

○ Und schließlich verändert sich die Quersumme einer Zahl nicht, wenn man 9 hinzufügt:
723: $7 + 2 + 3 = 12$, Quersumme $1 + 2 = 3$
7239: $7 + 2 + 3 + 9 = 21$, Quersumme $2 + 1 = 3$

Aus diesem Grund – und auch weil nach okkultem Verständnis die Neun den heiligen Namen Gottes symbolisiert – fehlt diese Zahl in einigen numerologischen Umwandlungstabellen.

Noch eine Besonderheit: In einem Quadrat mit neun Feldern lassen sich die Zahlen von 1 bis 9 so anordnen, daß ihre Summe immer 15 ergibt, ganz gleich, in welcher Richtung man sie addiert. Man nennt es auch das magische Quadrat:

4	9	2
3	5	7
8	1	6

Es gibt noch einige mehrstellige Zahlen, denen eine besondere Bedeutung zukommt.

So ist auch die **Zehn** ein Vollkommenheitssymbol. Sie entsteht, indem dem ungestalteten Prinzip (Null) das Symbol des Schöpfungsbeginns (Eins) vorangestellt wird, und sie ergibt sich rechnerisch, indem die Zahlen von 1 bis 4, die die Basis darstellen, addiert werden: $1 + 2 + 3 + 4 = 10$.

Gleichzeitig ist sie die Verdoppelung der Fünf und damit der vollendete Mensch. Das zeigt sich anschaulich bei den römischen Zahlen: Das Symbol X (= 10) setzt sich zusammen aus der doppelten gespiegelten V (= 5). Das ist der Mensch, der fest mit beiden Beinen auf der Erde steht und sich doch seines höheren Selbst bewußt ist.

Die zehn Planeten des Horoskops symbolisieren die zehn Urprinzipien oder Archetypen, die uns auch in anderem Zusammenhang immer wieder begegnen.

Die **Elf** ist ähnlich wie die Zwei (Quersumme) ein Schritt weiter, wird aber teilweise auch als Unglückszahl betrachtet, weil das Fortschreiten eben auch das Herausfallen aus der Vollkommenheit bedeutet.

Mit der **Zwölf** ist wiederum eine Ganzheit erreicht. Sie steht in enger Beziehung zur Drei (Quersumme), bedeutet aber auch das harmonische Zusammenwirken des männlichen (Eins) und des weiblichen Prinzips (Zwei).

Wir kennen zwölf Monate, zwölf Tierkreiszeichen, zwölf Zahlen auf dem Zifferblatt der Uhr. Jesus hatte zwölf seiner Jünger zu seinen engsten Vertrauten ausgewählt.

Daraus ergibt sich auch die zwiespältige Bedeutung der **Dreizehn** – als Glückszahl oder auch als Unglückszahl.

Es kommt ganz darauf an, **wen** wir als Dreizehnten sehen. Denn einerseits war es Jesus, der die Schar seiner Vertrauten vervollständigte und doch anders war als sie (vergleiche auch sieben + eins), andererseits war es auch einer aus dieser Gruppe, der Jesus verraten hat und damit zum Gegenspieler wurde, Judas nämlich.

Die praktische Anwendung der Numerologie

Wie kannst du aber nun herausfinden, welche Zahlen etwas mit dir, mit deinem Charakter und deiner Lebensaufgabe zu tun haben?

Es gibt verschiedene Systeme; die bekanntesten stammen von **Pythagoras** und **Cheiro**.

Alle gehen davon aus, daß es keinen Zufall gibt. Was immer auch geschieht, es unterliegt bestimmten Gesetzmäßigkeiten.

Wie wichtig der Tag deiner Geburt ist, hast du schon bei der Astrologie erfahren. Auch für die numerologische Deutung ist er von großer Bedeutung. Dabei spielt allerdings der Monat keine Rolle.

Cheiro nennt die Zahl, die sich aus dem Geburtsdatum ergibt, eine »Schlüsselzahl«, die für das gesamte Leben wichtig ist.

Du bist ein »**Einer**«, wenn du an einem 1., aber auch an einem 10., 19. oder 28. geboren bist, denn die Quersumme dieser Zahlen ist ebenfalls 1.

Einer-Persönlichkeiten sind schöpferisch und tatkräftig, wie ja auch die Eins das Symbol für den Anfang, die Lebenskraft und die **Sonne** ist. Bei der weiteren Deutung kannst du dich an den Tierkreiszeichen orientieren, in denen die Eigenschaften der Sonne vorrangig zum Ausdruck kommen. Das ist zum einen der **Löwe**, denn dort ist die Sonne sozusagen »zu Hause«, oder, astrologisch ausgedrückt, dort ist ihr »Domizil«. Man kann auch sagen, die Sonne ist »Herrscher« dieses Zeichens. Aber auch das erste Zeichen, der **Widder**, hat eine enge Beziehung zur Sonne. Hier ist sie »erhöht«, das bedeutet: Hier kann sie ihre Kräfte am stärksten entfalten.

Zweier-Persönlichkeiten – geboren am 2., 11., 20. und 29. – sind gefühlvoll. Ihnen ist der **Mond** zugeordnet, der sein Domizil im **Krebs** hat und im **Stier** erhöht ist.

Die »**Dreier**« (3., 12., 21. und 30.) haben Beziehung zu **Jupiter** und damit vor allem zum **Schützen**, aber auch zu den **Fischen** und zum **Krebs**, in dem er erhöht ist. Ihr Leben ist oft von glücklichen »Zufällen« geprägt, und sie entwickeln starken Ehrgeiz. Dem Erreichen ihrer hochgesteckten Ziele kann aber auch Fahrigkeit und Selbstgefälligkeit im Wege stehen.

Die **Vierer**-Menschen werden vom **Uranus**-Prinzip, das Umbruch symbolisiert, beeinflußt. Uranus ist Herrscher im **Wassermann**, dem Zeichen der Erneuerung, und er ist im

Skorpion erhöht, was dem Streben nach Veränderung eine leidenschaftliche Note gibt. Ihre Geburtsdaten sind der 4., 13., 22. und 31. eines Monats.

Wie auch bei den Tierkreiszeichen können die Eigenschaften, die den Zahlen zugeordnet werden, in ihrer unentwickelten Ausprägung oder als Stärke zum Ausdruck kommen.

Besonders deutlich wird diese Zwiespältigkeit bei den »**Fünfern**«, deren Geburtsdatum der 5., 14. und 23. ist. **Merkur**, der Götterbote mit den geflügelten Schuhen, steht für Verstand, aber er ist nicht nur der Gott der Kaufleute, sondern auch der Diebe. Es kommt also ganz darauf an, wozu die geistige Wendigkeit genutzt wird.

Merkur herrscht in den **Zwillingen**, dem typischen Doppelzeichen, und in der **Jungfrau**, in der er auch erhöht ist.

Liebe und Schönheit sind die Schlüsselwörter der **Sechser**-Persönlichkeiten (6., 15. und 24.) **Venus** mit ihrem Domizil im **Stier** und in der **Waage** steht für sinnlichen Genuß, aber auch für verfeinerten Kunstsinn. Da sie in den **Fischen** erhöht ist, kann auch ein seelisches Einfühlungsvermögen hinzukommen. Beim unentwickelten Menschen sind natürlich auch die negativen Züge dieser Zeichen zu finden.

Sechser-Menschen haben eine besondere Beziehung zu »Dreiern« und »Neunern«, da diese drei Zahlen in enger Verbindung miteinander stehen.

»**Siebener**« (7., 16. und 25.) werden von **Neptun** beeinflußt, der in den **Fischen** herrscht und im **Krebs** erhöht ist. Beide sind wiederum mit dem Mond verbunden, und daher sympathisieren Siebener-Menschen mit »Zweiern«. Ihnen ist eine intuitive Begabung und Sehnsucht nach Tiefe und

Weite eigen, die allerdings auch als Orientierungslosigkeit zum Ausdruck kommen kann.

Der Charakter der **Achter**-Persönlichkeiten wird durch das **Saturn**-Prinzip ausgedrückt. Sie haben die Aufgabe, ihr Schicksal zu meistern und die Probleme, mit denen sie konfrontiert werden, als Gelegenheit zur Entwicklung und zur Reife zu verstehen. Ihr Weg nach oben ist nicht leicht, aber sie können außergewöhnliche Höhen erreichen. Das wird auch durch das Bild des **Steinbocks** symbolisiert, der auch dort noch klettern kann, wo sonst niemand mehr hinkommt. Saturn herrscht in diesem Zeichen und im **Wassermann**, der für die Erneuerung steht, die das Ziel der Anstrengung ist. In der **Waage** ist Saturn erhöht, und das weist auf die Notwendigkeit hin, bei der Gratwanderung das Gleichgewicht zu halten.
Der Geburtstag der »Achter« ist am 8., 17. oder 26. irgendeines Monats.

»**Neuner**« (geboren am 9., 18. und 27.) sind Kämpfernaturen, denn ihr Planet ist **Mars**, der über **Widder** und **Skorpion** herrscht und im **Steinbock** erhöht ist. Damit ist seine Aufgabe auch schon umrissen: Zu der Impulsivität (Widder) und Willensstärke (Skorpion) muß das Durchhaltevermögen (Steinbock) kommen, damit das Ziel erreicht werden kann.

Die tiefere Bedeutung deines Namens

Nicht nur dein Geburtsdatum sagt etwas über dich aus, sondern auch dein Name. Er ist weit mehr als eine Bezeichnung, und nach esoterischem Verständnis ist er Teil der Persönlichkeit. Der alte lateinische Spruch »Nomen est omen« (»Der Name ist ein Vorzeichen«) bringt das deutlich zum Ausdruck. Die Kenntnis des (verborgenen) Namens verleiht Macht; im Märchen vom Rumpelstilzchen ist die junge Königin in dem Moment von der Bedrohung durch den Zwerg befreit, als sie ihn beim Namen nennt.

Die ursprünglich enge Beziehung zwischen Zahl und Buchstabe wird besonders deutlich in der hebräischen Schrift; die 22 Buchstaben stellen auch gleichzeitig Zahlenwerte dar.

Nach der Methode des Pythagoras entsprechen sich Buchstaben und Zahlen wie folgt:

1	2	3	4	5	6	7	8	9
A	B	C	D	E	F	G	H	I
J	K	L	M	N	O	P	Q	R
S	T	U	V	W	X	Y	Z	

Um deine **Namenszahl** zu errechnen, mußt du die Zahlen, die den Buchstaben deines Vor- und Zunamens zugeordnet sind, addieren und die Quersumme bilden. Umlaute (ä, ö, ü) werden (wie im Kreuzworträtsel) als ae, oe und ue gezählt.

Bei der Tabelle von Cheiro fehlt die 9, und auch seine Zuordnung ist zum Teil anders.

1	2	3	4	5	6	7	8
A	B	C	D	E	U	O	F
I	K	G	M	H	V	Z	P
J	R	L	T	N	W		
Q	S	X					
Y							

Maßgebend für deine Berechnung ist der Name, der in deiner Geburtsurkunde steht. Wenn du aber für gewöhnlich anders genannt wirst, mit einer Abkürzung oder einem Spitznamen, kann es interessant sein zu untersuchen, ob sich daraus eine andere Charakterisierung ergibt. Vielleicht bekommst du auf diese Weise einen Hinweis auf deine verschiedenen Rollen, die sich durch die Namen ausdrücken.

Die Deutung der Zahl entspricht dem, was bereits für das Geburtsdatum gesagt wurde. Wie auch beim Horoskop können die Aussagen unterschiedliche Seiten deiner Persönlichkeit zeigen, vielleicht stimmen sie auch überein oder ergänzen sich.

Persönlichkeitszahl, Herzzahl und Lektionszahl

Die Namenszahl läßt sich aber noch weiter aufschlüsseln; sie stellt nur einen ersten Überblick dar.

Du erhältst deine **Persönlichkeitszahl**, wenn du nur die Zahlenwerte der Konsonanten deines Namens addierst (das sind alle Buchstaben außer a, e, i, o, u und den Umlauten ae, oe und ue). Auch hier mußt du wieder die Quersumme bilden, bis du als Ergebnis eine einstellige Zahl hast. Sie gibt dir Aufschluß darüber, wie andere dich sehen.

Die andere Seite deiner Persönlichkeit, der Bereich der Gefühle, wird durch die **Herzzahl** ausgedrückt, die durch die Addition der Vokale errechnet wird, also der Buchstaben, die du bei der Berechnung deiner Persönlichkeitszahl ausgelassen hast.

Und schließlich kannst du auch noch etwas über deine Lebensaufgabe herausfinden, wenn du deine **Lektionszahl** errechnest. Dazu brauchst du wieder dein Geburtsdatum, und zwar diesmal den Tag, den Monat und das Jahr. Dazu zählst du alle einzelnen Zahlen zusammen, wobei für die Monate entsprechend die Zahlen 1 bis 12 eingesetzt werden. Wenn du beispielsweise am 20. Dezember 1979 Geburtstag hast, zählst du:

$$2 + 0 + 1 + 2 + 1 + 9 + 7 + 9 = 31 = 4$$

Du kannst die Nullen und auch die Neunen einfach weglassen; du erinnerst dich, das Ergebnis bleibt unverändert:

$$2 + 1 + 2 + 1 + 7 = 13, \text{Quersumme: } 1 + 3 = 4$$

Deine Geburtszahl ist dann 2, weil du am 20. geboren wurdest $(2 + 0 = 2)$, und damit bist du ein eher gefühlsorientierter Mensch. Deine Lektionszahl ist 4, und das bedeutet, daß Veränderungen in deinem Leben eine wichtige Rolle spielen. Deine Aufgabe ist es, deinen Ideen eine Basis und eine Form zu geben und sie mit Geduld und Ausdauer umzusetzen, ohne dich aber an aussichtslosen Projekten festzubeißen.

Möglichkeiten, durch Zahlen aufschlußreiche Informationen zu erhalten, bieten sich überall: Hausnummern, Telefonnummern, Autonummern – nichts ist zufällig.

Für den Anfang kannst du dich an den Deutungen orientieren, die du in den entsprechenden Büchern findest. Zu einem tieferen Verständnis wirst du aber erst gelangen, wenn du ein Gespür für die besondere Qualität jeder einzelnen Zahl entwickelst.

Die Sprache der Symbole

Dieses Gespür für die tieferen Aussagen zu entwickeln, zu verstehen, was hinter dem Sichtbaren liegt, ist letztlich das, worauf es bei allem ankommt, denn: »Alles Vergängliche ist nur ein Gleichnis« (Goethe).

Wenn wir Symbole verstehen, verstehen wir uns und die Welt. Alle Symbole und Urbilder übersetzen das, was unseren äußeren Sinnen nicht zugänglich ist, in eine Sprache, mit der wir umgehen können. Wir »verstehen« deshalb im Grunde eine symbolische Darstellung auch dann, wenn wir sie vom Verstand her nicht deuten können. Vom Gefühl her »wissen« wir, was damit gemeint ist, aber wir können diese Ahnung nicht in Worte fassen.

Symbole und Rituale (das sind symbolhafte Handlungen) sind ja auch viel älter als Worte.

Mit der Entwicklung des Denkens und der Sprache ist uns das feine Gespür für ursprüngliche Symbole immer mehr verlorengegangen – bis wir kopflastig geworden sind.

Der Verstand ist eigentlich nichts weiter als ein Werkzeug, das uns helfen soll, Eindrücke zu verarbeiten.

Das macht er allerdings gut. So gut, daß wir uns ihm meist kritiklos unterordnen und nur noch das akzeptieren, was von ihm genehmigt wird. Er hat die Ahnungen und intuitiven Wahrnehmungen weitgehend verdrängt und erhebt den Anspruch, das einzig zuverlässige Instrument unserer Orientierung zu sein.

Oft nehmen wir Symbole gar nicht mehr als solche wahr, weil sie sich verselbständigt haben.

Geld ist dafür ein gutes Beispiel. Es erhält ja seinen Wert nur dadurch, daß es als Tauschobjekt benutzt wird. Wenn es nichts mehr gäbe, was man für das Geld bekommt, wären alle Scheine und Münzen auch wertlos. Und doch hat manch einer das »Onkel-Dagobert-Syndrom« und jagt danach und hortet es, als hätte es einen Wert an sich. Da ist es wichtig, sich die Mahnung der Indianer ins Bewußtsein zu rufen:

»Wenn der letzte Baum gerodet und der letzte Fluß vergiftet ist, werdet ihr erkennen, daß man Geld nicht essen kann.«

Symbole können in der Form von realen Gegenständen auftreten, als Tiere, Pflanzen und Naturerscheinungen, aber auch als geometrische Figuren, Zahlen, Buchstaben oder Farben, um nur einige Beispiele zu nennen. Ihr Sinn offenbart sich aber erst, wenn man die dahinter liegende Qualität erkennt. Die Elemente Feuer, Erde, Luft und Wasser werden ebenfalls benutzt, um bestimmte Eigenschaften zu verdeutlichen.

Auch die Tierkreiszeichen, die ja tatsächlich nur zum Teil durch Tierfiguren symbolisiert werden, bringen eine bestimmte Eigenschaft zum Ausdruck, die einerseits mit dem realen Tier oder Gegenstand in Verbindung gebracht wird, dann aber auch im übertragenen Sinne verstanden werden kann.

Ein Steinbock lebt beispielsweise im unwegsamen Hochgebirge und schafft es, steile Hänge zu erklimmen, die für andere ein unüberwindliches Hindernis sind. Im übertragenen Sinne ist damit eine entsprechende Lebensweise und

Charaktereigenschaft gemeint. Auch der Berg und der steile Abhang werden damit zum Symbol.

Bei solchen Bildern ist es nicht schwer, den inneren Zusammenhang zu erfassen. Bei anderen müssen wir weiter nachhaken, um die Bedeutung zu verstehen. Dann allerdings führt eins zum anderen und läßt auch eine innere Verbindung erkennen, wie das folgende Beispiel zeigt:

Als du früher zu Ostern Eier gesucht hast, war dir sicher nicht bewußt, was dieses Fest mit dem Osterhasen und Eiern zu tun hat.

Das **Ei** ist ein Symbol der **Fruchtbarkeit** und des **Neubeginns**, weil daraus neues Leben hervorgeht. Auch der **Hase** ist ein **Fruchtbarkeit**ssymbol. Was liegt also näher, als ihn die **Ostereier** bringen zu lassen.

Als christliches Fest erinnert **Ostern** an die **Überwindung des Todes** durch die **Auferstehung** Christi. Es bezieht sich zwar auf ein historisches Ereignis, aber dennoch ist das Datum, anders als Weihnachten, nicht festgelegt. Wir feiern Ostern immer am Sonntag nach dem ersten **Vollmond** im **Frühling.** Der Name erinnert noch an **Ostara**, die germanische **Frühlingsgöttin.** Er hat etwas mit dem **Osten** zu tun, wo die Sonne aufgeht, wenn der Tag erwacht.

Astrologisch gesehen ist der **Frühlingsanfang** der **Beginn** des **neuen** Jahres, wenn die Natur zu **neuem Leben erwacht.** Im Vollmond wiederum glauben manche Völker einen **Hasen** zu erkennen, und auch der Mond selbst steht ja für das **Weibliche** (in vielen Sprachen ist er auch weiblich: z. B. »la luna«, »la lune«). Er ist mit dem weiblichen Zyklus und der **Schwangerschaft** eng verbunden.

Wie alles genau zusammenpaßt, können wir erkennen, wenn der Verstand analysiert und sortiert.

Aber der Ursprung ist so nicht zu erklären. Damals hat sich

ja keiner hingesetzt und überlegt, was wohl am besten einen Neubeginn ausdrücken könnte.

Die Symbole waren zuerst da und das Gespür für den tieferen Sinn, der hinter den sichtbaren Formen liegt. Die Symbole haben sich nicht geändert und auch nicht das, wofür sie stehen. Nur sind wir oft nicht mehr in der Lage, ihre Botschaften zu entschlüsseln und einen Nutzen daraus zu ziehen, weil sie vom Verstand, der zu einer Art Kontrollinstanz geworden ist, nicht erfaßt werden können. Deshalb ist vieles einfach als Aberglaube oder Unsinn abgetan worden. Das wird besonders deutlich am Beispiel der Träume. Es gibt Wissenschaftler, die behaupten, Träume seien nichts anderes als Fehlschaltungen im Gehirn oder Abfallprodukte, die bei der Verarbeitung von Tagesresten entstehen, und ansonsten hätten sie gar nichts zu bedeuten.

Tatsächlich kann der bewußte Umgang mit Träumen aber sogar helfen, Probleme zu erkennen und sie dann zu lösen, wenn man lernt, ihre Botschaft zu entschlüsseln (siehe Kapitel 10).

Verbindung von »Kopf« und »Bauch«

Um zu einem Verständnis der Symbole zu gelangen, muß die Barriere, die der Verstand aufgebaut hat, überwunden werden – und zwar mit seiner Hilfe.

Deshalb rate ich dir immer, bei allen Deutungen zunächst Bücher zu Rate zu ziehen und Erklärungen zu suchen, um mit dem Verstand zu erfassen und nachzuvollziehen, was gemeint ist.

Gleichzeitig habe ich dich aber auch immer darauf hingewiesen, daß es entscheidend ist, diese Erkenntnisse mit deinem Gefühl zu vergleichen.

Erst wenn das, was du da liest, übereinstimmt mit dem, was du fühlst, hat es für dich einen Wert.

Du wirst, genau wie bei den Horoskopen oder der Numerologie, sehr bald wissen, wie sich das anfühlt, wenn die Deutung im Buch das bestätigt, was du bis dahin nur geahnt hast. Dann geht dir »ein Licht auf«, und es ist tatsächlich so ein Gefühl, als würde in dir alles ganz weit und hell.

Der Schlüssel: bewußte Wahrnehmung

Der Schlüssel dazu ist **bewußte** Wahrnehmung. Wie du weißt, kannst du dein Bewußtsein sowohl nach außen als auch nach innen richten (siehe Kapitel 1, »Schaltstelle Bewußtsein«). Achte darauf, wie du auf äußere Anlässe reagierst, wie sich die Situationen **anfühlen** und versuche sie einzuordnen. Du wirst bestimmte Gefühle körperlich empfinden, als Druck in der Magengegend, Kloß im Hals oder Prickeln auf der Kopfhaut, wenn du Angst hast. Aber die Wärme, die in dir aufsteigt, wenn du dich freust, ist eine andere als die, wenn du rot wirst und dir etwas peinlich ist. Wichtig ist, daß du deine Gefühle bewußt identifizierst, wenn ein konkreter Anlaß vorliegt. Das hilft dir gleichzeitig, besser damit fertigzuwerden, weil du in dem Moment, wo du zum Beobachter deiner eigenen Gefühle wirst, auch einen Abstand dazu bekommst und ihnen nicht machtlos ausgeliefert bist.

Stelle genau fest, wie es sich anfühlt, wenn du zum Chef zitiert wirst oder endlich der Brief eintrifft, auf den du so lange gewartet hast.

Mach dir bewußt, was sich in dir abspielt, wenn das Telefon klingelt und du hoffst, daß der Anruf für dich ist.

Wie du deine Intuition entwickeln kannst

Manchmal kann es auch vorkommen, daß du so ein »komisches« oder »dummes« Gefühl hast und auf Anhieb gar nicht so recht weißt, warum.

Kennst du das? Du wachst morgens auf, und das erste, was du spürst, ist dieser Stein auf der Brust. Dann fragst du dich: »Was ist los? Hatte ich einen Alptraum? – Nein.« »Gab es gestern Ärger mit den Eltern? – Auch nicht.«

Bei jeder falschen Spur bleibt das Gefühl unverändert.

Und dann fällt es dir ein: Es ist die Arbeit, die ihr heute schreibt. Das Gefühl stimmt genau damit überein, und es scheint sich aufzulösen.

Und dann gibt es die Situationen, wo du etwas vorhast und dieses komische Gefühl sich scheinbar **ohne** konkreten Anlaß breitmacht.

Wenn du das seltsame Gefühl dann wiedererkennst und zum Beispiel merkst, daß es sich so ähnlich anfühlt wie damals, als du die Schule geschwänzt hast und am gleichen Tag der Nachbarin in der Stadt begegnet bist, kann dich das rechtzeitig warnen und möglicherweise vor einer Dummheit bewahren.

Das ist das, was manche als »sechsten Sinn« bezeichnen.

Man kann es auch **Intuition** nennen.

Dieses Gespür kannst du am besten entwickeln, indem du lernst, immer ganz bei der Sache zu sein.

In unserer schnellebigen Zeit ist das leichter gesagt als getan. Da gilt es eher als Tugend, so viele Dinge wie möglich gleichzeitig zu erledigen. Beim Essen wird gelesen, geredet oder ferngesehen, und nachher fragt man sich, was man da eigentlich in sich hineingeschaufelt hat. Bewußt bei einer

Tätigkeit zu bleiben, erscheint eher als langweilige Angelegenheit und ist nicht jedermanns Sache.

Um es auszuprobieren, kannst du dir für den Anfang vielleicht erst einmal täglich **eine** Tätigkeit vornehmen. Eine gute Möglichkeit ist es, einer an sich langweiligen Sache (zum Beispiel abwaschen, Kartoffeln schälen usw.) dadurch etwas abzugewinnen, indem man jeden Handgriff bewußt ausführt und dabei versucht, alle Einzelheiten mit allen Sinnen wahrzunehmen.

Du kannst auch den spielerischen Weg wählen und immer wieder testen, wie gut deine intuitive Wahrnehmung schon klappt: Wenn das Telefon klingelt, frage dich, wer es wohl sein könnte. Teste deine Intuition, bevor du die Post aus dem Briefkasten holst oder bevor du auf die Uhr siehst.

Wie beim Brainstorming kommt es darauf an, deine erste Eingebung zu beachten. Sobald du anfängst, nachzudenken oder Wahrscheinlichkeiten auszurechnen, bist du schon auf dem Holzweg.

Wetten, daß deine Trefferquote mit der Zeit steigt?

(Wenn du so weit bist, daß du die Lottozahlen bereits einen Tag vor der Ziehung weißt, sag mir bitte Bescheid, ja?)

Ich nutze meine Intuition häufig, um verlegte Sachen wiederzufinden, da Ordnung nicht unbedingt meine Stärke ist. Wenn ich mich dann frage: »Wo ist mein Autoschlüssel?« habe ich (meistens) eine Eingebung, die so ein Zwischending ist zwischen einem innerem Bild und einem bestimmten Gefühl. Jedenfalls weiß ich (meistens), wo ich nachsehen muß.

Allerdings klappt es auch nur dann, wenn ich ganz bei mir bin und nicht anfange, zu überlegen und zu raten.

Der Mensch ist ein vielschichtiges Wesen

Ein Teil von dir weiß das nämlich alles, denn er ist nicht materiell und daher unabhängig von Zeit und Raum. Es kommt nur darauf an, mit ihm in Kontakt zu kommen und so die Reichweite deiner Wahrnehmung auszudehnen.

Du weißt, daß die fünf körperlichen Sinne nur einen ganz begrenzten Ausschnitt wahrnehmen können, nur das nämlich, was innerhalb eines ganz bestimmten Frequenzbereiches liegt. Und jedes einzelne Sinnesorgan ist wiederum nur für einen Teilbereich zuständig.

Tatsächlich aber existiert ja weitaus mehr als nur das.

Ich habe bislang von Körper, Seele und Geist als den »Bestandteilen« des Menschen gesprochen.

Diese Einteilung vermittelt allerdings nur eine ungenaue Vorstellung davon, wie vielschichtig der Mensch wirklich ist. Zudem werden diese Begriffe in verschiedenen Bedeutungen verwendet (siehe Kapitel 4).

Wenn du ein Nachschlagewerk besitzt, sieh mal nach, was dort als Definition für »Geist« steht. Mein altes Lexikon bietet acht verschiedene Möglichkeiten an und dazu noch etliche Ableitungen. »Geist« ist das Göttliche, und entsprechend ist ein »Geistlicher« ein Mann Gottes, ein Pfarrer. »Geist« meint aber auch den Verstand; ein kluger Mensch ist »geistreich« und befaßt sich mit dem »Geistigen«. »Geistig« heißt aber auch unkörperlich und – alkoholisch. Und dann gibt es ja auch noch den »Geist«, der als Bettlakengestalt um Mitternacht spukt.

Die »Körper« des Menschen

Deshalb hat man immer wieder versucht, die Wesensanteile des Menschen genauer zu unterscheiden und zu benennen und so die Vorstellung von verschiedenen »Körpern« des Menschen entwickelt, wie zum Beispiel Mentalkörper (mental = gedanklich), Emotionalkörper (emotional = gefühlsmäßig) und spiritueller (= geistiger) Körper.

Von der Schwierigkeit, Unfaßbares in Worte zu fassen, war bereits im vierten Kapitel die Rede. Es ist also nicht verwunderlich, daß weder über die Bezeichnungen noch über ihre Zuordnungen, ja nicht einmal über die Anzahl der »Körper« einheitliche Vorstellungen bestehen.

Wichtig ist letztlich dabei auch nur, daß der Mensch als »multidimensionales« Wesen gedacht werden muß. Er hat nicht nur Zugang zu anderen Frequenzen, sondern gehört auch selbst diesen anderen, körperlich nicht mehr wahrnehmbaren Schwingungsbereichen an.

Beim materiellen oder **physischen** Körper ist die Energie, aus der ja letztlich alles besteht, so weit verdichtet, daß sie mit den fünf Sinnen erfaßt werden kann.

Als sein nicht-materielles »Gegenstück« wird für gewöhnlich der **Astralkörper** (astral = den Sternen zugeordnet) angesehen, der ihn mit dem Seelisch-Geistigen verbindet. Er soll eine ähnliche Form haben wie der materielle Leib, aber weniger dicht und wird deshalb **feinstofflich** genannt. Andere Begriffe dafür sind siderischer Leib, Energiekörper und Bioplasmakörper.

Manchmal wird er auch mit dem **Äther-Körper** gleichgesetzt, der den Körper wie eine strahlende Hülle umgibt. Diese **Aura** kann von manchen Menschen wahrgenommen und sogar mit einem besonderen Verfahren fotografiert werden (Kirlian-Fotografie).

Der Astralkörper ist es, der sich im Moment des Sterbens vom Körper löst; der endgültige Tod tritt allerdings erst ein, wenn die Verbindung, die »Silberschnur«, ganz zerrissen ist. Menschen, die ein sogenanntes »Nah-Tod-Erlebnis« hatten (siehe Kapitel 8), haben ihre Erfahrungen mit Hilfe dieses Astralkörpers gemacht, wurden aber zurückgeholt, bevor sich die Verbindung völlig gelöst hatte.

Dieses Austreten aus dem physischen Körper kann aber auch in anderen Situationen, wie Schock und Erschöpfung, geschehen oder sogar bewußt angestrebt werden. Man spricht dann auch von **Astralreisen** oder **außerkörperlicher Erfahrung (AKE)** (auch OBE bzw. OOBE, »Out-of-body-experience«.)

Es gibt Berichte von Menschen, die mit ihrem Astralkörper eine ihnen unbekannte Wohnung aufsuchten und diese später tatsächlich in allen Einzelheiten beschreiben konnten.

Das kann auch die Ursache für Phänomene wie **Hellsehen** oder **Visionen** sein. Ein bekanntes Beispiel dafür ist Emanuel **Swedenborg**, der bei einem Aufenthalt in Göteborg im Jahre 1759 in allen Einzelheiten beschrieb, wie zur gleichen Zeit in Stockholm eine große Feuersbrunst ausbrach.

Manchmal geschieht dieses Heraustreten aus dem Körper auch ohne bewußte Absicht während des Schlafes. Das Erlebnis unterscheidet sich aber ganz deutlich von einem Traum, und das weiß ich aus eigener Erfahrung.

Ich hatte mich eines Nachmittags ziemlich erschöpft von der Schule hingelegt, und als ich dann wach wurde, kostete es mich enorme Anstrengung, mich aufzurichten und auf die Bettkante zu setzen. Ich fühlte mich noch immer sehr müde und stand nicht sofort auf. Dann wurde mir plötzlich schlagartig bewußt, daß es gar nicht mein Körper war, der dort saß, und ich kann nur sagen, daß mich diese Erkenntnis wie ein gewaltiger Schock traf!

Ich bin aufgestanden und habe meine Umgebung wie gewöhnlich wahrgenommen, habe den Fußboden unter den Füßen gespürt und bin die Treppe hinuntergegangen und wußte doch, daß ich das alles nicht mit meinen körperlichen Sinnen wahrnahm. Nachdem ich mich an den Zustand gewöhnt hatte, machte ich die interessante Erfahrung, daß weder die Schwerkraft noch Wände ein Hindernis darstellten. Allerdings habe ich dabei nichts gesehen oder erlebt, was ich als objektiven Beweis anführen könnte.

Nach einiger Zeit verging dieser Zustand wieder, und ich erwachte (natürlich) in meinem Bett. Die Rückkehr habe ich nicht bewußt erlebt, und es ist mir bislang auch nicht gelungen, diese Erfahrung bewußt zu wiederholen.

Ich weiß aber noch, daß ich mich während dieses Erlebnisses fragte, ob ich wohl für andere wahrnehmbar bin.

Gibt es Gespenster?

Es gibt nämlich die Theorie, daß es dieser Astral-Körper ist, den man bisweilen als Geistererscheinung oder Gespenst sehen kann. Bei einem plötzlichen Tod, der noch dazu mit heftigen Gefühlen verbunden ist – etwa bei einem Verbrechen oder einem Unfall –, kann es geschehen, daß die Energie an den Ort gebunden bleibt. Manche sagen auch, daß es diesen Verstorbenen gar nicht klar ist, daß sie tatsächlich tot sind, da das Bewußtsein im Astralkörper erhalten bleibt. Seit ich selbst erfahren habe, wie »echt« einem in diesem Zustand alles vorkommt, erscheint mir diese Theorie gar nicht mehr so abwegig.

Alle »Körper« durchdringen sich

Wenn man über all diese »Körper« oder auch nur über Leib, Geist und Seele spricht, vermittelt das manchmal den Eindruck, als würde sich der Mensch wie eine Zwiebel aus mehreren Schichten zusammensetzen: Außen ist der physische Leib, dann kommen einige andere Hüllen, und innen ist die Seele oder der Persönlichkeitskern. Und ganz innen verborgen vielleicht der Geist, der göttliche Funke.

Es ist aber vielmehr so, daß alle »Körper« gleichzeitig existieren und sich durchdringen, so wie du durchaus **zur selben Zeit am selben Ort** verschiedene, sich durchdringende Schwingungen wahrnehmen kannst, beispielsweise als farbiges Licht, Duft, Klang und Temperaturempfindung. Der Unterschied besteht nur in den verschiedenen Frequenzen.

So existiert auch der Mensch gleichzeitig auf verschiedenen Ebenen, allerdings mit dem großen Unterschied, daß sie miteinander in enger, ja ursächlicher Verbindung stehen.

So kann ein Gedanke ein entsprechendes Gefühl hervorrufen, und umgekehrt können Gedanken auch durch Gefühle beeinflußt werden.

Jeder einzelne Körper hat seinen eigenen Frequenzbereich, und innerhalb dieses Bereiches hat jede Äußerung eine bestimmte Frequenz. Wut hat eine andere Frequenz als Freude, und das Ausrechnen einer Mathematikaufgabe spielt sich in einem anderen Schwingungsbereich ab als wenn du dir überlegst, wen du zu deiner Party einladen willst.

In der Musik spricht man von verschiedenen Oktaven. Das bedeutet, daß alle hörbaren Töne eingeteilt sind in eine Folge von sieben Stammtönen, die sich ständig wiederholen. Dabei entspricht der achte Ton (»octavus« ist lateinisch und heißt »der achte«) dem Grundton auf einer jeweils anderen Ebene.

Auch in der Esoterik spricht man von Oktaven, um sich die Beziehung zwischen den verschiedenen Ebenen und ihre Entsprechungen zu verdeutlichen.

Wenn der Mensch gesund und ausgeglichen ist, befinden sich alle Körper in einem harmonischen Zustand, genauso wie wir Musik dann als harmonisch empfinden, wenn die gleichzeitig gespielten Töne aufeinander abgestimmt sind. Findet aber auf einer der »Oktaven« eine Störung statt, hat das Auswirkungen auf alle anderen.

Was Krankheit bedeutet

Da die Körper des Menschen ja alle miteinander in enger Verbindung stehen, muß die fortgesetzte Störung auf **einer** Ebene auch in entsprechender Weise auf den anderen in Erscheinung treten.

Was das konkret bedeutet, hat jeder schon am eigenen Leib erfahren: Seelische Kränkungen machen auf die Dauer auch körperlich krank, negatives Denken kommt letztlich auch als Krankheit zum Ausdruck. Da unser physischer Körper der dichteste ist, stellt er die letzte Stufe dar, auf der sich die Störung, nun entsprechend massiv, bemerkbar macht.

Deshalb ist **jede** Krankheit (auch jeder Unfall!) ein Hinweis darauf, daß auch auf den anderen Ebenen etwas nicht in Ordnung ist. Es ist daher leicht einzusehen, daß eine Behandlung, die sich allein auf den körperlichen Bereich beschränkt, wenig sinnvoll ist.

Stell dir vor, im obersten Stockwerk eines Hauses hat jemand vergessen, den Wasserhahn zuzudrehen. Das Wasser läuft in die Badewanne, läuft über, sickert durch den Fußboden, wird immer mehr, bis es schließlich auch in die unterste Etage tropft. Hier wird es nun endlich bemerkt. Was nützt es dann, Schüsseln unterzustellen oder die entstehenden Risse zuzustopfen? Das Wasser wird andere Stellen finden, durch die es sich seinen Weg bahnt. Erst wenn der Wasserhahn zugedreht wird, die eigentliche Ursache also abgestellt wird, kann die Überschwemmung aufhören.

Auf eine Krankheit bezogen heißt das, daß zwar der bereits entstandene Schaden repariert, der Körper also behandelt werden muß, gleichzeitig gilt es aber auch, die wirkliche Ursache zu finden und zu beheben.

Tatsächlich ist die Art, wie sich die Störung im Körper bemerkbar macht, der Schlüssel zu ihrer geistig-seelischen Entsprechung und gibt, richtig verstanden, Hinweise auf das Warum (Ursache) und Wozu (Sinn und Zweck) der Krankheit. Im Volksmund ist diese Beziehung noch bekannt. Jeder kennt Redensarten wie »das geht mir an die Nieren« oder »unter die Haut«; aber ähnlich wie bei den Symbolen haben wir das Empfinden für die tiefere Wahrheit verloren. Dabei darf man die Sprache des Körpers ruhig wörtlich nehmen.

Frage dich einmal beim nächsten Schnupfen, wovon du eigentlich »die Nase voll« hast und bei deinen Halsschmerzen, was für dich so »schwer zu schlucken« ist.

Wenn du dir über ein Problem »den Kopf zerbrichst«, darfst du dich auch über Kopfschmerzen nicht wundern. Und manchmal ist tatsächlich alles einfach nur noch »zum Kotzen«.

Energiebahnen und Kraftzentren im Körper

Wie eng die Ebenen miteinander verbunden sind, zeigt sich auch in den Behandlungsmethoden der chinesischen Medizin. Danach ist der Körper von Energiebahnen, den **Meridianen,** durchzogen, durch die die Lebenskraft (Ch'i, Ki, Prana; siehe auch Seite 134) strömt. Störungen oder Blockaden des Energieflusses haben zur Folge, daß der Mensch sich krank fühlt. Sie können behoben werden, indem bestimmte Punkte angeregt werden, sei es durch Nadeln **(Akupunktur)** oder durch Druck **(Akupressur** oder **Shiatsu).** Auch bestimmte Bewegungen, verbunden mit Atemübungen, können helfen, die Lebensenergie anzuregen **(T'ai Chi, Qi Gong).**

Aus dem Sanskrit kommt der Begriff *Chakra,* der so viel wie »Rad« bedeutet. Gemeint sind damit Energiezentren, die in großer Zahl über den Körper verteilt sind und die Energie durch Kanäle, die **Nadis,** weiterleiten. Man stellt sich vor, daß die Chakras sich sehr schnell drehen (daher der Name) und dadurch die Lebensenergie ansaugen.

Von besonderer Bedeutung sind die sieben Hauptchakras, die auf der Vorderseite des Körpers liegen und die jeweils mit bestimmten Organen und Energien in Verbindung gebracht werden (siehe Zeichnung).

Wird ein Bereich mit zu viel oder zu wenig Energie versorgt, führt das ebenfalls zu körperlichen oder psychischen Störungen.

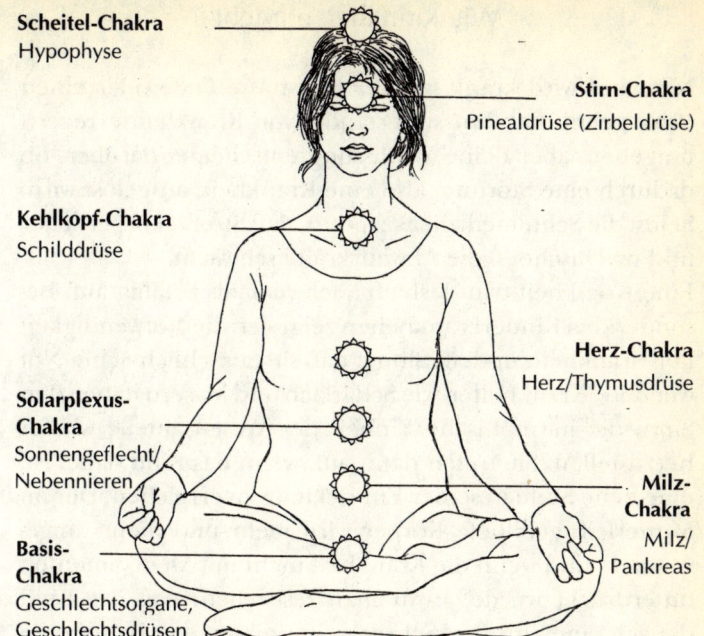

Scheitel-Chakra
Hypophyse

Stirn-Chakra
Pinealdrüse (Zirbeldrüse)

Kehlkopf-Chakra
Schilddrüse

Herz-Chakra
Herz/Thymusdrüse

**Solarplexus-
Chakra**
Sonnengeflecht/
Nebennieren

**Milz-
Chakra**
Milz/
Pankreas

**Basis-
Chakra**
Geschlechtsorgane,
Geschlechtsdrüsen

213

Wie Krankheit entsteht

Niemand wird krank, weil er sich nasse Füße oder einen Virus geholt hat. Wir sind ständig von Krankheitserregern umgeben, aber deine Verfassung entscheidet darüber, ob dadurch eine Störung, also eine Krankheit, ausgelöst wird. Selbst die Schulmedizin akzeptiert, daß Streß – körperlicher und psychischer – die Abwehrkräfte schwächt.

Eine Krankheit tritt deshalb auch niemals zufällig auf. Besonders bei Kinderkrankheiten zeigt sich die Notwendigkeit der Krankheit, in dem Sinne, daß sie tatsächlich »eine Not wendet«. Krankheiten wie Scharlach und Masern haben den Sinn, die harmonische Einheit der Wesensanteile wieder herzustellen. Sie treten dann auf, wenn das Kind dabei ist, eine neue Stufe in seiner Entwicklung zu erreichen. Der im Mutterleib gebildete Körper wird mehr und mehr umgewandelt, und wenn die Krankheit nicht mit Medikamenten unterdrückt wurde, kann man feststellen, daß das Kind danach einen großen Schritt weitergekommen ist auf dem Wege der Selbstwerdung.

In jedem Alter kann eine Krankheit anzeigen, daß der physische Körper dem seelisch-geistigen Körper nicht mehr entspricht und deshalb umgewandelt werden muß. Diese Erfahrung werden vor allem diejenigen machen, bei denen die seelisch-geistige Entwicklung so schnell vorangeht, daß der physische Körper nicht Schritt halten kann und immer wieder eine »Anpassungspause« fordert.

Der Körper muß immer ein geeignetes »Gefäß« für das Seelisch-Geistige sein. Im Extremfall kann es so weit kommen, daß der Leib nicht mehr in der Lage ist, sich zu wandeln, um die Geist-Seele zu »beherbergen« – dann wird sie sich von ihm trennen, und der Tod tritt ein.

Bei jeder Krankheit ist zunächst einmal Ruhe geboten, um

den Selbstheilungskräften im Körper eine Chance zu geben. Die Not kann auch tatsächlich nur dann gewendet werden, wenn der Sinn der Krankheit verstanden und entsprechende Änderungen herbeigeführt werden. Medikamente können dabei allenfalls unterstützende Wirkung haben, denn Heilung kann nur von innen erfolgen, nie von außen.

Von der Idee zur Form

Der physische Körper ist also abhängig von den nicht-materiellen Wesensanteilen des Menschen und wird durch sie geprägt, ja, er entsteht sogar zunächst – gewissermaßen als Entwurf – auf der seelisch-geistigen Ebene, bevor er auf der physischen Ebene in Erscheinung tritt. Lange bevor sich dein Körper im Mutterleib gebildet hat und schon vor der Empfängnis hatte dein Selbst bereits eine Vorstellung davon, wie dieser Körper beschaffen sein muß, damit er seiner Aufgabe in dieser Inkarnation nachkommen kann. Danach erfolgte die Auswahl der geeigneten Eltern.

Genauso hat auch alles andere seinen Ursprung im nicht-materiellen Bereich.

Jede Idee durchläuft von ihrer Entstehung bis zu ihrem materiellen Ausdruck gewissermaßen verschiedene Ebenen, wird dichter und dichter, bis sie schließlich Form annimmt, wenn sie mit genügend Energie versorgt wird.

Was immer auch geschieht, hat seine Entsprechungen auf höheren Oktaven, und nichts tritt sichtbar in Erscheinung, was nicht zuvor im Unsichtbaren seinen Anfang genommen hätte. Realität ist auch **das** bereits, aber auf Ebenen, die noch nicht mit den körperlichen Sinnen wahrnehmbar und erfahrbar sind. Jeder Gedanke, jede Hoffnung und Befürchtung, jeder Tagtraum besitzt seine eigene Realität. Damit er aber schließlich auch auf der materiellen Ebene wirksam werden kann, muß er genug Energie sammeln und den gesamten Prozeß durch alle Ebenen bis zur endgültigen Verdichtung und Formung auf der materiellen Ebene durchlaufen. Das bedeutet konkret, daß zu dem Gedanken auch das entsprechende Gefühl, der Wille und die feste Überzeugung kommen muß, damit das, was du dir wünschst, in Erscheinung treten kann.

Bist du immer noch skeptisch,
ob das stimmen kann?

Die Gehirnforschung hat herausgefunden, daß die Informationen, die das Gehirn als Nervenimpulse erreichen, zunächst in Form von elektrischen Schwingungen gespeichert werden. Werden sie nicht verstärkt, lösen sie sich schon bald wieder auf, und man vergißt sie. Treffen sie aber im Gehirn auf bereits Bekanntes, verbinden sie sich mit der Nukleinsäure der Gehirnzellen und werden dort gespeichert. Durch weitere Wiederholungen können dann die Informationen schließlich so weit »materialisiert« werden, daß sie in Form von Eiweißmolekülen dauerhaft dort eingelagert werden. Aber im Prinzip hat das auch Angelus Silesius schon vor gut dreihundert Jahren gewußt, als er schrieb:

Mensch, alles, was du willst, ist schon zuvor in dir;
es lieget nur an dem, daß du's nicht wirkst herfür.

Der Sinn deiner Suche liegt darin, dir dessen bewußt zu werden und die Vollkommenheit deines Selbst zu erkennen.
Du sagst:

»**Ich** denke über **meine** Probleme nach …«
»**Ich** brauche mehr Geld …«
»**Ich** sehne mich nach einem liebevollen Partner …«
»**Ich sehe …, höre …« usw.**

Aber: **Wer ist denn dieses Ich?**

Du bist nicht dein Körper.
Auch nicht deine Wahrnehmungen.
Nicht deine Bedürfnisse.
Nicht deine Gedanken.
Und du bist auch nicht deine Gefühle.

Denn dein Körper ist nur die letzte Stufe, auf der dein Ich
zum Ausdruck kommt.
Deine Wahrnehmungen werden durch bestimmte Reize
ausgelöst und sind abhängig von deiner Umgebung und
deinen Sinnen.
Deine Bedürfnisse kommen und gehen, genau wie deine
Gedanken und Gefühle.

Das wahre Selbst ist vollkommen

Aber **dein wirkliches Ich,** dein eigentliches Wesen, dein
wahres Selbst, deine Seele oder wie immer du es bezeichnen
möchtest, ist die erste und höchste Stufe deines Selbstaus-
drucks und **ist göttlich, vollkommen und unvergänglich.**
Es **kann** daher weder Mangel leiden noch irgend etwas
wünschen oder brauchen.
Das »oberflächliche« Ich, mit dem du deine Gedanken und
Gefühle identifizierst, wird zur besseren Unterscheidung
vom **Selbst** deshalb manchmal als **Ego** bezeichnet. Das heißt

zwar auch nichts anderes als »ich«, aber dabei wird deutlich, worin der Unterschied besteht zwischen Selbstverwirklichung und Egoismus.

Selbstverwirklichung: Selbstannahme statt Egoismus

Wenn du versuchst, deinen Charakter, deine Lebensaufgabe und deinen Weg herauszufinden, steht dahinter die Erkenntnis, daß du nur einen Menschen auf der ganzen Welt ändern kannst: dich selbst. Und wenn du etwas ändern willst, mußt du logischerweise bei dir selbst anfangen.
Daraus folgt:

- daß du selbst die Verantwortung übernimmst für dich und dein Leben,
- daß du keinem die Schuld an deinem Schicksal zuschiebst,
- daß du von anderen nicht erwartest, deine Aufgaben zu übernehmen,
- daß du selbst den ersten Schritt tust, wenn du etwas erreichen willst,
- daß du so handelst, wie es deiner Erkenntnis und Überzeugung entspricht.

Egoismus bedeutet das Gegenteil und hat auch nichts mit Eigen**liebe** zu tun.
Was meinst du, warum der Egoist sich vordrängt, um das größte Stück Kuchen für sich selbst zu ergattern? Weil er sich so sehr liebt? Im Gegenteil – weil er sich selbst für so wenig liebenswert hält, daß er sich gar nicht vorstellen kann, die anderen würden es ihm gern und freiwillig geben.
Wenn Jesus uns auffordert, unseren Nächsten **wie** uns selbst

zu lieben, meint er damit, daß wir mit uns genauso liebevoll umgehen sollen wie mit denen, die uns nahestehen. Wer sich selbst wirklich liebt, ist von Liebe erfüllt, denn jede Gefühlsregung ist **in** uns selbst, ja, ein Teil von uns. Und dann kannst du auch gar nicht anders als liebevoll handeln, ganz gleich, um wen es geht, um die eigene Person oder eine andere.

Diesen Zusammenhang hat auch schon der jüdische Weisheitslehrer Jesus Sirach erkannt: »Wer sich selbst nichts gönnt, wem kann der Gutes tun? Er wird seinem eigenen Glück nicht begegnen.« (14, 5)

Sich selbst lieben und annehmen können ist geradezu Voraussetzung dafür, einen anderen Menschen lieben zu können.

Und damit sind wir bei dem wichtigen Thema Partnerschaft.

Liebe und Partnerschaft

Im Volksmund heißt es »Gleich und gleich gesellt sich gern«, aber auch »Gegensätze ziehen sich an«. Ich werde dir erklären, wieso beides stimmt.

Du wirst dich immer mit dem verbinden, was dir entspricht, und das bezieht sich nicht nur auf deinen Partner. Laß mich noch einmal Richard Bach zitieren, der das kurz und treffend ausgedrückt hat:

> Jeder Mensch,
> alle Ereignisse in deinem Leben
> sind da, weil du selbst sie
> angezogen hast.
> Was du mit ihnen anfängst,
> ist deine Sache.

Vielleicht hast du auch schon die Erfahrung gemacht, daß sich die Beziehung zu anderen Menschen im Laufe der Zeit ändern kann. Deinen besten Freund aus dem Kindergarten hast du vielleicht längst aus den Augen verloren, und wenn du nach einiger Zeit deiner verflossenen Liebe wieder begegnest, fragst du dich möglicherweise sogar, was du bloß an ihm oder ihr finden konntest. Das liegt ganz einfach daran, daß du selbst dich geändert hast.

Heute sind es ganz andere, mit denen du dich gut verstehst, und auch das muß nicht so bleiben. Manchmal gibt es eine Trennung im Streit, aber manchmal entwickelt man sich einfach immer weiter auseinander, bis man sich nichts mehr zu sagen hat.

Der Spruch »Jung gefreit hat nie gereut« hat sich leider nur allzu oft als Trugschluß erwiesen. Die Chance, daß sich zwei junge Menschen in dieselbe Richtung entwickeln, ohne sich dabei im Wege zu stehen, ist eben nur gering.

Nichts ist mit so viel Glück und so viel Leid verbunden wie die Beziehung zu einem anderen Menschen. Ich kann dir kein Geheimrezept verraten, wie du die Schmerzen vermeiden kannst. Aber ich möchte einige Mißverständnisse ausräumen, die unweigerlich in die Katastrophe führen.

Das zweite Sprichwort sagt, daß sich Gegensätze anziehen. Der griechische Philosoph Plato meinte, daß Mann und Frau die beiden Hälften eines ursprünglich ganzen Wesens sind und daß deshalb jeder seine Ergänzung sucht. Tatsächlich suchen viele unbewußt im Partner das, was ihnen selbst fehlt. Leider dauert es in der Regel nicht lange, bis sie ihm genau das zum Vorwurf machen.

Der Mann, der es gewohnt war, daß seine Mutter ihm alles abnahm und der deshalb wenig Eigeninitiative entwickelt hat, wird sich zunächst nach diesem Bild eine aktive und selbständige Frau suchen – bis sein Selbstwert darunter leidet, und er ihr die Schuld gibt, daß er sich nicht entfalten kann.

Die Frau, die immer Papis Liebling war, möchte weiterhin so verwöhnt werden – und wirft ihrem Partner bald vor, daß er sie nur wie ein Spielzeug behandelt.

**Mach dir bewußt, daß du nichts, wirklich nichts,
von außen bekommen kannst.**

Du kannst in der Außenwelt nur das anziehen, was **in** dir vorhanden ist.

Was nützt es dir, wenn dich jemand heiß und innig liebt? Es ist **sein** Gefühl, und er spürt es **in sich.** Wenn sein Gefühl in dir keine Saite zum Klingen bringt, hast du gar nichts davon. Denk nur mal an die vielen Geschichten über Stars, die von aller Welt angehimmelt und geliebt werden – und sich dennoch einsam fühlen, Drogen nehmen oder sogar Selbstmord begehen. Die Schwingungen der Fans waren offenbar nicht in der Lage, eine Resonanz zu erzeugen.

Darauf aber kommt es an. Erinnere dich: In dir ist alles. Aber du verwirklichst immer nur einen kleinen Teil davon. Deshalb bist du ja auf der Suche, um immer mehr von dir zu entdecken, Schutt beiseite zu räumen und vorzudringen zu deiner wahren Persönlichkeit.

Manchmal kann es tatsächlich geschehen, daß die Zuneigung eines anderen etwas in dir weckt und zum Schwingen bringt, so wie der angeschlagene Klavierton auch die Saite eines anderen Instruments vibrieren läßt – und dann hat Amors Pfeil getroffen, und Dornröschen ist erwacht.

Ein solches Erlebnis ist manchmal nötig, um einen Menschen aus seiner inneren Erstarrung zu lösen. Aber wenn er dann nicht selbst dafür sorgt, daß seine Gefühle wach bleiben, ist bald alles wieder beim alten.

Stell dir eine verstopfte Wasserleitung vor. Es gibt verschiedene Möglichkeiten, das Wasser wieder zum Fließen zu bringen. Wenn der Pfropfen von außen aufgelöst und beseitigt wird, kann das Wasser wieder hindurch; aber wenn es weiterhin Schmutz und grobe Teile mit sich führt, ist die Leitung bald wieder dicht. Wichtiger ist es also, die Ursachen zu beheben, Stück für Stück in sich die Barriere abzubauen und auch dafür zu sorgen, daß man sich nicht durch neue negative Gedanken und Gefühle wieder von dem Strom der Liebe abtrennt.

Manchmal kann das ohne einen äußeren Anstoß aber tatsächlich sehr schwer sein. Wer nie wirklich Liebe erfahren hat, braucht die starke, mitreißende Schwingung eines anderen, um überhaupt erst einmal mit seinem inneren Reichtum in Berührung zu kommen.

Nun gilt dieses Prinzip des Mitschwingens aber leider auch für andere Gefühlsregungen. Jesus Sirach formuliert das so: »Wer Pech anrührt, dem klebt es an der Hand; wer mit einem Zuchtlosen umgeht, nimmt seine Art an« (13,1).

Da die Beeinflussung immer unterschwellig verläuft, ist es wichtig, die eigenen Handlungsmotive immer wieder zu hinterfragen und zu überprüfen, ob man noch aus eigenem Antrieb handelt, oder ob man nur das tut, was andere von einem erwarten.

Laß dir niemals einreden, du müßtest dieses oder jenes tun, um deine Liebe zu beweisen. Wenn du selbst spürst, daß du liebst und deine Liebe auch zum Ausdruck bringst, und der andere dennoch daran zweifelt, dann sendet und empfangt ihr offensichtlich auf verschiedenen Frequenzen.

Du kannst nichts, wirklich gar nichts tun, um in dem anderen dieselbe Schwingung hervorzurufen, denn wenn er die Liebe nicht in sich spürt, ist es sein eigener Mangel. Vielleicht schaffst du es, seine Blockaden mit der Zeit zu durchdringen, aber nur, wenn der andere bereit ist, an sich zu arbeiten, und du ehrlich, beharrlich und dir selbst treu bleibst.

Einen Liebesbeweis zu fordern ist oft nur ein ganz mieser Trick, um einen anderen Menschen zu manipulieren, damit er etwas tut, was er aus freien Stücken nicht tun würde. Und wer wirklich liebt, stellt keine Forderungen.

Genauso wenig kannst du irgend etwas tun, um die Liebe eines anderen zu gewinnen.

Verrenne dich niemals in die Vorstellung, daß es genau dieser und kein anderer Mensch sein muß.

George Bernard Shaw (schon wieder ein Zitat) hat einmal gesagt: »Zwei Tragödien gibt es im Leben: die eine, nicht zu bekommen, was das Herz wünscht, die andere, es zu bekommen.«

Und du kannst mir glauben, er hat recht.

Wenn du dich verstellst und alles tust, nur um einen bestimmten Menschen an dich zu binden, wird sich das bitter rächen. Wie lange kannst du das durchhalten?

Der Preis, den du dafür zahlst, ist einfach zu hoch. Und du verschenkst die Chance, den Menschen zu finden, der wirklich zu dir paßt und mit dem du gemeinsam wachsen kannst.

Es gibt aber nur eine Möglichkeit, den Partner anzuziehen, der wirklich zu dir paßt: Sei du selbst, verwirkliche immer mehr dein wahres Wesen – und hab Geduld und Vertrauen. Deine eigene Schwingung wird zu jeder Zeit genau das anziehen, was du gerade brauchst.

Wenn du das Gefühl hast, immer an die Falschen zu geraten, nützt es dir auch nichts, den einen Partner gegen den nächsten einzutauschen. Solange du deinen inneren »Magneten« nicht anders ausrichtest, wirst du immer wieder mit den gleichen Problemen konfrontiert werden, wenn auch in anderer Verpackung (siehe auch Seite 168).

Du bist aufgefordert, das, was du bei anderen suchst, in dir selbst zu entwickeln. Dein Partner, ja deine gesamte Umwelt, ist nur dein Spiegel. Wenn du darin nicht das findest, was du gern hättest, liegt das nicht am Spiegel. Auch das, was dich am anderen stört, ist dein eigener Mangel. Du bekämpfst in deiner Umwelt immer nur deinen eigenen Schatten (siehe Seite 88). Die Psychologie nennt das **Projektion.**

Liebe läßt sich nicht beweisen, nicht erzwingen und nicht verdienen.

Liebe ist auch nichts, was man festhalten und besitzen kann. Es ist wie mit dem Atmen. Wenn du versuchst, die Luft anzuhalten, wird der Drang, auszuatmen und loszulassen, immer stärker. Paradoxerweise kannst du aber um so tiefer einatmen und bekommst um so mehr, wenn du vollständig losgelassen und ausgeatmet hast. Alles ist ein ständiges Geben und Nehmen, alles fließt, und das eine ist ohne das andere nicht denkbar.

Zur Liebe gehört auch, den anderen loslassen zu können. Das betrifft die Beziehung zwischen Mann und Frau genauso wie zwischen Eltern und Kindern. Das Loslassen ist um so schwerer und schmerzhafter, wenn man sich dagegen wehrt, und doch ist es die einzige Lösung. Jeder muß seinen eigenen Weg gehen, und es ist wunderbar, ihn mit einem anderen Menschen gemeinsam zu gehen. Aber das geht nur, solange beide denselben Weg haben. Wenn man feststellt, daß man aus Angst, aus Sicherheitsbedürfnis längst den eigenen Weg verlassen hat und auf einem fremden mitgeht, wird es Zeit, den eingeschlagenen Kurs zu korrigieren.

Es hat auch noch einen anderen Grund, warum du dir genau überlegen solltest, mit wem du dich näher einläßt.

Dein physischer Körper ist ganz deutlich eine Einheit für sich. Deine Haut bildet die Grenze, die deinen Körper abschließt. Gleichzeitig nimmst du über sie auch Kontakt auf zu deiner Umgebung: Du spürst, wenn du berührst und berührt wirst.
Doch selbst bei der innigsten Umarmung endet der Kontakt der physischen Körper da, wo die Haut beginnt.

Nicht so bei den feinstofflichen Körpern.

Wo sich die Haut zweier Menschen berührt, durchdringen sich ihre Ausstrahlungen (Aura, Ätherkörper), da sie ja weiter reichen als die Haut. Und nicht nur das. Ihre Schwingungen beeinflussen sich gegenseitig.
Bei einem engen Körperkontakt zweier Menschen kommt es zu einer Vermischung der Auren. Wenn zwischen den Partnern auch eine Verbindung auf den anderen Ebenen besteht, werden bei der sexuellen Begegnung Energien ausgetauscht. Das Basis-Chakra wird aktiviert, und die Energie steigt beim Höhepunkt über die anderen Chakras bis zum Scheitel-Chakra auf. Die Grenzen verwischen sich, und für einen kurzen Moment kann man vollkommene Einheit erfahren (siehe auch Seite 186).
Beschränkt sich aber der Kontakt zwischen den Partnern auf den rein sexuellen Bereich, bleiben die anderen Chakras unbeteiligt, so daß die starke Energie vom Basis-Chakra aus nicht aufsteigen und auch keine Entwicklung bewirken kann. Der körperlichen Befriedigung folgt dann sehr rasch eine Ernüchterung, die sogar in Ekel oder Depression umschlagen kann, weil der Energieverlust deutlich gespürt wird.

Wenn im anderen nur mehr oder weniger ein Objekt zur Befriedigung der eigenen Lust gesehen wird, fehlt auch das Gefühl der Achtung und der Verantwortung dem Partner gegenüber, erst recht, wenn bei einer solchen Begegnung ein Kind entstanden ist.

Es mag dir wie eine Moralpredigt erscheinen, aber die Gründe, die gegen häufig wechselnde Sexualpartner sprechen, haben vor allem etwas damit zu tun, daß du dir selbst schadest und dich in deiner Entwicklung behinderst.

Das Prinzip ist überall dasselbe: Grundbedingung für eine harmonische Entwicklung ist die Beteiligung **aller** Ebenen. Sonst geht die Energie ins Leere, und du trittst auf der Stelle. Wenn du dich häufig den unterschiedlichsten fremden Schwingungen so massiv aussetzt, wird es dir entsprechend schwer fallen, ein Gespür für deine eigenen feineren Schwingungen zu entwickeln, so daß du auf die Frage »Wer bin **ich** eigentlich?« keine Antwort finden kannst.

Was Bewußtseinserweiterung bedeutet

Je mehr du dich öffnest, desto sensibler werden auch deine »Antennen«. Deine Aura dehnt sich aus, und auch die Reichweite der anderen »Körper« wird größer.

Du wirst die Erfahrung machen, daß du plötzlich etwas wahrnimmst, was deinen Sinnesorganen nicht zugänglich ist.

Hast du schon einmal erlebt, daß du einen Raum betreten und sofort gespürt hast, was für eine Stimmung dort herrscht?

»Dicke Luft« fühlt sich anders an als eine gelöste Atmosphäre, und das liegt daran, daß ihre Schwingungen niedriger und tatsächlich »dichter« sind.

Oder kennst du das, daß du jemanden kennenlernst und dich von ihm angezogen fühlst, obwohl er eigentlich gar nicht »dein Typ« ist? Auch dabei findet ein Informationsaustausch auf einer anderen Ebene statt.

Und dann kann es auch vorkommen, daß du jemandem zum ersten Mal begegnest und sofort das Gefühl hast, ihr würdet euch schon ewig kennen. Es ist gut möglich, daß ihr euch schon in vergangenen Inkarnationen nahe gestanden habt, aber das bedeutet nicht automatisch, daß ihr jetzt füreinander bestimmt seid. Oft kommt es gerade darauf an, das karmische Band endlich zu lösen, damit jeder seinen eigenen Weg gehen kann.

Für solche Beziehungen gilt, was ich auch schon vorher gesagt habe: Solange ihr denselben Weg habt – wunderbar. Aber eben nur so lange.

Dabei wird auch klar, daß das Wiedererkennen nichts mit äußeren Merkmalen zu tun hat. Es ist einfach ein Gefühl, mit dem du einen Menschen identifizieren kannst. Vielleicht kennst du auch das aus Träumen, wenn du genau weißt, um wen es sich handelt, obwohl die Person ganz anders aussieht. Was du wahrnimmst, ist ihr ganz eigenes Energiefeld, ihre Ausstrahlung.

Wenn sich deine Intuition entwickelt, wird sie dir in zunehmendem Maße eine Hilfe auch in alltäglichen Situationen sein. Aber auch deine Beeinflußbarkeit wird stärker werden, weil die Gefühle anderer die entsprechende Saite in dir mitschwingen lassen. So nimmst du tatsächlich direkt wahr, was ein anderer fühlt, und das kann sehr verwirrend und anstrengend sein.

Um dich dagegen zu schützen, ist es notwendig, daß du dich immer wieder zurückziehst und dein inneres Gleichgewicht und deine eigene Mitte wiederfindest.

Sonst bist du wie ein Boot ohne Anker, das von jeder

Strömung mitgerissen und von jedem Wind mal hierhin, mal dorthin getrieben wird.

Wie wir von unserer Umgebung beeinflußt werden

Auf allen Ebenen stehen wir in Verbindung mit allem, was existiert. Wir werden auch auf allen Ebenen und durch alles beeinflußt. Aber bewußt ist uns davon nur der kleinste Teil. Das Wissen, daß bestimmte Plätze durch sogenannte Erdstrahlen, Wasseradern usw. krank machen können, ist uralt. Es hat auch schon immer **Rutengänger** gegeben, die solche Stellen ausfindig machen konnten. Auch Tiere haben ein Gespür dafür und meiden sie entweder oder werden gerade davon angezogen (siehe auch Seite 45).

Nachdem das alles dann lange Zeit als Aberglaube verspottet wurde, setzt sich jetzt allmählich die Überzeugung durch, daß da doch etwas »dran« ist – nicht zuletzt deshalb, weil die Wissenschaft inzwischen so weit ist, daß sie die alten Erkenntnisse bestätigen kann.

Unsere moderne Zivilisation hat solchen Störungsursachen, die nicht direkt wahrnehmbar sind und doch schwerwiegende Auswirkungen haben können, noch weitere hinzugefügt. Was zuerst als Fortschritt gepriesen wird, zeigt bald immer auch eine negative Seite. Als mit den Röntgenstrahlen der menschliche Körper durchsichtig gemacht werden konnte, war das ein Segen, konnten doch endlich Krankheiten rechtzeitig entdeckt und behandelt werden. Aber daß dieselben Strahlen auch schädigen, hat man erst später erkannt. Bis dahin wurden sogar schwangere Frauen geröntgt, um die Entwicklung des Kindes zu überwachen.

Heute wird von den Verantwortlichen noch immer bestritten, daß die gehäuften Fälle von Leukämie bei Kindern etwas mit den Atomkraftwerken zu tun haben, in deren Nähe sie wohnen. Und wer im Elektrosmog die Ursache für seine gesundheitlichen Störungen sieht, wird vielfach noch nicht ernst genommen.

Wie mag es da erst einem ergehen, der behauptet: »In meinem Haus herrscht eine negative Atmosphäre, die mich krank macht«?

Wenn man aber bedenkt, daß alles nur Schwingung und Energie ist, kann sich die Strahlung eines elektrischen Gerätes ebenso auf das Befinden des Menschen auswirken wie atomare Strahlung oder die an einen Ort gebundene Gedanken- und Gefühlskraft.

Anton Stangl beschreibt in seinem Buch *Der Energiesensor* solche »**Orte der Kraft**«, die positiv wie negativ aufgeladen sein können. Wallfahrtsorte, Kirchen, Tempel usw. besitzen eine starke, positive Atmosphäre, da sich dort über lange Zeit hinweg Gebete und innige Gefühle und Gedanken vieler Menschen gewissermaßen angesammelt haben.

Entsprechend sind beispielsweise ehemalige Hinrichtungsstätten erfüllt von negativen Energien, die durch Schmerz, Angst und Haß hervorgerufen wurden.

Energie aber ist, wie du weißt, unzerstörbar. Wenn die Gefühle besonders intensiv waren, können sie auch dann noch dem Ort anhaften, wenn er sich inzwischen längst verändert hat.

Wer weiß denn schon, was sich auf dem Grund und Boden, auf dem sein Haus steht, einmal abgespielt hat? Oder in dem Haus selbst?

Besonders sensitive Personen können dies herausfinden. Sie sind sogar in der Lage, beim Berühren eines einzelnen Gegenstandes genauere Angaben über dessen Besitzer zu machen. Daß jeder Mensch einen spezifischen Geruch besitzt, der auch übertragen wird auf das, was er anfaßt, ist nichts Neues. Spürhunde können deshalb mit Hilfe eines Gegenstandes den Menschen auffinden, dem er gehört. Offenbar wird aber auch alles, was man berührt, durch das eigene Energiefeld so geprägt, daß es bei entsprechender Feinfühligkeit ebenfalls abrufbar ist. Das nennt man **Psychometrie.**

Ganz unabhängig von der Prägung bestimmter Orte durch intensive Gedanken und Gefühle gibt es aber auch überall auf der Welt Kraftzentren, die etwas mit den Energieströmen der Erdoberfläche zu tun haben. Die Erde ist demnach im Prinzip ganz ähnlich wie der menschliche Körper aufgebaut, und auch das bestätigt die Hologramm-Theorie. Chinesische **Feng-Shui**-Experten untersuchen vor jedem Eingriff in die Landschaft vorher genau die Stelle und prüfen, ob dabei die Harmonie erhalten bleibt. Dabei ist es ganz gleich, ob es sich um einen geplanten Hausbau oder nur um das Pflanzen eines Baumes handelt. Da ein Tempel immer an einem besonders kraftvollen Ort errichtet wird, kommt es hier sicher zu einer Wechselwirkung: Die Energie des Ortes wirkt auf die Gläubigen und wird durch ihre Gedanken und Gefühle wiederum noch verstärkt. Möglicherweise sind auch unsere heiligen Stätten ganz intuitiv an solchen Kraftorten errichtet worden.

Nicht jeder ist allerdings für diese feinen Schwingungen so empfänglich, daß er sie auch bewußt wahrnimmt. Der eine mag an einem Wallfahrtsort einen solchen Energieschub erhalten, daß er von einem Moment zum andern gesund ist, der andere mag lediglich ein erhabenes Gefühl verspüren, und ein dritter bleibt völlig unbeeindruckt. Es kommt immer ganz darauf an, wie weit die »inneren« Sinne entwickelt sind.

Beeinflußt werden wir dennoch in jedem Fall, und zwar im Positiven wie im Negativen. Denn der Teil von uns, der alles registriert und steuert (nennen wir ihn ruhig weiterhin Unterbewußtsein), spricht darauf an, ob es uns bewußt wird oder nicht.

Warum uns ein Mensch sympathisch ist und wir einen anderen nicht »riechen« können, ist uns manchmal selbst unverständlich. Und daß wir uns in dem einen Raum wohl fühlen und in einem anderen unruhig werden, hat nicht nur etwas mit den Menschen zu tun, die seine Atmosphäre geprägt haben, oder mit den Energieströmen.

Es kann auch an den Farben der Umgebung liegen.

Die Wirkung der Farben

Überall sind wir von Farben umgeben, und wir können uns ihrer Wirkung nicht entziehen, weil sie nicht nur durch die Augen, die Haut und die Nahrung aufgenommen werden, sondern auch direkt die Chakras ansprechen.

Jedem Chakra wird eine bestimmte Farbe zugeordnet, und die entsprechende Farbschwingung kann entweder ausgleichend und heilend wirken, aber bei einem Zuviel auch zu Störungen führen, da es die Bewegung der Chakras übermäßig beschleunigt.

Rot wird mit Leidenschaft, Wärme und Vitalität assoziiert. Den Signalcharakter dieser Farbe nutzt man nicht nur bei Verkehrsschildern. Ein rot geschminkter Mund, lackierte Fingernägel – die Botschaft ist eindeutig und richtet sich direkt an das Basis-Chakra. Zuviel Rot kann deshalb nervös und (sexuell) aggressiv machen.

Orange ist die Farbe der buddhistischen Mönche. Sie verbindet Gefühl (rot) und Verstand (gelb) und wirkt inspirierend und aufheiternd bei Depressionen. Orange wirkt auf das Milz-Chakra und hat Einfluß auf die Verdauung. Wenn du Gewichtsprobleme hast, solltest du dich besser nicht mit zu viel Orange umgeben – es regt den Appetit an!

Gelb ist die Farbe der Sonne und wirkt auf das Solarplexus-Chakra (= Sonnengeflecht). Es ruft eine heitere Stimmung hervor und regt das Denken an. Wer aber sowieso schon kopflastig ist, sollte ein Zuviel besser vermeiden.

Grün ist eine Farbschwingung, die das Herz-Chakra anregt. Es ist die Farbe der Harmonie und des Ausgleichs. Daß die kalte Jahreszeit so auf das Gemüt drückt, liegt auch daran, daß das Grün in der Natur fehlt. In einem Lied aus dem 15. Jahrhundert heißt es »Nach grüner Farb' mein Herz verlangt in dieser trüben Zeit«. Manche Stadtbewohner verstehen gar nicht mehr, was ihr Herz sagt, und leben das ganze Jahr über freiwillig zwischen grauen Häusermauern. Im Übermaß kann Grün aber auch depressiv machen, weil die Anregung fehlt.

(Hell-)Blau ist eine Farbe, die an die Weite des Himmels und des Meeres erinnern kann, aber auch an Eis und Schnee. Deshalb kann sie sowohl beruhigend und heilend wirken als auch kalt und gefühllos. Sie spricht das Kehlkopf-Chakra an, das Zentrum der Sprache.

Indigo (Dunkelblau) hat noch stärker einen heilenden Charakter. Jeans-Kleidung hat diese Farbe, und wer sie ausschließlich trägt, kann, ohne es zu wollen, sein Stirn-Chakra, das auch das »Dritte Auge« genannt wird, so stark anregen, daß er übersensibel wird und aus dem Gleichgewicht gerät.

Violett ist eine sehr spirituelle Farbe. Es verbindet Ruhe (blau) und Kraft (rot) und stellt damit eine Verbindung her zwischen Himmel und Erde. Violett beeinflußt das Scheitel-

Chakra, das den Zugang zu den höheren Dimensionen darstellt. Wird es zu stark stimuliert, ohne daß man darauf vorbereitet ist, kann es sein, daß man den Boden unter den Füßen verliert, weil die Einflüsse nicht verstanden und verarbeitet werden können.

Diese Farben treten auch in der Aura auf, und sie lassen Rückschlüsse auf das Befinden und auf den Stand der Entwicklung des Menschen zu. Im allgemeinen zeigt **Braun** in der Aura eine Störung an. Aber Braun ist auch die Farbe der Erde und kann Geborgenheit vermitteln. Wer dabei ist »abzuheben« kann sich deshalb auch mit Braun »erden« und einen Ausgleich herstellen.

Schwarz und **Weiß** zählen übrigens nicht zu den Farben im eigentlichen Sinne. Weiß reflektiert das gesamte Licht und steht deshalb auch symbolisch für Reinheit und Klarheit. Schwarz dagegen »verschluckt« alles Licht, ohne etwas zu reflektieren.

Schwarze Kleidung wirkt deshalb wie eine Mauer, die die Aura abschirmt. Es kann durchaus sinnvoll sein, vorübergehend Schwarz zu tragen, wenn man sich bewußt vor den Einflüssen der Außenwelt schützen möchte. Darin liegt der Sinn der schwarzen Trauerkleidung; der Schmerz und der Verlust können so besser verarbeitet werden. Gleichzeitig kann aber auch nichts von innen nach außen dringen, und somit wird jeder Austausch verhindert. Wer nur Schwarz trägt, weigert sich, »Farbe zu bekennen«, und blockiert auf die Dauer seine spirituelle Entwicklung. Mehr noch als Rot strahlt Schwarz auch eine starke Aggressivität aus.

Es kommt also darauf an, nicht nur bei der Kleidung, sondern auch bei der Raumgestaltung auf einen harmonischen Ausgleich zu achten und Farben bewußt und gezielt einzusetzen.

Nimm deine Umgebung bewußt wahr. Womit umgibst du dich?

Alles hat einen Einfluß auf dein Befinden, selbst die Bilder und Poster an der Wand, die Musik, die du hörst, der Duft der Seife und des Parfüms, das du benutzt. Du kannst das alles wahrnehmen, auch wenn du nicht immer in der Lage bist, die Wirkung einzuschätzen.

Daneben existieren aber wahrscheinlich um uns herum noch ganze Welten, deren Schwingungen unseren Sinnen nicht zugänglich sind – noch nicht? Oder nicht mehr?

Jedes unserer Sinnesorgane hat ja seine Entsprechung auf den höheren Oktaven, und es gilt, sich zu öffnen und auch ihren Gebrauch zu lernen.

Kinder, so heißt es, hätten häufig noch ihre »Himmelsaugen«, und viele haben so lange ihre für andere unsichtbaren Spielgefährten, bis die Erwachsenen sie endgültig davon überzeugt haben, daß das alles nur Phantasieprodukte sind. Vielleicht haben auch Märchen, Sagen und die Geschichten von Feen und Naturwesen tatsächlich einen realen Hintergrund, denn es gibt immer wieder Menschen, die behaupten, diese anderen Welten wahrnehmen zu können.

Mach dich auf den Weg

Lernen wir also, die Welt (wieder) mit anderen Augen zu sehen!

Es gibt dabei nichts zu lernen in dem Sinne, daß du Buch um Buch lesen und Informationen anhäufen mußt. Im Gegenteil – es geht eher darum, etwas zu **ver**lernen, die Blockaden zu erkennen und aufzulösen, die dich von deiner inneren Quelle und dem Wissen trennen.

Der Schlüssel ist Liebe. Wenn du lieben kannst, was dich

umgibt, und annehmen kannst, was immer dir widerfährt, brauchst du nichts anderes mehr. Du brauchst dann nicht einmal zu verstehen, warum das alles so ist.

Aber ich weiß, daß das leichter gesagt ist als getan.

Denn das ist nicht nur die Voraussetzung für deinen Weg, sondern auch das Ziel – und gleichzeitig der Weg selbst.

Du würdest dich ja nicht mit Esoterik beschäftigen und dieses Buch lesen, wenn du nicht in dir gespürt hättest, daß es hinter der sichtbaren Welt noch mehr geben muß.

Es ist so, als hättest du dich in einem dunklen Wald verirrt und würdest plötzlich irgendwo ein Licht schimmern sehen. Ohne diesen Lichtschein wüßtest du gar nicht, daß es einen Ausweg gibt. Nun aber ist das Licht dein Ziel, das du erreichen möchtest, und gleichzeitig zeigt es dir den Weg dorthin.

Du weißt jetzt, daß es dein inneres Selbst ist, das du entdeckt hast und das dich führt auf dem Weg zu dir selbst.

Nun ist es an dir, deine Kenntnisse zu nutzen und dich auf den Weg zu machen.

Bleibt nur noch zu klären, auf welchen.

Teil III

Auf dem Weg

Teil III

Auf dem Weg

10. Die Anwendung:
Finde deinen Weg

Solange du dein Ziel nicht aus den Augen verlierst und bereit bist, deinen Weg auch beharrlich zu verfolgen, ist es letztlich ganz gleich, welchen du wählst – sofern du dich nicht auf einen Irrweg einläßt und in einer Sackgasse landest (siehe Kapitel 11).

Aber der Esoterik-Boom der letzten Jahre hat ungefähr den gleichen Effekt wie die Entwicklung der Supermärkte. Wenn du früher in einen der Tante-Emma-Läden gingst und Waschpulver haben wolltest, bekamst du einfach welches. Heute stehst du vor dem Regal im Supermarkt und bist der unüberschaubaren Menge verschiedener Marken hilflos ausgeliefert.

Mit den Reisezielen ist es ähnlich. Die Welt steht uns offen. Es gibt keine weißen Flecken auf der Landkarte mehr, und wer genug Geld hat, dem bleibt die Qual der Wahl.

Dasselbe gilt im großen und ganzen auch für die esoterischen Wege.

Du hast jetzt, bildlich gesprochen, die Tür geöffnet, nachdem du erfahren hast, daß es noch mehr gibt als das enge Zimmer, in dem du so lange gelebt hast.

In der Ferne siehst du dein Ziel, und vor dir liegen, labyrintartig verschlungen, so viele verschiedene Wege, daß du sie kaum überblicken kannst. Interessant sind sie alle, aber entscheiden mußt du dich, wo du anfängst.

Nimm einmal an, es wäre dein Traum, ein berühmter Musiker zu werden und auf den größten Bühnen der Welt aufzutreten. Wie weit würde es dich bringen, wenn du erst zwei Wochen Geige spielst, dann ein bißchen Klavier ausprobierst, dann Gitarre usw.?

Klar, du würdest deinem Ziel damit nicht viel näherkommen. Du mußt dich schon entscheiden, **welches** Instrument dir am meisten liegt, und dann brauchst du neben deiner Begeisterung auch Fleiß und Ausdauer. Und Geduld. Und Zeit. Denn wie du weißt, macht erst die Übung den Meister. Und wenn du dein Leben meistern willst, gilt das erst recht.

Bestandsaufnahme

Es kommt also nun darauf an, aus dem fast unüberschaubaren Angebot die Mittel und Wege herauszufinden, die für **dich** am besten geeignet sind.

Wie du bist und wo deine Interessen, Begabungen, Schwächen und Aufgaben liegen, das ist dir inzwischen schon ein bißchen klarer geworden, wenn du die Anregungen dieses Buches genutzt hast.

Der folgende Fragenkatalog soll dir helfen, deine Erkenntnisse zu ordnen, damit du alle bislang gefundenen Aspekte deiner Persönlichkeit zu einem Gesamtbild zusammenfügen kannst. Damit hast du eine gute Ausgangsbasis und eine Orientierungshilfe, um dich für den Weg entscheiden zu können, der dir am meisten entspricht.

Kreuze an, was auf dich zutrifft.
Bei jeder Nein-Antwort gehst du einfach weiter zur nächsten
Frage.

1. Interessierst du dich besonders für eines der Themen,
   die bislang bereits angesprochen wurden?
   Ja, nämlich
   - O Psychologie
   - O Hypnose
   - O Reinkarnation
   - O Astrologie
   - O Numerologie
   - O Heilmethoden
   - O Farben
   - O Chakras
   - O andere, nämlich_____
   - O _____

2. Spricht dich eine bestimmte Religion besonders an?
   Ja, nämlich
   - O das Christentum
   - O das Judentum
   - O der Islam
   - O der Hinduismus
   - O der Buddhismus
   - O _____
   - O _____

3. Fühlst du dich einem bestimmten Kulturkreis, einem Land, einem Volk (außer deinem eigenen) besonders verbunden? Gilt dein Interesse dabei einer vergangenen Epoche?
Ja, ich interessiere mich für

○ Indianer
○ China
○ Japan
○ Indien
○ griechische oder römische Mythologie
○ Ägypten
○ Kelten

_____

_____

Dein Wesen, deine Aufgaben und Ziele

Im dritten Kapitel hast du einige psychologische Tests gefunden.
Kreuze an, was für dich zutrifft.

1. Nach der Typenlehre von Kretschmer (S. 58) bin ich eher

○ ein Leptosomer
○ ein Pyniker
○ ein Athletiker

Das bedeutet:
○ Ich bin eher zurückhaltend und sensibel.
○ Ich bin eher offen und lebhaft.
○ Ich bin eher robust und unkompliziert.

2. Meine Lieblingsfarbe (S. 76) ist _____. Das läßt darauf schließen, daß ich den Wunsch habe _____. Am wenigsten mag ich die Farbe _____. Darin zeigt sich _____

3. Vom Temperament her (S. 77) bin ich eher
   ○ sanguinisch
   ○ cholerisch
   ○ phlegmatisch
   ○ melancholisch

   Das bedeutet:
   ○ Ich bin eher extravertiert.
   ○ Ich bin eher introvertiert.

Dein Horoskop

Mit Hilfe der **Astrologie** hast du noch mehr über dich erfahren. Wenn du noch kein geeignetes Buch zur Deutung deines Horoskops gefunden hast, empfehle ich dir als Einstiegslektüre *Schlüsselworte zur Astrologie* von Hajo Banzhaf und Anna Haebler. Es beschränkt sich auf das Wesentliche und ist damit ein praktisches Nachschlagewerk.

1. Mein astrologisches Sonnenzeichen (S. 122) gehört zu den
   ○ Feuerzeichen
   ○ Erdzeichen
   ○ Luftzeichen
   ○ Wasserzeichen

Danach bin ich vom Wesen her eher
○ temperamentvoll
○ praktisch veranlagt
○ verstandesbetont
○ gefühlsbetont

Die besondere Eigenschaft meines Sonnenzeichens
_____ ist _____
Nach meiner Einschätzung ○ trifft das zu ○ trifft das nicht zu.

2. Mein Aszendent _____ ist ein _____-Zeichen. Daher zeige ich mich meiner Umwelt eher _____
Nach meiner Einschätzung ○ trifft das zu ○ trifft das nicht zu.

3. In meinem Horoskop stehen die meisten Planeten in einem _____-Zeichen. Daher hat in meinem Leben Vorrang
○ der Fortschritt   ○ die Vielseitigkeit
○ das Bewahren   ○ das Gefühl

4. In meinem Horoskop häufen sich Planeten in einem bestimmten Zeichen.
○ Nein
○ Ja, und zwar in _____
Das bedeutet, daß in meinem Leben _____
_____ eine besondere Rolle spielt.
Nach meiner Erfahrung ○ trifft das zu ○ trifft das nicht zu.

5. In meinem Horoskop häufen sich Planeten in einem bestimmten Haus.
   ○ Nein
   ○ Ja, und zwar im _____ Haus.
   Demnach hat der Bereich _____
   für mich eine besondere Bedeutung.
   Das habe ich ○ bereits gemerkt ○ bislang noch nicht gemerkt.

6. In meinem Horoskop steht der MC im Zeichen _____
   _____
   Mein Ziel ist demnach _____ und es ist wichtig, daß ich lerne _____
   Das stimmt mit meinen Vorstellungen ○ überein ○ nicht überein.

7. In meinem Horoskop steht der Saturn im Zeichen _____
   Das weist hin auf Probleme mit _____
   _____
   Da er im _____ Haus steht, betrifft das besonders den Bereich _____
   Das habe ich ○ bereits festgestellt ○ noch nicht festgestellt.

8. Der aufsteigende Mondknoten steht in meinem Horoskop im Zeichen _____, der absteigende in _____
   Meine Aufgabe besteht demnach darin, _____
   _____ zu entwickeln und mich von _____ zu befreien.

In die folgenden Tabellen kannst du auch die anderen
Ergebnisse eintragen. Bei »Bedeutung« genügen Stichwör-
ter (oder eben »Schlüsselworte«). Unter »Urteil« gib deine
eigene Einschätzung der Deutung an, beispielsweise mit
den folgenden Symbolen:

!	=	stimmt ganz genau
+	=	stimmt
−	=	stimmt nicht
?	=	weiß nicht
?!	=	völlig daneben

Die Planeten in den Zeichen und Häusern

Planet	Zeichen	Haus	Bedeutung	Urteil
Mond				
Merkur				
Venus				
Mars				
Jupiter				
Uranus				
Neptun				
Pluto				

Nicht jeder Planet steht mit einem anderen in einer besonderen Verbindung, dafür andere wiederum sogar mit mehreren. Trage bitte in die nun folgende **Aspektetabelle** ein, was für dich zutrifft.

Planet	Aspekt	Planet	Bedeutung	Urteil

In die nächste Tabelle trage bitte die Ergebnisse deiner **numerologischen Deutungen** ein.

	Planet	Zeichen (Domizil, Erhöhung)	Bedeutung	Urteil
Geburts-zahl:				
Namens-zahl:				
Persön-lichkeits-zahl:				
Herz-zahl:				
Lektions-zahl:				

Lerntypen

Da bei den verschiedenen spirituellen Wegen auch die einzelnen Sinne in unterschiedlichem Maße angesprochen werden, ist es wichtig herauszufinden, auf welche Reize du besonders ansprichst.

Die Lernpsychologie unterscheidet

- den **visuellen Lerntyp**, der sich am besten einprägt, was über die **Augen** aufgenommen wird (Seh-Typ);
- den **auditiven Lerntyp**, der am schnellsten über das **Gehör** lernt (Hör-Typ);
- den **kinästhetischen Lerntyp**, der durch eigenes **Tun und Ausprobieren** am dauerhaftesten lernt (Fühl-Typ).

Test:
Was für ein Lerntyp bist du?

Kreuze jeweils die Antwort an, die am ehesten auf dich zutrifft.

1. Jemand hat dir mit Erfolg eine schwierige Aufgabe erklärt. Du sagst:
   a »Jetzt begreife ich das.«
   b »Jetzt verstehe ich das.«
   c »Jetzt blicke ich durch.«

2. Du willst telefonieren, kannst dich aber nicht mehr genau an die Nummer erinnern. Was tust du?
   a Ich sehe sicherheitshalber im Telefonbuch nach.
   b Ich schreibe mehrere Möglichkeiten auf und probiere die, die richtig aussieht.

c Ich sage mehrere Möglichkeiten vor mich hin und probiere die, die sich richtig anhört.

3. Was spielt sich in deinem Kopf ab, wenn du das Wort »Seide« hörst?
   a Ich denke an raschelnde Gewänder.
   b Ich denke an schimmernden, glänzenden Stoff.
   c Ich denke an kühlen, glatten Stoff.

4. Du begutachtest dein Hotelzimmer. Was stört dich am meisten?
   a Der Lärm auf der Straße.
   b Das schreckliche Bild an der Wand.
   c Der durchgesessene Sessel.

5. Du hast dir Schuhe gekauft und stellst zu Hause einen Mangel fest. Was wäre für dich ein Umtauschgrund?
   a Sie haben einen Kratzer an der Innenseite.
   b Sie quietschen oder knarren bei jedem Schritt.
   c Sie drücken ein bißchen.

6. Du hast dir ein Möbelstück gekauft, das du selbst zusammenbauen mußt. Wie machst du das?
   a Ich lese die Anleitung und sehe mir die Zeichnungen genau an, bevor ich anfange.
   b Ich probiere so lange, bis es klappt.
   c Ich lasse mir die Anleitung vorlesen und baue die Teile nach Anweisung zusammen.

7. Du willst einige Freunde zu einer Party einladen. Wie machst du das?
   a Du verschickst Einladungen. ✓
   b Du rufst sie an.
   c Du gehst hin und sagst persönlich Bescheid.

8. Ein(e) Freund(in) ist sauer, weil du ihr/ihm eine Bitte abschlägst. Wie beginnst du deine »Verteidigungsrede«?
   a »Hör mal zu, …« oder »Kannst du denn nicht verstehen …« ✓
   b »Sieh mal, …« oder »Du mußt doch einsehen …«
   c »Begreif doch, …« oder »Nun komm schon …«

9. Stell dir vor, du liegst an einem Traumstrand. Was fällt dir dazu ein?
   a Der weiche Sand unter mir, die Wärme der Sonne auf der Haut …
   b Das Rauschen des Meeres, ferne Geräusche …
   c Der Blick aufs Meer, die Palmen, der blaue Himmel … ✓

10. Erinnere dich an ein wichtiges Ereignis in deinem Leben. Was taucht in deiner Erinnerung sofort auf?
    a Ich weiß noch genau, was gesprochen wurde, oder verbinde das Ereignis mit einem bestimmten Musikstück.
    b Ich kann noch deutlich spüren, wie ich mich gefühlt habe.
    c Ich sehe die ganze Szene (oder wichtige Einzelheiten) noch deutlich vor mir. ✓

11. Welches Hobby gefällt dir am besten?
    a Malen, Zeichnen, Bilder ansehen
    b Musizieren, Singen, Musik hören
    c Basteln, Töpfern, Handarbeit, Sport (aktiv)

12. Worüber würdest du dich am meisten freuen?
    a Eine Eintrittskarte für ein Konzert deiner Wahl
    b Eine Gratisstunde in einem Fitness-Center
    c Eine Einladung zur Eröffnung einer Bilderausstellung

13. Es gibt einen neuen Song von deiner Lieblingsgruppe.
    a Du wartest bis zum Konzert, um die Premiere live zu erleben.
    b Du kaufst dir die CD, um ihn in Ruhe und so oft du willst anzuhören.
    c Du kaufst dir das Video.

14. Du mußt für deine berufliche Aus- oder Weiterbildung eine weitere Fremdsprache lernen und kannst frei wählen wie. Was tust du?
    a Du belegst einen Kurs, wo viel mit Büchern gearbeitet wird.
    b Du entscheidest dich für einen längeren Aufenthalt in dem Land.
    c Du arbeitest mit Kassetten und hörst häufig den Radiosender, auf dem nur in dieser Sprache gesprochen wird.

Dein Ergebnis:
Du bist ein **Seh-Typ** (visuell), wenn du folgende Antworten angekreuzt hast: 1c, 2b, 3b, 4b, 5a, 6a, 7a, 8b, 9c, 10c, 11a, 12c, 13c, 14a.

Du bist ein **Hör-Typ** (auditiv), wenn du folgende Antworten angekreuzt hast: 1b, 2c, 3a, 4a, 5b, 6c, 7b, 8a, 9b, 10a, 11b, 12a, 13b, 14c.

Du bist ein **Fühl-Typ** (kinästhetisch), wenn du folgende Antworten angekreuzt hast: 1a, 2a, 3c, 4c, 5c, 6b, 7c, 8c, 9a, 10b, 11c, 12b, 13a, 14b.

Wieviele Übereinstimmungen hast du?

Seh-Typ: __6__   Hör-Typ: __5__   Fühl-Typ: __3__

Du lernst demnach am besten, indem du _____
_____.

So findest du deinen Weg

Ich werde dir nun verschiedene Wege vorstellen und dabei jeweils angeben, für wen sie sich besonders eignen. Es geht dabei nicht unbedingt um eine Methode, nach der du dann für immer dein Leben ausrichten wirst, sondern um die, mit der du am besten beginnst. (Ein alter Lehrerspruch besagt, daß man die Schüler da »abholen« muß, wo sie stehen, das heißt: Man muß bei dem ansetzen, was sie als Voraussetzung mitbringen.)

Nach einiger Zeit wirst du vielleicht merken, daß dir inzwischen eine andere Methode mehr entspricht.

Wichtig ist aber, daß du den Weg, für den du dich entschieden hast, wenigstens eine Zeitlang (und das heißt mindestens sechs Wochen[*]) konsequent gehst und nicht ständig

---

[*] Es dauert etwa 40 Tage, bevor dein Unterbewußtsein eine neue Anweisung so gespeichert hat, daß sie dir »in Fleisch und Blut« übergeht; Voraussetzung ist **stetige Wiederholung**.

Neues ausprobierst, wenn es nicht so läuft, wie du das erwartet hast. Es bringt auch nichts, nur ab und zu mal ein paar Seiten zu einem Thema zu lesen. Du wirst erst dann spüren, daß etwas in Gang kommt, wenn dein Denken, Fühlen und Handeln gleichermaßen einbezogen werden.

Als Zwilling kenne ich die Versuchung, von jedem neuen Buch **den** Durchbruch zu erwarten, nur zu gut. Es ist wie mit den Diäten. Wenn man davon liest, klingt es gut. In den ersten Tagen ist man noch begeistert. Aber wenn man nach einer Woche doch wieder nachts an den Kühlschrank geht und sich dann der Zeiger der Waage in die falsche Richtung bewegt, liegt das nicht unbedingt an der Methode.

Die Auswahl der Bücher und Kassetten, die ich dir empfehle, ist natürlich rein subjektiv; sicher gibt es noch eine ganze Reihe anderer, die ebenso gut geeignet sind, zumal ständig neue auf den Markt kommen. In einer guten Buchhandlung wird man dir weitere Empfehlungen geben können.

Der schöpferische Weg

Wenn dein Lerntyp ziemlich eindeutig und mit einer ausgeprägten künstlerischen Begabung verbunden ist, kannst du darin einen Auftrag sehen, den kreativen Weg zu gehen.

Im künstlerischen Schaffen, ganz gleich welcher Art, schöpfst du immer aus der tiefsten Quelle deines Wesen.

Der Maler Paul Cézanne hat das so ausgedrückt: »Alles, was wir sehen, zerstreut sich, flieht. Die Natur ist zwar immer dieselbe, aber von ihrem Erscheinungsbild bleibt nichts. Unsere Kunst muß ihr das Erhabene der Dauer verleihen. Wir müssen ihre Ewigkeit erst sichtbar machen.«

Wenn du dich mit ganzem Herzen der Kunst widmest, ist das Religion im wahren Sinn des Wortes, denn »religio«

bedeutet nichts anderes als »Rückverbindung«, die Hinwendung zu dem, was ewig und unveränderlich hinter allen Erscheinungsformen steht. Ob du diesen Zugang mit Farben und Formen suchst, mit dem Klang eines Instrumentes oder deiner Stimme oder ihm durch die Bewegung deines Körpers im Tanz Ausdruck verleihst, ist gleich, solange du dich von deiner Intuition leiten läßt.

Dabei gehen Inspiration (wörtlich bedeutet das »Einhauchung« und meint die Eingebung durch den göttlichen Geist) und bewußte Gestaltung Hand in Hand. Um mit Cézanne zu sprechen: »Im Maler gibt es zwei Dinge: das Herz und das Gehirn; beide müssen sich gegenseitig helfen«.

Dein Talent nützt dir wenig, wenn du nicht bereit bist, auch Arbeit zu investieren. Als Kunstlehrerin erlebe ich es immer wieder, daß gute Begabungen im Ansatz steckenbleiben, weil Disziplin, Ausdauer und Sorgfalt fehlen.

Aber auch wenn du meinst, nicht besonders begabt zu sein, halte ich es für wichtig, daß du in einem dieser Bereiche deinen kreativen Selbstausdruck findest. Es gibt Situationen, in denen du ein Ventil brauchst für deine Gedanken und Gefühle, um wieder ins Gleichgewicht zu kommen. Und dieser Weg führt dich nicht nur direkt zu deinem inneren Wesenskern, sondern öffnet auch einen Kanal, so daß die Energie wieder frei fließen kann.

Wenn du ein **visueller** Typ bist, kann Zeichnen und Malen dein Ausdrucksmittel sein, aber auch Fotografieren, Filmen und überhaupt alles, was mit Bildern zu tun hat. Rede dir nicht ein, daß du nicht malen kannst. Experimentiere mit Farben und Formen, bis du dein Ausdrucksmittel gefunden hast. Und wenn es so aussehen soll wie das, was du vor dir siehst – dann nimm einfach einen Fotoapparat!

Wenn du ein **auditiver** Typ bist, kann Musizieren und Singen dein Weg sein. Dabei werden Schwingungen erzeugt, mit denen du ebenfalls deine eigenen Gefühls- und Gedankenschwingungen wiedergeben kannst. Und umgekehrt: Sie können deine eigene Stimmung beeinflussen. Vor allem mit deiner eigenen Stimme hast du ein Instrument zur Verfügung, das alle deine Körper in »good vibrations« versetzen kann!

Anregungen und Übungen findest du in dem Buch von Joanne **Crandall**, *Das harmonische Selbst. Geistige Entwicklung durch Musik.*

Wenn du ein **kinästhetischer** Typ bist, kann eine handwerkliche Tätigkeit für dich in Frage kommen, aber auch Bildhauern oder Töpfern; ebenfalls Tanz oder Ballett sowie Sport, solange es nicht in Quälerei ausartet.

Auch wenn du sonst ganz praktisch ausgerichtet bist, versuche einmal, deine Hände etwas formen zu lassen, das nicht vom Verstand diktiert wird, sondern direkt von innen kommt – vielleicht einmal mit Ton und verbundenen Augen!

Die Wege der Religionen

Diese Wege möchte ich nur kurz ansprechen.

Wenn du einer bestimmten Religion angehörst, dir aber die Grenzen zu eng gesteckt sind, dann wird es dich interessieren, daß auch die großen Religionen wie Christentum, Judentum und Islam alle ihre eigene mystische Richtung haben und die Beschäftigung mit der Esoterik keineswegs ausschließen.

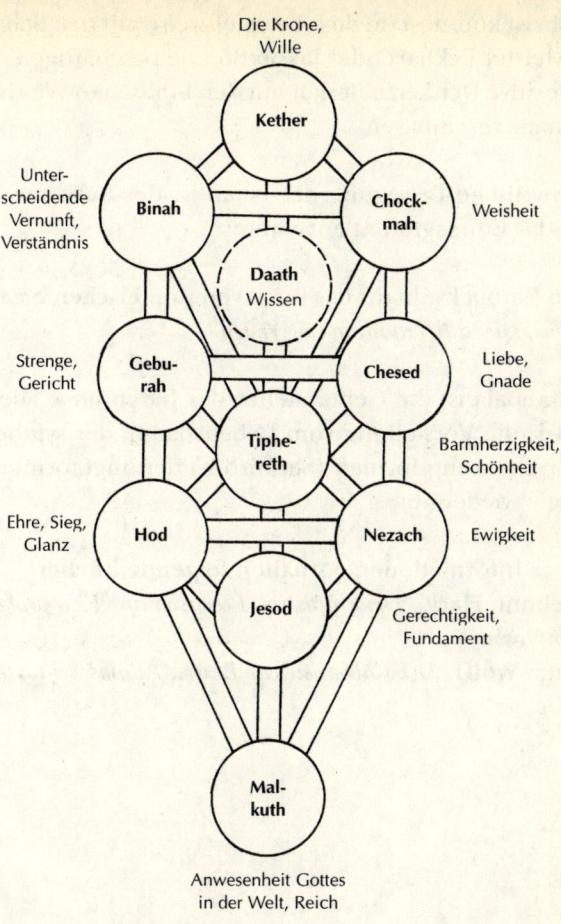

Der Lebensbaum

Als **Christ** könntest du dich beispielsweise mit den Schriften von Meister Eckhart oder Jakob Böhme beschäftigen. Auch das Positive Denken läßt sich mit den biblischen Weisheiten durchaus vereinbaren.

Die mystische Bewegung des **Islam** ist der **Sufismus**, dem auch das Enneagramm entstammt.

Einen Einblick gibt dir das Buch von Ron **Fischer**, *Spione des Herzens. Die Sufi-Tradition im Westen.*

Die **Kabbala** ist die Geheimlehre des **Judentums**. Hier finden wir die Vorstellung vom Lebensbaum, der symbolisch die Erscheinungsformen (Sephiroth) der ungeformten Ur-Energie wiedergibt.

Nähere Informationen enthalten folgende Bücher:
- Helmut **Hark**, *Heilkräfte im Lebensbaum. Ein praktisches Übungsbuch.*
- Katja **Wolff**, *Der Kabbalistische Baum. Adams Schlüssel zum Paradies.*

Wege anderer Völker und Kulturen

Wenn du sehr naturverbunden bist und dich für die indianische Kultur interessierst, dann findest du sicher viele Anregungen, indem du dich beispielsweise mit dem Medizinrad oder anderen Themen dieser Richtung auseinandersetzt. Du kannst z. B. das folgende Buch lesen: **Sun Bear & Wabun**, *Das Medizinrad. Eine Astrologie der Erde.*

Wenn du dich für alte Kulturen interessierst und Ägypten und die Pyramiden faszinierend findest, empfehle ich dir als Einstieg das Buch *Einweihung* von Elisabeth **Haich**. Es ist eine Mischung aus Biographie, Roman und esoterischem Sachbuch, das die altägyptischen Mysterien lebendig werden läßt.

Verständnis für sich und andere entwickeln

Wenn du vom vierten Kapitel an das Gefühl hattest, daß du das alles doch nicht so recht glauben kannst und du dich besonders für Psychologie interessierst, dann empfehle ich dir, dich zunächst eingehender mit der **Psychologie** zu beschäftigen. Hier hast du es mit einem anerkannten Wissenschaftsgebiet zu tun.

Die **Psychoanalyse** ist nur dann etwas für dich, wenn du schwerwiegende Probleme hast, mit denen du allein nicht fertig wirst. Sie kann nur von einem ausgebildeten Therapeuten durchgeführt werden.

Wenn du dich für Sigmund **Freud** interessierst, vergiß nicht, daß seine Erkenntnisse im Zusammenhang mit seiner Zeit stehen. Vieles davon ist für uns heute überholt.

Der **Behaviourismus** (Verhaltenstherapie) geht recht einseitig davon aus, daß der Mensch durch die äußeren Einflüsse geprägt wird und sein Verhalten lediglich eine Reaktion auf Umweltreize ist. Diese Methode halte ich deshalb für weniger geeignet.

Die **Humanistische Psychologie** (und besonders die **Gestalttherapie**) stellt die Selbstverwirklichung des Menschen in den Mittelpunkt. Damit spricht sie alle an und wendet sich nicht nur an den psychisch kranken Menschen.

Die Arbeit mit Büchern dieser Richtung ist eine brauchbare Methode, wenn du

- eher introvertiert bist
- sowohl die Gründe für deine Probleme durchschauen möchtest als auch praktische Anleitung suchst, was du selbst tun kannst
- schriftliche Anleitungen gut in die Praxis umsetzen kannst
- Schwierigkeiten hast, dich selbst annehmen zu können
- mehr Selbstbewußtsein entwickeln möchtest
- besser mit anderen zurechtkommen möchtest
- lernen möchtest, bewußter zu leben
- mehr Spaß am Leben haben möchtest

Literatur:
- Marion **Weber**, *Mit sich selbst in Einklang kommen. Eine Einführung in die Gestalttherapie. Mit Übungen.*
- Petra **Knapp**, *Vergiß dich selber nicht! Ich-Bejahung ist kein Egoismus.*
- Bernhard **Sieland**, *Hast du heute schon gelebt? Praxis kreativer Selbstentwicklung.*

Die **Rational-Emotive Therapie** (RET) befaßt sich mit der Verbindung von Verstand und Gefühl. Sie geht davon aus, daß ein Gefühl keineswegs als unmittelbare Reaktion auf ein Erlebnis hervorgerufen wird, sondern erst als Ergebnis einer Beurteilung dieser Erfahrung auftritt. Der Wahrnehmung (A) folgen also zunächst (meist unbewußt) die bewertenden Gedanken (B), die eine entsprechende gefühlsmäßige Reaktion auslösen. Dieser Prozeß läuft in den meisten Fällen so automatisch ab, daß man den Eindruck hat, das Gefühl stelle sich als direkte Folge auf das Erlebnis ein. Macht man sich die Gedanken (B) bewußt, kann man die Bewertung eher nach einem vernünftigen Maßstab vornehmen und damit auch lernen, sinnvoller zu reagieren.

Diese Methode kann dir helfen, wenn du

▢ zu sehr gefühlsbetont bist und manchmal den Eindruck hast, deinen Gefühlen hilflos ausgeliefert zu sein

▢ die Balance zwischen Denken und Fühlen finden möchtest

▢ dir immer wieder durch unüberlegte Reaktionen Probleme einhandelst

▢ dich schnell in Gefühle hineinsteigerst und dadurch Probleme siehst, wo eigentlich keine sind

▢ leicht aus der »Mücke« einen »Elefanten« machst

Buchempfehlung:
▢ Dieter **Schwarz**, *Gefühle erkennen und positiv beeinflussen.*

Die **Körpersprache** ist eine direkte Mitteilung des Unterbewußtseins, und oft genug stimmt sie nicht mit dem gesprochenen Wort überein. Manchmal nimmst du den Widerspruch direkt wahr, wenn dir beispielsweise jemand sagt, es sei sehr interessant, was du da erzählst, aber dabei weiter in der Zeitung blättert. In anderen Situationen kannst du dein »komisches« Gefühl dabei vielleicht nicht erklären, weil du die Haltung deines Gegenübers nicht deuten kannst.

Du könntest dich mit diesem Gebiet näher befassen, wenn du

- eher extravertiert bist
- gern mit anderen Menschen zusammen bist
- Menschen interessant findest
- verstehen möchtest, wieso du manchmal das Gefühl hast, der andere meint in Wirklichkeit etwas anderes, als er sagt
- dich selbst und andere besser verstehen möchtest
- ein Seh-Typ bist und genau beobachtest
- ein Fühl-Typ bist und mehr Körperbewußtsein entwickeln möchtest
- bei anderen besser ankommen möchtest

Literatur:
- Julius **Fast**, *Körpersprache.*
- Ursula **Gersbacher**, *Körpersprache im Beruf. Das Bewerbungsgespräch.* Mit vielen Fotos und Prüflisten.
- Anton **Stangl**, *Die Sprache des Körpers. Menschenkenntnis in Alltag und Beruf.*
- Leonard **Zunin**, *Kontakt finden: Die ersten 4 Minuten – die Brücke zum andern. Eine Kontaktschule für den Umgang mit Menschen.*

NLP (Neuro-Linguistisches-Programmieren) ist eine Methode, die davon ausgeht, daß jeder Körperausdruck mit einer bestimmten Gehirnregion verbunden ist. So drücken sich bestimmte Gedanken durch die Körperhaltung aus und werden auch wiederum von ihr beeinflußt. Da jede Erfahrung mit bestimmten Eindrücken verbunden ist (Reiz-Reaktions-Muster), kann sie auch durch entsprechende Auslöser, sogenannte Anker, wieder aktiviert werden.

Wenn du zum Beispiel bei deiner ersten Verabredung, als du auf rosaroten Wolken schwebtest, ein bestimmtes Parfüm benutzt hast, wird dieser Duft dich immer wieder an dieses Glücksgefühl erinnern. Und wenn du mal in einem Stimmungstief bist, kann ein Hauch dieses Parfüms dich da rausholen, weil dein Gehirn diesen Duft mit »Glücklichsein« verbindet.

Du kannst diese Methode nutzen, wenn du

- dein Leben ändern möchtest, aber nicht weißt, wo du anfangen sollst
- deine unbewußten Motive durchschauen möchtest
- eine einfache praktische Anleitung suchst, aus dem täglichen Trott herauszukommen
- lernen möchtest, andere besser einzuschätzen (siehe Körpersprache)

Buchempfehlung:
- Barbara **Schott**, *Andere Wege wagen: NLP – Das Psycho-Power-Programm.*

Eine **Entspannungstechnik** ist für dich gut, wenn du
- dich oft unter Druck fühlst
- viel Streß hast und lernen möchtest, wie du abschalten und dich entspannen kannst
- ein cholerischer Typ bist
- erholsamer schlafen möchtest
- oft unter Kopfschmerzen oder Rückenschmerzen leidest, weil du verspannt bist

Beim **Autogenen Training** werden die einzelnen Körperteile durch Suggestionen in einen Zustand der Schwere und Wärme versetzt, so daß sich der Körper vollkommen entspannt. Es ist eine Form der Selbsthypnose.

Wer Schwierigkeiten hat, den eigenen Körper »von innen« wahrzunehmen, arbeitet besser mit der **Progressiven Muskelentspannung**. Dabei werden zunächst die Muskeln der einzelnen Körperteile stark angespannt, so daß sie auch deutlich gespürt werden. Darauf folgt das Loslassen, und dieser Wechsel führt schließlich zur Entspannung des gesamten Körpers.

Wenn du ein **Hör**-Typ bist, kannst du gut mit Kassetten arbeiten. Du kannst sie auch selbst besprechen oder den Text von einem Freund vorlesen lassen.

Als **Fühl**-Typ bist du wahrscheinlich besser in einem Kurs (Volkshochschule) aufgehoben, wo du eine persönliche Anleitung erhältst.

Wer **visuell** orientiert ist und zum Träumen neigt, entspannt sich am besten bei einer angeleiteten Phantasiereise.

Literatur:
- Andrew **Goliszek**, *Weg mit dem Streß in 60 Sekunden! Übungen und Techniken für mehr Gelassenheit im Alltag.*
- Christiane **Brand-Hetzel**, *Autogenes Training. Die Entspannungstechnik für innere Ruhe und Gelassenheit.*
- Else **Müller**. *Du spürst unter deinen Füßen das Gras. Autogenes Training in Phantasie- und Märchenreisen.* Vorlesegeschichten.

Die Beschäftigung mit dem **Enneagramm** kann dich weiterbringen, wenn du

- Psychologie zwar interessant findest, aber nicht »esoterisch« genug
- eine Methode suchst, die gleichzeitig Hilfen zur Selbsterkenntnis und zur Weiterentwicklung bietet
- dich selbst und andere besser verstehen willst
- die tieferen Gründe für dein Wesen und dein Handeln erkennen willst
- deine Beziehungen zu anderen durchschauen und klären willst

Das Wort »Enneagramm« stammt aus dem Griechischen und bedeutet soviel wie »Neunerfigur«. Nach diesem Modell können alle Menschen neun verschiedenen Persönlichkeitstypen zugeordnet werden. Obwohl es wie ein psychologisches Modell aussieht, ist sein Ursprung vermutlich sehr alt und entstammt der Sufi-Tradition, der mystischen Richtung des Islam.

Wie alle esoterischen Modelle enthält es nicht nur Hinweise auf den Persönlichkeitskern, sondern ist auch richtungsweisend für die Entwicklung.

Wenn die Entwicklung weitergeht, wandeln sich auch die charakteristischen Eigenschaften, und damit wird ein anderer Grundtyp erreicht. Das Enneagramm zeigt die Verbindungen auf, die zwischen den neun Persönlichkeitstypen bestehen und in welche Richtung die Entwicklung gehen kann.

Jedem Typ liegt eine bestimmte Prägung in der Kindheit zugrunde, und daraus haben sich entsprechende Grundängste, Grundbedürfnisse, Tugenden bzw. Untugenden, Abwehrmechanismen usw. entwickelt.

Wenn man seinen Typ kennt und damit auch die eigenen Handlungsmotive durchschaut, kann das helfen, die richtigen Entscheidungen zu treffen. So können einem »die

Leiden erspart bleiben, deren Ursache die mangelnde Selbsterkenntnis und die daraus folgenden unklugen Handlungen sind«, wie Don Richard Riso es ausdrückt.

Inzwischen gibt es etliche Bücher zu diesem Thema. Ich empfehle dir als Einstieg: Don Richard **Riso**, *Das Enneagramm-Handbuch. Mit ausführlichem Testteil.* Es hilft dir, deinen Typ zu bestimmen.

Zur Vertiefung kannst du folgende Bücher lesen:

- ▢ Helen **Palmer**, *Das Enneagramm. Sich selbst und andere verstehen lernen.*
- ▢ Helen **Palmer**, *Das Enneagramm in Liebe und Arbeit.*

Die Abbildung zeigt dir das Enneagramm, wobei anzumerken ist, daß die Bezeichnungen für die neun Typen in den verschiedenen Büchern z. T. unterschiedlich sind.

Die Sprache des Traumes verstehen

Auch die Arbeit mit Träumen kann sowohl Elemente der Psychologie als auch der Esoterik enthalten. Während die Psychologie davon ausgeht, daß sich das Träumen im Inneren des Menschen abspielt, wird in der esoterischen Tradition ein Traum durchaus auch als Erlebnis in einer anderen Dimension gedeutet, die mit dem Astralkörper aufgesucht wird. Selbst im Sprachgebrauch klingt diese Vorstellung noch an, wenn man sagt, daß jemand beim Aufwachen »zu sich kommt«; das heißt nichts anderes, als daß er »in seinen Körper zurückkommt«.

Träume spielen für jeden Menschen eine große Rolle, und jeder Mensch träumt jede Nacht – sogar schon vor der Geburt. Daß jemand träumt, ist daran zu erkennen,

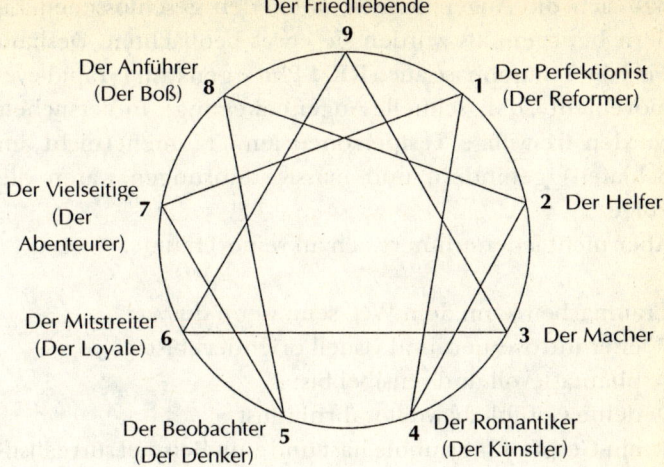

Der Friedliebende
9

Der Anführer
(Der Boß) 8

Der Perfektionist
(Der Reformer) 1

Der Vielseitige
(Der
Abenteurer) 7

2 Der Helfer

Der Mitstreiter
(Der Loyale) 6

3 Der Macher

Der Beobachter 5
(Der Denker)

Der Romantiker
(Der Künstler) 4

Das Enneagramm

daß sich die Augen schnell unter den geschlossenen Lidern bewegen, als würden sie etwas beobachten. Deshalb wird die Traumphase auch **REM**-Phase genannt (»rapid-**e**ye-**m**ovement«, d. h. schnelle Augenbewegung). In Versuchen wurden freiwillige Testpersonen am Träumen (nicht am Schlafen) gehindert, und massive Störungen waren die Folge.

Aber nicht jeder erinnert sich an seine Träume.

Traumarbeit kann dein Weg sein, wenn du

- eher introvertiert und visuell orientiert bist
- phantasievoll und sensibel bist
- deine Gefühle bewußt wahrnimmst
- ein Gespür für Symbole hast und zum Beispiel surrealistische Bilder magst
- bereit bist, sorgfältig Buch zu führen und regelmäßig deine Träume aufzuschreiben
- bereit bist, dafür den Wecker früher zu stellen, um Zeit zum Aufschreiben zu haben
- deine Gefühle und Gedanken gut ausdrücken kannst

Als einen besonderen Weg sehe ich die Traumarbeit deshalb, weil sie viel Zeit in Anspruch nimmt und Disziplin erfordert. Freud nannte den Traum den »Königsweg« zum Unterbewußtsein, und tatsächlich sind die Traumsymbole Mitteilungen des Unterbewußtseins. Da es mehr weiß als dein wachbewußter Verstand, kannst du auf diese Weise wichtige Botschaften erhalten. Je vertrauter du mit der Sprache deines Unterbewußtseins wirst, desto größer wird dann aber auch der Nutzen sein, den du daraus ziehen kannst.

Voraussetzung ist, daß du deine Träume über einen längeren Zeitraum so ausführlich wie möglich aufschreibst. Wichtig ist dabei nicht nur der Inhalt des Traumes, sondern vor allem auch das Gefühl, das du dabei hattest. Wundere dich nicht, wenn du zum Beispiel von einer Beerdigung träumst und dabei total glücklich bist. Das bedeutet nämlich, daß etwas endlich vorbei, »begraben«, ist – was, das kannst nur du selbst wissen. Aber wahrscheinlich war es etwas, das dich längere Zeit belastet hat und nun zu einem guten Ende gekommen ist.

Ein Haus ist im Traum immer das Symbol für dich selbst, wobei das Dachgeschoß für den Verstand steht und der Keller für das Unbewußte. Solltest du einmal träumen, daß du in dem Haus Zimmer entdeckst, von denen du bislang noch nichts gewußt hast, kannst du darin den Hinweis sehen, daß in dir noch ungeahnte Seiten zum Vorschein kommen wollen.

Wenn es dir schwer fällt, dich morgens an deine Träume zu erinnern, kannst du deinem Unterbewußtsein vor dem Einschlafen einen entsprechenden Befehl geben: »Ich erinnere mich leicht an meine Träume«. Wichtig ist, daß du deinen Auftrag positiv formulierst, also nicht: »Ich vergesse meine Träume nicht mehr«.

Du kannst dein Unterbewußtsein auch »programmieren«, wenn du nicht weißt, wie du dich in einer bestimmten Situation verhalten sollst, wenn du mit einem Problem nicht klarkommst und sogar, wenn du eine Idee brauchst.

Es heißt, daß August Kekulé die Struktur des Benzolrings in einer Art Traumbild im Halbschlaf sah und daß auch der Erfinder der Nähmaschine seine Entdeckung sozusagen im Schlaf machte.

Es ist sogar möglich, daß dein Traum bereits zukünftige Ereignisse vorwegnimmt (prophetische Träume oder Präkognition, d. h. Vorauswissen) oder daß du etwas erlebst, das sich woanders abspielt (Wahrträume). Das kriegst du aber nur raus, wenn du genau Buch führst (Datum nicht vergessen) und mit den Tagesereignissen vergleichst.

In einem luziden Traum (Helltraum) ist man sich der Tatsache bewußt, daß man träumt, und kann auch währenddessen über die Erlebnisse nachdenken. Wenn du oft von Alpträumen geplagt wirst, kannst du versuchen, luzides Träumen zu trainieren. Paul Tholey empfiehlt beispielsweise bei einem Verfolgungstraum, die Flucht aufzugeben und den Verfolger zu fragen: »Wer bist du?« oder »Was willst du von mir?«

Das funktioniert mit ein bißchen Übung auch. In der Zeit, als ich mich intensiv mit Träumen beschäftigte, habe ich es ausprobiert. Enttäuschend war nur, daß sich mein Verfolger nicht zu erkennen gegeben hat, sondern sich irgendwie auflöste, ohne mir eine Antwort zu geben. Die Botschaft habe ich dennoch verstanden: Es hat keinen Sinn, vor Problemen wegzulaufen. Wenn man sich ihnen stellt, merkt man (meistens), daß sie weniger schlimm sind als die Angst davor.

Ob es sinnvoll ist, das Traumgeschehen im einzelnen bewußt zu beeinflussen (was tatsächlich auch trainiert werden kann), bezweifle ich, da dann ja die Äußerungen des Unterbewußtseins unterdrückt werden. Ich halte es für besser, genau zu beobachten, was geschieht, ohne selbst einzugreifen.

Um mit deinem Unterbewußtsein in Kontakt zu kommen, mußt du aber nicht unbedingt fest schlafen.

Das ist auch während eines Tagtraums möglich oder bei einer Phantasiereise (siehe Autogenes Training).

Informationen über die Arten der Träume und mögliche Erklärungen bietet

◻ Johannes von Buttlar, *Zeitsprung. Auf der Jagd nach den*

letzten Rätseln unseres Lebens. Mit ausführlichem Literatur-
verzeichnis und Register.

Das Standardwerk:
- ☐ Ann Faraday, *Die positive Kraft der Träume*

Anleitungen:
- ☐ Gayle Delaney, *Lebe deine Träume. Eine Anleitung zum aktiven Träumen.*

Für Hör-Typen:
- ☐ Günther Feyler, *Träume – Wegweiser deines Lebens.*
- ☐ Günter Bayer und Deuter (Musik), *Phantasiereisen. Kasset-
  tenkurs mit Anleitung zur Tiefenentspannung und Selbsthei-
  lung.*

Hilfen zur Traumdeutung:
- ☐ Jürgen vom Scheidt, *Geheimnis der Träume. Wie man sie
  entschlüsseln und sich selbst besser verstehen kann.*
- ☐ Pamela Ball, *10 000 Träume. Traumsymbole und ihre Bedeutung.*
- ☐ Ernst Aeppli, *Der Traum und seine Deutung. Mit 500 Traum-
  symbolen.*

Bewußte Lebensgestaltung

Das **Positive Denken** ist eigentlich weniger ein spezieller
Weg als eine grundlegende Lebenseinstellung.
Es ist für alle sinnvoll, sich mit den Prinzipien vertraut zu
machen, ganz besonders aber für dich, wenn du

- ☐ deinem Leben eine positive Wendung geben willst

- mehr Bewußtsein (und Selbst-Bewußtsein) entwickeln willst
- mehr Vertrauen in das Leben entwickeln willst
- die Gesetzmäßigkeiten des Lebens erkennen und anwenden willst
- die Verantwortung für dein Leben übernehmen willst
- das Gefühl aufgeben willst, ein hilfloses Opfer zu sein
- die »Zufälle« des Lebens durchschauen willst
- lernen willst, wie man sich Ziele setzt und erreicht

Positives Denken heißt, die Kraft des Unterbewußtseins (siehe Kapitel 1) sinnvoll zu nutzen. Die Kraft existiert, und sie wirkt auch bei jedem. Leider nicht immer wunschgemäß. Stell dir vor, du sitzt auf einem Pferd, und es läuft einfach drauf los, mal hierhin, mal dorthin. Manchmal verhakst du dich zufällig im Zügel, dann wechselt dein Reittier entsprechend die Richtung, und du freust dich, wenn es die richtige war, und ärgerst dich, wenn du da gar nicht hinwolltest.

Erst wenn du die Zusammenhänge begriffen hast, wirst du dein Pferd genau so lenken können, wie es deinen Wünschen entspricht.

Und darum geht es.

Im neunten Kapitel habe ich erklärt, wie es kommt, daß sich ein Gedanke überhaupt verwirklichen kann. Es ist unser Glück, daß nicht jeder Gedanke buchstäblich sofort Realität wird, sondern erst eine bestimmte Intensität erreicht haben muß. Wie oft denkt man Gedanken wie diese: »Wenn ich nicht bald mal wieder aus dem Haus komme, fällt mir noch die Decke auf den Kopf!« oder »Dieser Streß bringt mich um!«

Aber auf die Dauer versteht das Unterbewußtsein keinen Spaß und befolgt auch diesen Befehl.

Es ist also wichtig zu verstehen, womit du dein Unterbewußtsein »fütterst«, weil der Output vom Input abhängt. Da deine Umwelt nur das widerspiegelt, was sich in dir abspielt, nützt es wenig, die äußeren Umstände für alles verantwortlich zu machen und sie ständig ändern zu wollen. Mach dir das noch einmal klar: Jeder Gedanke, jedes Gefühl wird von deinem Unterbewußtsein registriert – von deinem **eigenen** Unterbewußtsein. Das alles spielt sich **in dir** ab.

Stell dir vor, du hast viel für die Schule zu tun oder für eine Prüfung zu lernen, und du brauchst wirklich Ruhe. Da mäht der Nachbar wieder einmal den Rasen, und vor dem Fenster lärmen die Kinder.
Was geschieht? Du ärgerst dich.
Ganz genau: **Du** ärgerst **dich**.
Der Ärger ist **dein** Problem, in **dir** sind die Wut und die schlimmen Gedanken und Gefühle. Und selbst wenn du einen anderen beschimpfst, bist **du** der Urheber dieser Worte. Jeder Ärger, jeder haßerfüllte Gedanke, jedes Gefühl von Neid und Eifersucht und Rache, jede negative Regung ist wie ein Tropfen Gift, der zunächst einmal **in dir selbst** zur Wirkung kommt, nicht in dem, dem er gilt.

Was Vergebung bewirkt

Jesus sagte: »Und wenn ihr beten wollt und ihr habt einem anderen etwas vorzuwerfen, dann vergebt ihm, damit auch euer Vater im Himmel euch eure Verfehlungen vergibt.« (Markus 11,25).
Anders formuliert heißt das: Nur wenn du anderen vergibst, wirst du frei von den negativen Gefühlen, die in dir sind und durch die du dich abtrennst von allem Guten, das in dir wirken könnte.

Es geht nicht anders – du mußt schon bei dir selbst anfangen.

Im täglichen Leben bedeutet das aber, auf das beliebte Spielchen zu verzichten, bei dem es immer heißt: »Der hat ja auch …« und »Aber du …«

Mach dir bewußt: Kein Unrecht kann dadurch wieder gutgemacht oder auch nur entschuldigt werden, weil andere das gleiche tun! Wenn jemand seinen Haß auf Andersartige ablädt, weil er einen Sündenbock für seine eigenen Probleme braucht, ist das sein Haß. Wenn du dich anschließt, machst du den Haß zu deinem eigenen. Er schadet dir deshalb nicht weniger. Und für deine Taten bist nur **du allein** verantwortlich, ganz gleich, ob es deine eigene Idee war oder ob du nur Mitläufer warst.

Ich weiß, daß es sicher eine der schwersten Übungen ist, auf Vorwürfe angemessen zu reagieren. Aber wenn du dir bewußt machst, was dabei abläuft, wird es dir leichter fallen, den goldenen Mittelweg zu finden und dich weder zum Sündenbock abstempeln zu lassen noch mit gleicher Münze – sprich mit Aggression – heimzuzahlen.

Der Vorwurf, das Schimpfwort, das jemand äußert, ist ja zunächst einmal nur dessen eigenes Problem, das er loswerden will. Sobald du aber mit demselben Ärger reagierst, hast du – bildlich gesprochen – den Ball aufgefangen, den er dir zugeworfen hat, und damit sein Problem zu deinem eigenen gemacht.

Eine Geschichte erzählt, daß Buddha einen Mann, der ihn beschimpfte, fragte: »Wenn jemand es ablehnte, ein Geschenk anzunehmen, wem würde es dann wohl gehören?« Der Mann antwortete: »Nun, dem, der es angeboten hat.« Darauf erwiderte Buddha: »Siehst du, und deshalb lehne ich es auch ab, deine Kränkungen anzunehmen.«

Ein Beispiel aus dem Alltag:

Du gehst die Straße entlang und rempelst aus Versehen jemanden an. Der putzt dich sofort runter: »Du Idiot! Bist du blind? Kannst du denn nicht besser aufpassen, wo du hinläufst?«

Natürlich steigt die Wut in dir hoch.

Wenn du cholerisch bist, schimpfst du wahrscheinlich zurück: »Wieso ich! Du machst dich doch hier so breit, daß man nicht an dir vorbeikommt!«

Wenn der andere allerdings so aussieht, als würde er gleich sein Messer ziehen, versuchst du eher, ihn zu beschwichtigen: »Schon gut, tut mir echt leid, war ja nicht mit Absicht.« Aber deine Wut wird dadurch nur noch schlimmer, weil du dich unterlegen fühlst.

Wenn du selbstbewußt bist, wirst du zum einen auf den Inhalt, zum anderen aber auch auf die Art des Vorwurfs reagieren.

Tatsache ist: Du hast den anderen angerempelt, wenn auch nicht mit Absicht. Dafür kannst du dich entschuldigen.

Die Art des Vorwurfs zeigt aber, daß es nicht um das Anrempeln geht, sondern darum, dich herabzusetzen. Und auch darauf kann man ruhig reagieren: »Warum bist du darüber denn so verärgert?« oder »Gibt es einen Grund dafür, daß du mich so runterputzt?« oder »Es war nicht mit Absicht; deshalb brauchst du mich nicht so anzumachen.«

Und wenn du auf deinem Weg schon ziemlich weit bist, wirst du dir überlegen, warum er wohl auf eine solche heftige Art reagiert hat: Hat er Probleme? Hat er gerade selbst erlebt, wie er fertiggemacht wurde? Fühlt er sich selbst ständig anderen unterlegen?

Wenn du dir bei einer Konfrontation erst einmal klarmachst, daß es der andere ist, der ein Problem hat, wird es dir leichter fallen, gelassener zu reagieren.

Das darf aber auf keinen Fall zu der Haltung führen: »Das ist doch sein Problem, was geht mich das an?« Das würde nur die Fronten verhärten.

Verständnis ist der Schlüssel im Umgang mit anderen. Du kannst es auch Liebe nennen.

Jeder Schritt auf dem Weg zu dir selbst ist immer auch ein Schritt auf den anderen zu.

Wenn es dir darum geht,
- besser mit anderen zurechtzukommen und
- dich selbst dabei auch von negativen Gefühlen zu befreien,

empfehle ich dir die folgenden Bücher:
- Gerald G. **Jampolsky**, *Lieben heißt die Angst verlieren* und *Die Kunst zu vergeben. Der Schlüssel zum Frieden mit uns selbst und anderen.*
- Michael **Saathen**, *Ein Hauch von Himmel. Einladung, sich selbst und andere zu lieben.*

Wie du dich vor negativen Einflüssen schützen kannst

Was auf der Ebene der äußeren Erscheinungen zutrifft, gilt natürlich auch für alle anderen Ebenen.

Du weißt, daß du mit zunehmender Sensibilität auch mehr von den unausgesprochenen Gedanken und Gefühlen anderer aufnehmen kannst. Das kann, wie gesagt, anstrengend und verwirrend sein. Du spürst beispielsweise, wie Angst in dir hochsteigt (du hast ja bereits gelernt diese »komischen« Gefühle zu identifizieren – siehe Seite 201–202), und du fragst dich verwundert, woher sie wohl kommt. Es kann eine Vorahnung und eine Warnung sein, es ist aber auch möglich, daß du die Gefühle eines anderen empfangen hast und sie für deine eigenen hältst.

Gefühle sind ansteckend, und das gilt in besonderem Maße für die negativen. So entstehen Massenpanik und Aufstände. Es hat immer Volksverhetzer gegeben, die sich das zunutze gemacht und bestimmte Gefühle geschürt haben.

Aber auch ein Hitler hat nur deshalb so viel Macht erlangen können, weil die Menschen bereit waren, sie ihm zu geben. Er hat nichts hervorrufen können, was nicht bereits da war, sei es offen und bewußt oder verborgen und unbewußt. Jeder Versuch einer Beeinflussung geht ins Leere und kann nichts bewirken, wenn keine Resonanz da ist. Und selbst wenn man spürt, daß im eigenen Inneren etwas angesprochen wird und mitschwingt, liegt es doch an jedem selbst, ob er dem Impuls nachgibt oder nicht.

Die Entscheidung zum Handeln kann – und muß – jeder selbst treffen.

Wenn dir jemand eine Zigarette anbietet, kannst du ablehnen, weil du weißt, daß Rauchen dir schadet.

Und wenn dir jemand Haß oder Angst »anbietet«, kannst du ebenfalls ablehnen.

Ich weiß, wie schwer es ist, sich nicht mit runterziehen zu lassen, wenn jemand in der Umgebung sein Gift verspritzt oder düstere Stimmung verbreitet. Sich nur zu wehren reicht nicht aus. Wenn du »dicht« machst, schottest du dich auch gegen positive Einflüsse ab.

Die einzige Möglichkeit, sich dagegen zu schützen, ist, den negativen Einflüssen etwas Positives entgegenzusetzen.

Es kann hilfreich sein, wenn du dir intensiv vorstellst, daß du von einer Hülle aus Licht umgeben bist, an der alles Dunkle abprallt. Tatsächlich zeigt sich immer wieder, daß auf diese Weise die negativen Schwingungen auf den zurückgeworfen werden, der sie ausgesandt hat.

Ein chinesisches Sprichwort sagt: »Es ist besser eine Kerze anzuzünden, als über die Dunkelheit zu klagen.«

Es hat keinen Sinn, darauf zu warten, daß die anderen sich bessern. Denn die Dunkelheit, die du wahrnimmst, ist auch in dir selbst: Haß, Neid und Ärger sind es, die deine Wahrnehmung verfinstern. Zünde selbst eine »Kerze« an, indem du anfängst, das Dunkle durch positive und helle Gefühle zu ersetzen. Wenn **du** auch nur einen Schritt in diese Richtung tust, ist die Dunkelheit der gesamten Menschheit um diesen Schimmer heller geworden.

Vergiß auch nicht, daß sich jede Gefühlsregung zunächst in deiner Vorstellung abspielt. Wenn du vor etwas Angst hast, besteht die Situation, die du fürchtest, erst einmal nur in deiner Vorstellung.

Ein Beispiel: Du wirst nachts wach, weil du ein Geräusch gehört hast. Was denkst du?

»Ein Einbrecher!« – und schon bist du hellwach und in Panik. (Natürlich kannst du auch Gespenster, Ratten oder Außerirdische erwarten und fürchten.)

Du kannst aber auch denken: »Das war wohl die Katze« oder: »Meine Eltern kommen zurück« und ruhig weiterschlafen. Oder du kannst aufstehen und nachsehen.

Denn all diese Gedanken und Gefühle haben nicht unbedingt etwas mit der Wirklichkeit zu tun. So handeln, wie die Situation es erfordert, kannst du deshalb eigentlich erst, wenn du genau **weißt**, was los ist. Viel Leid und Unglück entsteht aus solchen Mißverständnissen, wenn Leute blind auf das reagieren, was sie für die Wahrheit halten.

Das ist auch der Stoff, aus dem Kitschromane und Filme gemacht werden: Er verschweigt ihr etwas, sie denkt, er hintergeht sie, und bevor sich dann herausstellt, daß alles nur aus Liebe geschah, hat es eine Menge Tränen und Verzweiflung gegeben. Und der ganze Krampf wäre völlig überflüssig gewesen, wenn jeder mit offenen Karten gespielt und dem anderen nicht die eigenen schlechten Gedanken unterstellt hätte.

Kennst du die Geschichte von dem Mann, der sich von seinem Nachbarn eine Leiter ausleihen will?
Er wohnt ein Stück entfernt und deshalb hat er Zeit, unterwegs seinen Gedanken nachzuhängen: »Was ist, wenn er nein sagt?« Ihm fallen tausend Gründe dafür ein, und er steigert sich derart hinein, daß er schließlich völlig überzeugt ist, daß der Nachbar ihm eine Abfuhr erteilen wird. Endlich beim Nachbarhaus angekommen, schreit er den völlig ahnungslosen Nachbarn an: »Wenn Sie mir nicht helfen wollen, dann lassen Sie es doch bleiben! Behalten Sie bloß Ihre blöde Leiter!«
Mal ehrlich, passiert es dir nicht auch hin und wieder, daß du dich über Sachen aufregst, die noch gar nicht sicher sind?

Wenn du

☐ dazu neigst, dir übertrieben Sorgen zu machen
☐ zum Pessimismus neigst
☐ dich schnell in Ängste hineinsteigerst,

dann empfehle ich dir den Klassiker des Positiven Denkens von Dale **Carnegie**, *Sorge dich nicht – lebe!*

Angst hat im Grunde eine lebensnotwendige Funktion, denn sie kann dich vor Schaden bewahren. Wenn du Angst hast, einen Löwenkäfig oder eine stark befahrene Straße zu betreten, ist das sinnvoll und nur zu deinem Besten.
Aber dein Unterbewußtsein macht keinen Unterschied zwischen einer realen Bedrohung und einer eingebildeten

Angst. Das Gehirn bekommt die Meldung »Alarm!«, das Streßhormon Adrenalin wird ausgeschüttet und kurbelt die Leistungsfähigkeit des Körpers an. Das Herz pumpt verstärkt Blut und Sauerstoff in alle Körperteile und macht dich bereit zur Flucht.

Und dabei sitzt du in Wirklichkeit völlig sicher auf dem Sofa und verfolgst nur einen spannenden Film.

Die Psychologen behaupten zwar, solche Filme wären ein wichtiges Ventil, um auf harmlose Weise Aggressionen abzubauen. Ich bin da aber anderer Meinung.

Zum einen stumpfen auf die Dauer die Sinne ab. Im allgemeinen ist Angst nur eine Ausnahmesituation. Wenn das Gehirn zu oft eine Alarmmeldung erhält, nimmt es sie bald nicht mehr ernst. Deshalb muß der »Stoff« immer stärker sein, um noch ein Prickeln auszulösen. Die Videos werden immer brutaler – und nicht selten kann dann nur noch die Wirklichkeit eine Steigerung bieten. Aber im Extremfall wird selbst das echte Leiden und Sterben eines Menschen mit derselben unbeteiligten Haltung betrachtet wie eine Filmszene.

Andererseits werden so auch Ängste geweckt. Wer sich jeden Tag mit den schlimmsten Greueltaten vollpumpt – die täglichen Nachrichten reichen da schon aus –, sieht bald auch in jedem Menschen nur noch einen Verbrecher. Jemand ist freundlich? Alles nur Tarnung. Er bietet Hilfe an? Nur ein Vorwand.

Wenn die Gedanken aber ständig um Angst und Verbrechen kreisen, sammeln sie genau diese Art von Energie – bis sie irgendwann tatsächlich Wirklichkeit werden.

Kein Mensch würde freiwillig etwas Vergiftetes essen oder sich mit verdorbener Nahrung vollstopfen. Was du an geistiger »Nahrung« zu dir nimmst, beeinflußt dein Wohlergehen aber genauso. Auch die sogenannte »kritische« Literatur, die Mißstände anprangert, kann auf die Dauer genauso schädlich sein wie Horror-Videos – vielleicht noch mehr, weil es dabei um reale Bedrohungen geht.

Hermann **Hesse** stellte schon zu seiner Zeit fest: »Es fehlt nicht an Autoren, deren Verzweiflung an unserer Zeit und deren Angst vor dem Chaos echt ist. Es fehlt aber an solchen, deren Glaube und Liebe ausreicht, sich selber über dem Chaos zu halten.«

Und deshalb halte auch ich es für wichtig, sich nicht von dem allgemeinen Pessimismus anstecken zu lassen, sondern sich statt dessen mit dem zu beschäftigen, was Mut macht und Hoffnung gibt.

Es steht ja bereits im Buch Hiob: »Was mich erschreckte, das kam über mich, wovor mir bangte, das traf mich auch.« (Hiob 3,25)

Dieselbe Kraft, die das bewirken kann, kann aber auch positiv eingesetzt werden. Es liegt allein an dir, wofür du dich entscheidest. Jesus Sirach sagt: »Der Mensch hat Leben und Tod vor sich; was er begehrt, wird ihm zuteil«, denn Gott hat den Menschen »der Macht der eigenen Entscheidung überlassen« (15,17; 15,14).

Positives Denken und biblische Weisheiten

Wenn du

◌ als Christ nicht sicher bist, ob sich das alles mit deinem Glauben vereinbaren läßt

◌ den Eindruck hast, daß es sich dabei um esoterischen Humbug handelt,

dann kannst du die **Grundsätze des Positiven Denkens** auch in der Bibel nachlesen, denn Jesus selbst hat versucht, sie den Menschen nahezubringen:

Mach dir keine unnötigen Sorgen!

»Wer von euch kann mit all seiner Sorge sein Leben auch nur um eine kleine Zeitspanne verlängern? Wenn ihr nicht einmal etwas so Geringes könnt, warum macht ihr euch dann Sorgen um all das übrige?« (Lukas 12, 25 und 26); *»Sorgt euch also nicht um morgen, denn der morgige Tag wird für sich selbst sorgen.«* (Matthäus 6,34)

Strebe nach Wahrheit und Liebe, dann ziehst du alles an, was du brauchst.

»Euch muß es zuerst um sein Reich und um seine Gerechtigkeit gehen; dann wird euch alles andere dazugegeben.« (Mat. 6,33)

Warte nicht untätig darauf, daß etwas geschieht, sondern äußere deine Wünsche und trage deinen Teil dazu bei.

»Bittet, dann wird euch gegeben; sucht, dann werdet ihr finden; klopft an, dann wird euch geöffnet.« (Matthäus 7,7)

Es geht nicht darum, irgendwelche Vorschriften zu befolgen, sondern um das, was du wirklich denkst und fühlst.

»Nichts, was von außen in den Menschen hineinkommt, kann ihn unrein machen, sondern was aus dem Menschen heraus- kommt, das macht ihn unrein. Denn von innen, aus dem Herzen der Menschen, kommen die bösen Gedanken, Unzucht, Diebstahl, Mord, Ehebruch, Habgier, Bosheit, Hinterlist, Ausschweifung, Neid, Verleumdung, Hochmut und Unvernunft.« (Markus 7,15 und 21–22)

Die äußeren Verhältnisse werden von dem bestimmt, wie es in dir aussieht.

»Achte also darauf, daß in dir statt Licht nicht Finsternis ist. Wenn dein ganzer Körper von Licht erfüllt und nichts Finsteres in ihm ist, dann wird er so hell sein, wie wenn die Lampe dich mit ihrem Schein beleuchtet.« (Lukas 11,35 und 36); *»Jeden Baum erkennt man an seinen Früchten: Von den Disteln pflückt man keine Feigen, und vom Dornstrauch erntet man keine Trauben. Ein guter Mensch bringt Gutes hervor, weil in seinem Herzen Gutes ist; und ein böser Mensch bringt Böses hervor, weil in seinem Herzen Böses ist.«* (Lukas 6,44 und 45)

Glaube fest an die Erfüllung deiner Wünsche.

»Alles, worum ihr betet und bittet – glaubt nur, daß ihr es schon erhalten habt, dann wird es euch zuteil.« (Markus 11,24)

Sei beharrlich, bis du dein Ziel erreicht hast.

»Jesus sagte ihnen durch ein Gleichnis, daß sie allzeit beten und darin nicht nachlassen sollten.« (Lukas 18,1)

Was in der Bibel »Herz« genannt wird, würden wir als Unterbewußtsein bezeichnen. Deshalb heißt es in den Sprichwörtern: »Mehr als alles hüte dein Herz; denn von ihm geht das Leben aus.«

Immer wieder wird auch von der Macht der Worte gesprochen: »Alles ist durch das Wort geworden, und ohne das Wort wurde nichts, was geworden ist.« (Johannes 1,3)

»Denn wie der Regen und der Schnee vom Himmel fällt und nicht dorthin zurückkehrt, sondern die Erde tränkt und sie zum Keimen und Sprossen bringt, so ist es auch mit dem Wort, das meinen Mund verläßt: Es kehrt nicht leer zu mir zurück, sondern bewirkt, was ich will, und erreicht all das, wozu ich es ausgesandt habe.« (Jesaja 55,10 und 11)

Wenn du

- ☐ dich für die Bibel als Weisheitsbuch interessierst,
- ☐ auf diesem Weg den christlichen Glauben (neu) entdecken möchtest,
- ☐ gern Fallgeschichten liest über Leute, denen das Positive Denken geholfen hat,

empfehle ich dir die Bücher von Norman Vincent **Peale**, Dr. Joseph **Murphy** und Catherine **Ponder**.

Wie du dein Unterbewußtsein programmieren kannst

Was in deinem Leben sichtbar in Erscheinung treten soll, muß zunächst einmal fest in deinem Unterbewußtsein verankert sein. Alte negative Programmierungen kannst du nur auflösen, wenn du sie durch neue positive ersetzt und damit löschst. Das erreichst du, indem du dir bewußt machst, was du eigentlich willst. Das hört sich leichter an, als es ist, denn die meisten Menschen wissen zwar genau, was ihnen alles **nicht** paßt, haben aber keine Ahnung, was sie statt dessen lieber hätten. Aber wenn du ein Ziel erreichen willst, mußt du schon konkrete Vorstellungen haben. Du kannst auch nicht bei einem Versandhaus anrufen und einfach sagen: »Ich möchte gern einen Pullover.«

Wenn du

- ☐ noch keine klaren Zielvorstellungen hast,
- ☐ Schwierigkeiten hast, dein Ziel genau zu beschreiben,
- ☐ noch wenig Vertrauen in diese Methode hast,

dann empfehle ich dir das Buch von Raymond **Hull**, *Alles ist erreichbar. Erfolg kann man lernen.*

Dann mußt du dein Unterbewußtsein in einen programmierbaren Zustand versetzen, indem du dein Bewußtsein nach innen lenkst, alle störenden Einflüsse ausschaltest und dich entspannst (zum Beispiel mit Autogenem Training).

Es gibt verschiedene Methoden (und verschiedene Namen dafür), wie du deinem Unterbewußtsein dann das Erwünschte einprägen kannst:

Selbsthypnose

*Dabei arbeitest du mit bestimmten Suggestionen, die immer im gleichen Wortlaut wiederholt werden. Wichtig ist, daß du deine Wünsche **positiv** formulierst. Ein Satz wie »Ich möchte nicht mehr allein sein« verfestigt eher den unerwünschten Zustand. Streiche alle Wörter wie keine, nie, nicht usw. und sage statt dessen, was du willst: »Ich wünsche mir einen liebevollen Partner.«*

Affirmationen (Bekräftigungen, Bejahungen)

*Das sind ebenfalls in Worte gefaßte Befehle an das Unterbewußtsein, aber sie werden so formuliert, als seien sie bereits verwirklicht (siehe auch die Bibelstelle: »– glaubt nur, **daß ihr es schon erhalten habt**«).*

Sie werden so lange wiederholt, bis du dich tatsächlich so fühlst, als wäre dein Wunsch schon Wirklichkeit.

Affirmationen können auch allgemein gehalten sein, um das Lebensgefühl zu steigern, zum Beispiel »Alles in meinem Leben entwickelt sich jetzt zum Guten.«

Kreatives Visualisieren (bildliches Vorstellen)

Male dir dabei das, was du dir wünschst, in allen Einzelheiten aus. Diese Methode eignet sich besonders für Seh-Typen. Du kannst dir auch ein Bild malen oder zusammenkleben und immer wieder ansehen, bis es sich deinem Unterbewußtsein eingeprägt hat.

Mentales Training
(geistiges, gedankliches Training)
Das ist eigentlich auch nichts anderes als eine Form der Selbsthypnose. Dabei wird »im Geiste« der angestrebte Ablauf einer bestimmten Tätigkeit geübt. Sportler, die neben dem normalen Training auch mental trainieren, bestätigen die Wirksamkeit dieser Methode.

Gebete
Wenn du eher an die Erfüllung deines Wunsches glauben kannst, indem du dir vorstellst, daß dir jemand hilft, kannst du deine Bitte auch an Gott, den unendlichen Geist, an Jesus, Maria oder einen Heiligen richten (siehe auch »Wegbegleiter«, Seite 317).

Bei allen Methoden ist es ausschlaggebend, daß du nicht nur Worte herunterleierst, sondern mit ganzem Herzen dabei bist. Das, was du dir wünschst, muß in deiner Vorstellung so lebendig, so echt sein, daß sich auch alle Gefühle so einstellen, als würdest du es wirklich erleben. Und du mußt Geduld haben. Es geht nicht immer von heute auf morgen.
Eine Warnung darf an dieser Stelle nicht fehlen.
Überlege dir immer ganz genau, was du dir wünschst – es könnte in Erfüllung gehen! Ich habe es mehr als einmal erlebt, daß sich Wünsche erfüllten, die längst keine mehr waren. Das kann manchmal sogar unangenehm sein, in jedem Fall ist es Energieverschwendung.

Ich kann mir gut vorstellen, daß du denkst: Wenn das so einfach ist, warum gibt es dann überhaupt noch unglückliche Menschen?

Das hat mehrere Gründe.

Erstens befassen sich die meisten gar nicht damit. Entweder kennen sie die Methoden nicht oder halten sie für Quatsch.

Zweitens haben viele einfach nicht genügend Ausdauer und Vertrauen, so daß sie aufgeben, bevor sich der Erfolg einstellt.

Drittens neutralisieren sie oft durch ihre Zweifel das wieder, was sie eben noch bejaht haben. Das passiert vor allem dann, wenn der Wunsch für das Empfinden »eine Nummer zu groß« ist. Zwar sind dem Unterbewußtsein keine Grenzen gesetzt, aber dennoch wird es dir schwer fallen, an die Erfüllung solcher Wünsche zu glauben, die dein Verstand für »unmöglich« hält.

Viertens streben viele krampfhaft etwas wider besseres Wissen an und sind dann unglücklich, **weil** sie es bekommen haben. Oder weil sie es auf eine Art bekommen haben, die ihnen nicht zusagt.

Fünftens werden die Wünsche bisweilen auf eine Art erfüllt, die nicht als Wunscherfüllung akzeptiert wird. Das geschieht häufig dann, wenn der Wunsch nicht deutlich genug war. Wenn du dir wünschst, im Lotto zu gewinnen und dann einen Dreier hast, akzeptierst du das wahrscheinlich nicht als Erfüllung, weil du mehr erwartet hattest.

Sechstens vergessen viele, ihren Wunsch auch loszulassen. Wenn deine Gedanken nur noch darum kreisen, wann es denn endlich so weit ist, verhinderst du damit gerade seine Verwirklichung. Eine Bestellung muß man auch abschicken und dann zuversichtlich und gelassen die Lieferung erwarten können. Merke: »Ungeduldig ist nur, wer sich über die Wirksamkeit seines Tuns nicht absolut sicher ist.«

Siebtens meinen viele, daß es reicht, wenn man sich ab und zu hinsetzt und positiv denkt. Aber wenn du dir beispielsweise einen Partner wünschst, kannst du nicht erwarten, daß er plötzlich an deiner Tür klingelt.

Kennst du die Geschichte von dem Mann, der immer betete: »Lieber Gott, laß mich in der Lotterie gewinnen!«?

Jahrein, jahraus betet er voller Inbrunst, bis endlich eine Stimme von oben kommt: »Gib mir eine Chance – kauf dir endlich ein Los!«

Positives Denken ebnet dir den Weg und öffnet dir Türen, aber weitergehen mußt du selbst.

Achtens gibt es dabei eine Hürde, die mir selbst lange zu schaffen gemacht hat, bis ich die Erklärung dafür fand.

Als ich zum ersten Mal mit dem Positiven Denken in Berührung kam, war das für mich wie eine Offenbarung. Es war einfach großartig. Ich spürte diese Kraft in mir, und ich war überzeugt, von nun an alle Probleme meistern zu können. Und dann passierte etwas Merkwürdiges: Plötzlich ging alles nur noch schief. Da tauchten Probleme auf, mit denen ich nie gerechnet hatte, und wenn ich voller Zuversicht den Erfolg erwartete, trat das Gegenteil ein. Meine Stimmung sank in den Keller, und nach einer Phase der Enttäuschung und Verständnislosigkeit wurde ich sauer.

»So ein Blödsinn«, dachte ich, »das funktioniert doch alles gar nicht.«

Irgendwann, Monate oder Jahre später, machte ich einen neuen Versuch – mit dem gleichen Ergebnis: Erfolg, Begeisterung und dann der Absturz. Ich konnte das nicht begreifen, bis ich in dem Buch *Kraftzentrale Unterbewußtsein* von Erhard **Freitag** die Erklärung fand. Obwohl er sich dabei auf die Hypnosetherapie bezieht, ist der Effekt der gleiche. Er schreibt: »Was Sie sofort erreichen in Ihrer Lebensbatterie, ist das Umschalten von Minus auf Plus, von »Abladen« zu »Aufladen«. Dann aber ist Ihre Geduld gefordert. [...] Die Gewohnheit wehrt sich gegen die neue aufbauende Kraft. Die alten Denkschablonen und eingenisteten Schwächen werden aufgewirbelt.«

Wenn du also nach Anfangserfolgen plötzlich auf Schwierigkeiten stößt, laß dich nicht entmutigen! Es ist, so paradox das klingen mag, ein positives Zeichen. Auch bei Krankheiten gibt es diese Krisen, die der Heilung vorausgehen.

Und **neuntens** verläuft ohnehin alles im Leben im rhythmischen Auf und Ab. Ein Leben ohne Höhen und Tiefen ist auch gar nicht wünschenswert, weil dabei keine Entwicklung möglich ist (siehe auch »Im Einklang mit den Rhythmen des Lebens«).

Ich gebe zu, daß ich in Krisenzeiten ebenso niedergeschlagen bin wie du wahrscheinlich auch, aber hinterher erkenne ich meistens, um was es ging und was ich dabei lernen sollte. Nach der Talfahrt geht es **immer** wieder aufwärts, und zwar jedesmal ein Stück höher als vorher. Es ist eine ganz spannende Angelegenheit, was dann wohl als nächstes kommt.

Ich habe häufig erlebt, daß ich das nicht erhalten habe, was ich mir gewünscht hatte – nur um dann etwas viel Besseres zu bekommen. Während des Studiums war ich einmal auf Zimmersuche, und auf dem Weg zu der angegebenen Adresse wünschte ich mir so sehr, dieses Zimmer zu bekommen – vergebens, denn es war schon vermietet. Dafür bekam ich kurz darauf ein Zimmer zu viel besseren Bedingungen und bei einer sehr netten Familie.

Damals habe ich mir gesagt: »Alles, was geschieht, geschieht zu meinem Besten.« Daß das eine Affirmation ist, habe ich da allerdings noch nicht gewußt.

Wenn du vertrauensvoll und gelassen abwarten kannst, ohne deinem Unterbewußtsein Vorschriften zu machen, wie das alles zu passieren hat, wirst du die erstaunliche Entdeckung machen, daß es am besten weiß, was für dich gut ist.

Zum Erfolg gibt es nun mal keinen Lift. Wir müssen schon die Treppe nehmen und Stufe um Stufe weitergehen.

Die folgenden Bücher können dir ein »Treppengeländer« sein:

- Shakti **Gawain**, *Stell dir vor. Kreativ visualisieren.* Dazu gibt es auch eine Kassette.
- Erhard **Freitag**, *Kraftzentrale Unterbewußtsein* und andere Titel
- Terry **Cole-Whittaker**, *Träume werden wahr.*
- John-Roger und Peter **McWilliams**, *Wie man seine Träume verwirklicht. Die Macht des positiven Denkens.*

Im Einklang mit den Rhythmen des Lebens

Alles im Leben unterliegt der Wandlung. Nichts ist stetig. Du kannst in der Natur beobachten, daß sich alles ständig verändert, und zwar in einem bestimmten, sich immer wiederholenden Rhythmus. Die Jahreszeiten folgen aufeinander, wechseln sich ab, ebenso Tag und Nacht, Ebbe und Flut, die Mondphasen und so weiter.

Auch der Körper des Menschen unterliegt bestimmten rhythmischen Veränderungen. Ganz deutlich zeigt sich das am monatlichen Zyklus der Frau, aber es vollziehen sich auch Veränderungen, die nicht so offensichtlich sind. Unbemerkt erneuern sich die Zellen, alte sterben ab und neue bilden sich, und du nimmst es höchstens wahr, wenn eine Störung auftritt, beispielsweise bei übermäßiger Schuppenbildung oder schlecht heilenden Wunden.

Es ist deshalb völlig natürlich, daß auch das Schicksal Schwankungen unterliegt, Höhen und Tiefen aufweist und nicht geradlinig verläuft. Alles, was existiert, sind ja Schwingungen, und Schwingung ist Bewegung und Veränderung. Stillstand wäre gleichbedeutend mit Nicht-Sein, denn selbst der Tod ist lediglich ein veränderter Schwingungszustand.

Das Leben annehmen heißt dann aber auch, die Veränderungen als selbstverständlich anzusehen, nicht als Störung, sondern als stetige Weiterentwicklung.

Es kann dir helfen, dich mit den Rhythmen des Lebens zu beschäftigen und im Einklang damit zu leben, wenn du

- lernen willst, Veränderungen anzunehmen
- dich dem Schicksal nicht mehr ausgeliefert fühlen willst
- einen festen Halt suchst, um dich nicht mehr treiben zu lassen
- mehr Vertrauen in das Leben und seine Prozesse gewinnen willst
- deinem Leben mehr Struktur geben möchtest
- Zeiteinteilung als hilfreich empfindest
- genügend Disziplin hast (oder lernen willst), um dich nach einem Plan zu richten
- bereit bist, dich selbst zu beobachten und darüber Buch zu führen

So wie ein Surfer das Kommen und Gehen der Wellen für sich nutzt, kannst du auch lernen, mit den Höhen und Tiefen des Lebens umzugehen und dich entsprechend darauf einzustellen.

Dazu mußt du wissen, daß jeder Mensch nicht nur den äußeren Wechseln unterliegt, sondern daß sein Körper, seine Gefühle und sein Denken einem ganz individuellen Rhythmus gehorchen, der mit dem ersten Atemzug beginnt, dem **Biorhythmus**.

Diese Zyklen sind von unterschiedlicher Dauer. Der Körperzyklus ist mit 23 Tagen der kürzeste, wobei er sich 11,5 Tage im Hoch befindet und dann für denselben Zeitraum ins Tief wechselt. Das gilt entsprechend für den seelischen Rhythmus (28 Tage) und den geistigen Rhythmus (33 Tage). Die kritische Zeit muß nicht unbedingt das Tief sein, sondern liegt eher in dem Zeitraum des Wechsels.

Da der seelische Rhythmus aus vier mal sieben Tagen (vier Wochen) besteht, findet der Wechsel alle vierzehn Tage statt, und zwar genau an dem Wochentag, an dem du geboren wurdest. Achte einmal darauf, ob du an diesen Tagen eine Veränderung in deinem Gefühlsleben feststellst.

Nicht jeder spürt allerdings gleichermaßen die Veränderungen, die in ihm vorgehen, sondern es gibt eine mehr oder weniger ausgeprägte Rhythmusempfindlichkeit.

In jedem Falle ist es sinnvoll, zunächst unvoreingenommen das eigene Befinden zu notieren und mit dem Biorhythmus zu vergleichen, bevor du deine Planung danach ausrichten kannst.

Das gilt ebenso für die Rhythmen in der Natur, denen du ja auch unterliegst.

Daß der **Mond** direkt den Menschen beeinflußt, ist altbekannt und wird durch neue wissenschaftliche Forschungsergebnisse untermauert.

Man kann vier Mondphasen unterscheiden: Neumond, zunehmenden Mond, Vollmond und abnehmenden Mond.

Ganz allgemein kann man sagen, daß der Neumond einem Neubeginn entspricht, während der Vollmond einen Höhepunkt darstellt. Zunehmender Mond bedeutet Aufbauen und ist wie Einatmen, abnehmender Mond ist Ausatmen und Loslassen.

Welchen Einfluß das auf dich hat, kannst du nur durch Beobachten herausbekommen; es gibt da keine allgemein gültigen Regeln. Ich habe zum Beispiel festgestellt, daß meine stärkste Phase bei abnehmendem Mond ist; wahrscheinlich hat es etwas damit zu tun, daß ich mich dann tatsächlich bis an meine Grenzen verausgaben kann, während meine Kräfte bei zunehmendem Mond gespeichert werden und deshalb nicht voll zur Verfügung stehen.

Der Mond durchläuft während eines Monats aber auch die Tierkreiszeichen und hält sich in jedem für einige Tage auf. Den Mondstand zu kennen ist wichtig im Hinblick auf die Gesundheit. Jedem Tierkreiszeichen werden nämlich bestimmte Körperregionen zugeordnet, die in der entsprechenden Zeit besonders angesprochen werden, wobei jeder Einfluß, ob gut oder schlecht, entsprechend verstärkt wirkt. Operations- oder Zahnarzttermine nach dem Mondkalender festzulegen ist deshalb empfehlenswert.

Wenn du dich näher damit befassen willst, empfehle ich dir folgende Bücher:

○ Johanna **Paungger** und Thomas **Poppe**, *Vom richtigen Zeit-punkt. Die Anwendung des Mondkalenders im täglichen Leben.*

○ dies., *Aus eigener Kraft. Gesundsein und Gesundwerden in Harmonie mit Natur- und Mondrhythmen.*

Es gibt dazu auch einen Abreißkalender, der dir jeden Tag einen Überblick über die fördernden und hemmenden Einflüsse gibt.

○ Ute **York**, *Mondzeit. Ein praktischer Ratgeber zur Nutzung der geheimnisvollen Kräfte des Mondes.*

Die Sonne im Tierkreis

Wie du schon im Kapitel 6 gesehen hast, wird die Zeitquali-tät auch durch den Stand der Sonne in den Tierkreiszeichen bestimmt. Ganz allgemein kann man sagen, daß die jeweili-gen Kräfte zur Zeit des Vollmonds am stärksten wirken.

Für deine Jahresplanung kannst du dir vormerken, wofür jeder Monat am besten geeignet ist. So ist es zum Beispiel sinnvoll, im Jungfrau-Monat zu entrümpeln und Unerledig-tes zu einem guten Abschluß zu bringen.

Wenn du am esoterischen Hintergrund interessiert bist, ein Gefühl für die Qualitäten der Tierkreiszeichen entwickeln und tiefer vordringen möchtest auf diesem Weg, empfehle ich dir das Buch von Louise **Huber**, *Die Tierkreiszeichen. Ein Weg zu den Mysterien des Lebens.* Für auditive Typen gibt es dazu auch Kassetten: Louise **Huber**, *Tierkreis-Meditationen* (Bauer).

Die **Astrologie**, mit der du ja bereits Erfahrungen gemacht hast im Hinblick auf deine Selbsterkenntnis, kann dir auch helfen, die jeweilige Zeitqualität genauer zu erfassen und zu nutzen.

Eine Orientierungshilfe können Fachzeitschriften bieten. Du kannst dir aber auch eine individuelle Jahresprognose erstellen lassen. Verwechsle das aber bitte nicht mit einer Zukunftsvorhersage. Sie gibt lediglich förderliche oder hinderliche Einflüsse an; wie und ob du sie nutzt, ist eine andere Sache. Ein guter Venus-Einfluß muß nicht unbedingt heißen, daß du in dieser Zeit den Mann oder die Frau fürs Leben kennenlernst; möglicherweise bist du dann aber einfach aufgeschlossener und eher bereit, entsprechende Signale wahrzunehmen.

Literatur:
Bernd A. **Mertz** hat verschiedene Bücher geschrieben, die sich auch als Einführung für Anfänger eignen.
Wenn du mehr an der esoterischen Dimension der Astrologie interessiert bist, empfehle ich dir die Bücher von Dane **Rudhyar** über esoterische Astrologie, zum Beispiel: *Die zwölf kosmischen Gaben.*

Auch die **Numerologie** kann dir nützliche Hinweise für die jeweilige Tagesqualität geben und deshalb eine Planungshilfe sein.
Genaueres findest du bei:

- **Cheiro**, *Das Buch der Zahlen.*
- Jean **Simpson**, *Das große Buch der Numerologie: Deine Glückszahl – dein Schicksal.*
- **Golmyn**, *Das Schicksal in den Zahlen. Lebenshilfe durch Numerologie.*

Jahresherrscher

Sowohl Astrologie als auch Numerologie gehen davon aus, daß die jeweilige Zeitqualität einmal ganz allgemein wirksam ist, daß es aber auch vom individuellen Geburtshoroskop abhängt, wer von den Einflüssen besonders, weniger stark oder gar nicht betroffen ist.

In der alten Astrologie wurden nicht nur den Tierkreiszeichen und damit den Monaten bestimmte Planeten zugeordnet, sondern auch den Jahren. Damit waren auch bestimmte Wetterprognosen verbunden. Sonnen-Jahren (zum Beispiel 1996) sagt man trotz ihres Jahresherrschers nach, daß sie meist kühl und regnerisch sind, während Jupiter-Jahre heiß und überwiegend trocken sind.

Jedes Jahr bekommt damit sozusagen eine Überschrift und verweist auf das besondere Thema. Was in einem Sonnen-Jahr geschieht, trägt dazu bei, daß man sein inneres Wesen entdeckt und die eigene Persönlichkeit entwickelt. Ein Venus-Jahr (1997) steht unter dem Zeichen der Liebe und

Harmonie, und dann geht es vor allem um die Beziehung zu anderen.

Alle sieben Jahre wird das Jahr wieder von dem Planeten regiert, der auch im Jahr deiner Geburt herrschte. Du kannst selbst nachprüfen, ob du seine Auswirkungen gespürt hast.

Sonne:	1975	1982	1989	1996
Venus:	1976	1983	1990	1997
Merkur:	1977	1984	1991	1998
Mond:	1978	1085	1992	1999
Saturn:	1979	1986	1993	2000
Jupiter:	1980	1987	1994	2001
Mars:	1981	1988	1995	2002

Vergiß nicht, daß das astrologische Jahr erst mit dem Frühlingsanfang beginnt!

Wege zur Heilung

Wenn du

▢ chronisch krank bist,
▢ anfällig für Krankheiten bist,

interessiert dich wahrscheinlich nur eins: Was kann mir helfen, gesund zu werden?

Aber auch wenn du

▢ gesund leben und Krankheiten vermeiden möchtest,
▢ dich für den Zusammenhang von Körper und Psyche interessierst,

○ körperbewußt leben willst,
○ einen Heilberuf ausübst oder ergreifen möchtest,

ist dieser Weg für dich geeignet.

Die Sprache der Symptome verstehen

Inzwischen ist dir sicher schon klargeworden, daß es mit Tablettenschlucken allein nicht getan ist. Es geht darum zu verstehen, was dir dein Unterbewußtsein mit den körperlichen Symptomen sagen will.

Wenn jemand krank ist, fragt man ihn: »Was hast du denn?«, oder »Was fehlt dir denn?«

Die Krankheit beinhaltet beides. Der Körper zeigt mit den Symptomen, die er **hat**, was ihm **fehlt**. Wenn du eine Erkältung hast, fehlt dir Wärme, und das heißt nicht nur, daß du einen Wollpullover brauchst.

Gerade junge Menschen haben oft Probleme mit der Haut. Die Haut ist gleichzeitig eine Grenze und auch das Kontaktorgan des Menschen. Allergien, Rötungen und wunde Stellen zeigen an, daß man gleichzeitig Berührungen ersehnt und fürchtet, denn was man nahe an sich herankommen läßt, kann einem auch »unter die Haut gehen«. Mit anderen Worten: Wer sich auf Hautkontakt einläßt, öffnet sich auch auf den anderen Ebenen – und wird verletzlich.

Manchmal drängt die innere Spannung nach außen – und dann sprießen die Pickel. Die Haut zeigt so auf der körperlichen Ebene, was sich im Gefühlsbereich abspielt. Auch Kinderkrankheiten wie Masern, Scharlach und Windpocken zeigen immer an, daß etwas Neues zum Durchbruch gelangt.

Mancher legt sich ein »dickes Fell« zu, um sich zu schützen;

solange ihm der Zusammenhang nicht bewußt ist, wird er seine Pfunde dann auch mit keiner Diät loswerden.

In allen Fällen kann die Heilung nur dann erfolgen, wenn die Harmonie auf allen Ebenen wiederhergestellt wird.

»Heilung« kommt ja von »heil«, und das bedeutet so viel wie »ganz« und »vollständig«. Die alternative Medizin behandelt deshalb auch nicht Krankheiten, sondern den Menschen in seiner Gesamtheit, um ihn wieder heil zu machen. Der erste Schritt ist dabei, ein Verständnis für den Sinn der Krankheit zu entwickeln. Folgende Bücher können dir wertvolle Hinweise geben:

- ❑ Thorwald **Dethlefsen**/Rüdiger **Dahlke**, *Krankheit als Weg. Deutung und Be-Deutung der Krankheitsbilder.*
- ❑ Henry G. **Tietze**, *Organsprache von A–Z. Durch Körpersymptome seelische Probleme erkennen und behandeln.*
- ❑ Louise L. **Hay**, *Gesundheit für Körper und Seele. Wie Sie durch mentales Training Ihre Gesundheit erhalten und Krankheiten heilen.*

Der nächste Schritt ist, Hilfe zur Heilung zu suchen.

Medikamente können Erreger abtöten und Schmerzen unterdrücken, und dafür sind sie auch manchmal wichtig und unumgänglich. Aber: »Man muß das eine tun, ohne das andere zu lassen« (Matthäus 23,23), und deshalb mußt du auch bereit sein, die tieferen Ursachen anzugehen.

Was Jesus Sirach vor über zweitausend Jahren schon wußte, ist das, was wir heute erst langsam wieder begreifen:

Mein Sohn, prüfe dich in deiner Lebensweise, beobachte, was dir schlecht bekommt, und meide es! Denn nicht alles ist für alle gut, nicht jeder kann jedes wählen. [...] Schätze den Arzt, weil man ihn braucht; denn auch ihn hat Gott erschaffen. [...] Gott bringt

*aus der Erde Heilmittel hervor, der Einsichtige verschmähe sie
nicht. [...] Mein Sohn, bei Krankheit säume nicht, bete zu Gott;
denn er macht gesund. Laß ab vom Bösen, mach deine Hände
rechtschaffen, reinige dein Herz von allen Sünden! [...] Doch
auch dem Arzt gewähre Zutritt! Er soll nicht fernbleiben; denn
auch er ist notwendig.* (37,27–38,12)*

Auch wenn du keine größeren gesundheitlichen Probleme
hast und dich für einen anderen Weg entscheidest, ist es
wichtig, über eine **gesunde Lebensweise** Bescheid zu wissen.
Darüber informiert dich das Buch von Bijan **Adl-Amini**,
Innere Harmonie. Körper, Seele und Geist im Gleichgewicht. Hier
kannst du viele praktische Tips für alle drei Bereiche nachlesen.

Daß die Erde Mittel zur Heilung hervorbringt, ist eine
wichtige Erkenntnis. Solche Heilmittel sind zum Beispiel
Heilpflanzen, die zu Tee, Salben, Tropfen usw. verarbeitet
werden.

Dieses Gebiet kann für dich interessant sein, wenn du
◻ sehr naturverbunden bist,
◻ dich für Biologie und besonders für Pflanzen interessierst,

---

* An dieser Stelle sei eine Anmerkung gestattet, ohne die es heutzutage
  kaum noch geht: Auch wenn hier »Sohn« steht, sind doch die
  »Töchter« gleichermaßen gemeint. Es geht ganz sicher auf Kosten
  der Lesbarkeit, wenn da jedesmal er/sie, jede(r), Freund/Freundin,
  usw. steht, und solche Neuschöpfungen wie »SchülerInnen« finde
  ich unsinnig. Mit »Mensch« meine ich immer männliche **und** weibliche Wesen, auch wenn es laut Grammatik dann »er« heißen muß.
  Ich halte es nicht unbedingt für ein Zeichen von Emanzipation, wenn
  Frauen auf der Endung »-in« bestehen, und ich werde deshalb auch
  nicht von der »Menschin« sprechen.

▢ Spaß daran hast, selbst Heilkräuter anzubauen oder zu sammeln.

Literatur:
▢ Gerhard **Leibold**, *Gesundheit durch altbewährte Kräuterrezepte und Hausmittel aus der Natur-Apotheke.*
▢ Peter und Susanna **Schmidsberger**, *Pflanzen heilen besser als Chemie. Ein praktischer Ratgeber zur Kräuterheilkunde.*

Das Grundprinzip der **Homöopathie**, die auf den Arzt Samuel Christian **Hahnemann** zurückgeht, ist, daß »Ähnliches durch Ähnliches« geheilt werden kann. Was in höherer Dosis eben die Krankheitssymptome hervorrufen würde, kann sie niedriger dosiert ausgleichen und heilen.

Dabei wird mit Verdünnungen, den sogenannten Potenzen, gearbeitet. In den höchsten Potenzen ist von der eigentlichen Substanz materiell nachweisbar nichts mehr enthalten. Eine chemische Analyse kann außer Milchzucker (bei den Kügelchen, den sogenannten Globuli) oder Alkohol nichts mehr feststellen. Das wäre aber so, als würde jemand ein Buch oder eine Kassette untersuchen und sagen: »Hier ist ein Haufen Papier und Druckerschwärze oder Plastik – wie soll eine solche Substanz einen Wissenszuwachs bewirken können?«

Die eigentliche Information geht bei der Potenzierung nicht verloren. Sie wirkt dann aber nicht mehr auf den physischen Körper ein, sondern auf höhere Ebenen.

Jede Substanz, ganz gleich, ob es sich um Pflanzen oder chemische Elemente handelt, ist nämlich nach dem gleichen Prinzip aufgebaut wie der Mensch selbst, daß heißt: Die materielle Ausformung ist nur die dichteste Erscheinungsform, die aber mit allen anderen, nicht mehr sichtbaren Ebenen in enger Verbindung steht.

Ein Heilpraktiker verschreibt ein homöopathisches Mittel nicht **gegen** eine bestimmte **Krankheit**, sondern **für** einen bestimmten **Menschen**. Deshalb ist es nicht gesagt, daß die homöopathischen Tropfen, die deinem Bruder bei seinen Halsschmerzen geholfen haben, auch deinen Hals wieder in Ordnung bringen. Eine individuelle Beratung ist also unumgänglich.

Einen Überblick bietet das Buch von Dana **Ullman**, *Homöo-pathie. Die sanfte Heilkunst.*

Auch die **Bach-Blütentherapie**, benannt nach dem englischen Arzt Edward **Bach**, wirkt nicht auf der materiellen Ebene. In den Bach-Blütenkonzentrationen ist gewissermaßen die »Seele« der Pflanzen enthalten, die bestimmte psychische Krankheitsursachen heilen können. Bach ging davon aus, daß sich alle Störungen auf sieben seelische Grundursachen zurückführen lassen, die allerdings in verschiedenen Formen auftreten können: Angst, Einsamkeit, Sorgen, Überempfindlichkeit, Desinteresse, Unsicherheit und Verzweiflung.

Da Bach-Blütentropfen keine Nebenwirkungen haben, eignen sie sich gut für eine Selbsttherapie. Die »Notfall-Tropfen« (Rescue-Tropfen) und Rescue-Creme sollten in keiner Hausapotheke fehlen. Sie enthalten fünf Blüten, die bei Notsituationen (Unfall, Schock, schlimmen Erlebnissen usw.) Erste Hilfe leisten können. Ich habe immer eine Tube Rescue-Creme in der Handtasche bei mir. Vor einigen Jahren fiel mein kleiner Sohn von der Rutsche und schrammte sich auf dem Kies die eine Gesichtshälfte völlig auf. Es sah ziemlich schlimm aus, aber dank Rescue-Creme war schon nach einer Woche alles verheilt und nichts mehr zu sehen.

Wenn du mehr darüber wissen möchtest:

- Edward **Bach**/Jens-Erik R. **Petersen**, *Heile dich selbst mit den Bach-Blüten*. Mit einem Symptomenverzeichnis.
- Mechthild **Scheffer**, *Selbsthilfe durch Bach-Blüten-Therapie. Blumen, die durch die Seele heilen.* Mit einem Fragebogen zur Selbstbestimmung der geeigneten Blüten und Fallbeispielen.

Ebenfalls auf einer höheren Ebene wirken **Edelsteine**. Schon früher wurden sie gegen bestimmte Leiden verordnet und entweder als Pulver eingenommen oder als Amulett am Körper getragen. Später wurde das als Aberglaube verlacht. Inzwischen hat aber die Wissenschaft festgestellt, daß Edelsteine tatsächlich ihre ganz spezifische Ausstrahlung haben, ein Energiefeld, das entsprechende heilende Wirkungen hervorrufen kann, und zwar nicht nur bei Menschen, sondern auch bei Tieren und Pflanzen. Es hat also nichts mit Einbildung zu tun.

Die Farbschwingungen der Edelsteine wirken auf das entsprechende Chakra (siehe Seite 213 und 231–233), aktivieren es und können so Blockaden auflösen.

Wenn du dich näher damit befassen möchtest:

- Ursula **Klinger-Raatz**, *Die Geheimnisse edler Steine. Eine Anleitung zur Aktivierung der 7 Energiezentren des Menschen mit Steinen, Kristallen & Mineralien.*
- Katrina **Raphaell**, *Heilen mit Kristallen. Die therapeutische Anwendung von Kristallen und Edelsteinen.*

Auch **Farben** selbst können zur Heilung genutzt werden. Wichtig ist hierbei zu wissen, daß sichtbare Farben zwar nichts anderes sind als Anteile des Lichts, die von dem Gegenstand reflektiert werden, daß sie aber ebenfalls ihre

Entsprechungen auf höheren Oktaven haben, die für die Augen nicht wahrnehmbar sind. Bestrahlungen mit farbigem Licht wirken ja auch bei Blinden, und eine Beeinflussung kann sogar über farbige Kleidungsstücke geschehen, die nicht sichtbar direkt auf der Haut getragen werden.

Mehr darüber findest du bei:

- Annie **Wilson**/Lilla **Bek**, *Farbtherapie. Der sanfte Weg zur Heilung. Farben als Schlüssel zur Seele und Mittel der Heilung.* Mit einem Kapitel über »Yoga und Farbtherapie«.
- Christa **Muths**, *Farbtherapie. Mit Farben heilen – der sanfte Weg zur Gesundheit. Farben als Schlüssel zur Seele.*

Das letztgenannte Buch geht besonders auf die Krankheitsbilder ein. Es enthält unter anderem ein Lexikon der Krankheiten und deren Behandlung durch Farbtherapie. Außerdem findest du hier ein Verzeichnis der Organe und ihrer psychischen Entsprechung sowie der entsprechenden Farben.

Bei der **Aromatherapie** werden zur psychischen Harmonisierung bestimmte Düfte eingesetzt. Der Geruchssinn spielt für den Menschen meist nur eine untergeordnete Rolle, obwohl gerade er eine direkte Verbindung zum Gefühlsbereich darstellt.

Literatur:

- Patricia **Davis**, *Aromatherapie von A–Z.*
- Michael **Kraus**, *Einführung in die Aromatherapie.*

Wenn du ein Hör-Typ bist, wird es dich interessieren, daß auch **Musik** eine heilende Wirkung haben kann.
Daß nicht nur für jede Krankheit ein Kraut gewachsen ist,

sondern für jede Befindlichkeit ein Musikstück komponiert wurde, erfährst du in dem Buch:

▢ Christoph **Rueger**, *Die musikalische Hausapotheke. So nutzen Sie die Heilkraft der Musik in jeder Lebens- und Stimmungslage.* Mit einem Komponisten- und Werksverzeichnis mit Diskographie und Sachregister.

Da der Mensch eine untrennbare Einheit aller Ebenen darstellt, hat jede Behandlung eines »Körpers« auch Rückwirkungen auf alle anderen. Wenn sich der psychische Zustand bessert, wird sich bald auch ein körperliches Wohlbefinden einstellen.

Umgekehrt kann direkte körperliche Behandlung ebenfalls dazu beitragen, das Gleichgewicht wiederherzustellen. Sobald die Schmerzen nachlassen, hellt sich auch die Stimmung auf.

Eine Behandlung, die zur wirklichen Heilung führen soll, muß aber letztlich immer alle Bereiche mit einbeziehen.

Immer mehr junge Leute haben bereits **Rückenprobleme**. Die äußere Haltung ist aber nur ein Spiegelbild der inneren Haltung.

Wenn du darunter leidest, empfehle ich dir

▢ Divo **Köppen-Weber**/ Ursula **Fassbender**, *Alta-Major-Energie. Du bist die Haltung, die du einnimmst.*

▢ Divo **Köppen-Weber**, *Das Alta-Major-Handbuch. Der bewußte Umgang mit der heilenden Lebensenergie in unserer Wirbelsäule.*

Die Alta-Major-Methode bewirkt ebenfalls eine Aktivierung der Chakras und bringt die Lebensenergie wieder zum Fließen.

Das letztgenannte Buch beschreibt nicht nur die grundlegenden Prinzipien, sondern gibt auch Anleitungen zu Übungen, die allein oder mit einem Partner durchgeführt werden.

Weitere Methoden, um Fehlhaltungen zu korrigieren, sind die nach ihren Gründern benannte **Alexander-Technik** und die **Feldenkrais-Methode**.

Die folgenden Methoden werden dich besonders interessieren, wenn du

- selbst krank bist und als Fühl-Typ eher auf direkte Berührung ansprichst,
- extravertiert bist und den Wunsch hast, anderen zu helfen,
- in einem Heilberuf arbeitest oder arbeiten möchtest.

Massagen können helfen, Blockaden zu lösen. Auch bei einer körperlichen Berührung findet, wie du weißt, ein Austausch der feinstofflichen Energien statt (siehe auch Seite 225).

- Sherry S. **Cohen**, *Magie der Berührung. Feinstoffliche Energie im Umgang mit Mitmenschen und der Heilbehandlung.*

Insbesondere **Reflexzonen-Massagen** an den Füßen und Händen wirken auf alle Bereiche, da sich dort die Endpunkte der Meridiane befinden und damit eine Verbindung zu allen Organen besteht. Auch hier zeigt sich, daß der Körper des Menschen nicht nur Teil des universalen Hologramms ist, sondern daß auch seine einzelnen Teile wiederum alle Informationen enthalten.

Die Innenseite des Fußes von der Spitze des großen Zehs bis zur Ferse entspricht beispielsweise der Wirbelsäule, so daß Rückenprobleme auch durch eine Massage in diesem Bereich günstig beeinflußt werden können.

Literatur:

- Franz **Wagner**, *Reflexzonen-Massage leichtgemacht.*
- Ingeborg **Steiner**, *So spricht die Seele durch die Füße.*
- Stephanie **Rick**, *Reflexzonentherapie. Techniken für ganzheitliche Gesundheit.*

Die Wirbelsäule, und damit auch die entsprechende Fußzone, hat aber auch die Erinnerung an die Zeit im Mutterleib gespeichert, so daß sich hier sogar vorgeburtliche Störungen durch eine entsprechende Behandlung auflösen lassen. Dieses Praenatal-Muster (praenatal bedeutet »vorgeburtlich«) wurde von Robert **St. John** entdeckt, und seine Weiterentwicklung der Reflexzonen-Massage wird **Praenatal-Massage** oder **Metamorphische Methode** genannt.

Gaston **Saint-Pierre** und Debbie **Boater** erklären diese Zusammenhänge in ihrem Buch *Die Metamorphische Methode* so:

> *Zunächst haben wir die Reflexzonen-Karte, die den physischen Körper zeigt, wie er in den Füßen gespiegelt ist. Dann finden wir, daß unter der Karte des Körpers eine psychologische Karte liegt. Unter der psychologischen finden wir eine Karte der Intra-Uterin-Phase [d. h. innerhalb der Gebärmutter], aber wenn wir auch über diese Karte hinaus weiterschauen, dann finden wir das Leben selbst.*

Mit **Akupressur** oder **Shiatsu** (siehe auch Seite 212) kannst du anderen helfen, aber auch selbst bei Schmerzen und Streß Erleichterung finden.

Literatur:

- Michael **Reed Gach**, *Heilende Punkte. Akupressur zur Selbstbehandlung von Krankheiten.*
- Eva **Shaw**, *Das 60-Sekunden-Shiatsu. Die japanische Finger-*

druckmassage – in einer Minute schmerzfrei, energiegeladen und tief entspannt.

○ Jane **Downer**, *Shiatsu. Die japanische Massage für Gesundheit rundum.*

Wie du gesehen hast, basieren viele Methoden darauf, die Schwingungsfrequenz der Chakras zu erhöhen und die Lebensenergie wieder zum Fließen zu bringen. Auch bei der **Reiki**-Behandlung (sprich »Reeki«) werden die Energiekanäle geöffnet. Diese Heilweise wurde von dem Japaner Mikao **Usui** entwickelt. In einer durch einen Reiki-Meister vorgenommenen Einweihung wird die Lebenskraft im Menschen aktiviert, was nicht nur ihren freien Fluß im Körper des Eingeweihten zur Folge hat, sondern ihn auch befähigt, selbst heilend auf andere einzuwirken. Das muß nicht durch direkte Berührung geschehen, sondern wirkt auch bei einer Fernbehandlung.

Es gibt zwar Bücher, die dich über die genaueren Zusammenhänge informieren, aber selbst Reiki geben kannst du erst, wenn du die persönliche Einweihung durch einen Reiki-Meister erhalten hast.

○ Judith **Hilswicht**, *Reiki. Heilsame Lebensenergie. Selbstheilungskräfte aktivieren, Lebenskraft stärken, Kreativität und Freude wecken.* Einführung in die Methode.

○ Bodo J. **Baginski** und Shalila **Sharamon**, *Reiki. Universale Lebensenergie zur ganzheitlichen Selbstheilung, Patientenbehandlung, Fernheilung von Körper, Geist und Seele.* Mit einem Kapitel über die »Be-Deutung der Krankheitssymptome« (Metaphysische Hintergründe).

Wenn du dich selbst durch Reiki oder eine andere Methode der Kraftübertragung behandeln lassen willst, denke bitte daran, daß du dabei zwar einen Energieschub bekommst, der sogar zur Heilung führen kann, daß du aber nur dann auch gesund **bleibst**, wenn **du selbst** deine Einstellung änderst.

Wenn die Batterie eines Autos leer ist, kann man sich zwar anschieben lassen oder mit Hilfe eines Überbrückungskabels starten. Aber wenn dann beim Fahren die Batterie nicht wieder aufgeladen wird, ist die Situation wieder dieselbe, sobald man anhält.

Auch die Bibel berichtet davon, daß Menschen geheilt wurden, indem sie Jesus berührten. Im Markus-Evangelium heißt es sogar, daß eine Frau heimlich sein Gewand berührte, weil sie fest daran glaubte, daß sie dadurch gesund würde, und »im selben Augenblick fühlte Jesus, daß eine Kraft von ihm ausströmte« (5,30).

Andererseits wird aber auch deutlich gesagt, daß Jesus in seiner Heimat abgelehnt wurde, und deshalb konnte er »dort kein Wunder tun; nur einigen Kranken legte er die Hände auf und heilte sie« (6,5).

Auch Wunderheilungen an Wallfahrtsorten (siehe auch Seite 229) sind oftmals nur von kurzer Dauer; das liegt ebenfalls daran, daß die Umwandlung nicht durch die eigene Wandlung gefestigt wird.

Wenn du

- ◻ dich besonders für die östliche Kultur interessierst,
- ◻ Methoden suchst, die Körper, Geist und Seele gleichermaßen ansprechen,
- ◻ den Zusammenhang zwischen den Lebensrhythmen und Gesundheit studieren möchtest,

sind folgende Gebiete für dich interessant:

Chinesische Medizin (siehe auch Kapitel 9, »Energiebahnen und Kraftzentren im Körper«) und **Ayurveda**.

Ayurveda, eine ganzheitliche Behandlungsmethode, die schon über 5000 Jahre alt ist, stammt aus Indien und bedeutet soviel wie »Lehre vom Leben«. In den asiatischen Ländern war es die Aufgabe des Arztes, den Patienten **gesund zu erhalten**, und dafür wurde er bezahlt. Es ging also eher darum, vorbeugend für eine gesunde Lebensweise zu sorgen und so die Harmonie in allen Bereichen zu erhalten, damit eine Krankheit, die ja eine Störung des Gleichgewichts bedeutet, gar nicht erst entstehen konnte.

Bei uns heißt es immer: Vitamine sind gesund, Obst und Gemüse sind gesund, und ständig kommen neue Bücher auf den Markt, wie man sich gesund ernährt. Dieser Ansatz geht davon aus, daß für alle Menschen dasselbe zutrifft.

Der östliche Ansatz stellt ganz individuell für jeden das zusammen, was er braucht. Erst kürzlich las ich davon, daß es in China und Asien auch heute noch Restaurants gibt, die die sogenannte »Kaiserliche Küche« anbieten. Der Gast wählt dabei sein Essen nicht von der Speisekarte, sondern sein Menü wird von einem Arzt zusammengestellt, der von seiner Zunge seine Befindlichkeit abliest. Auch Nahrung kann nämlich Medizin sein in dem Sinne, daß dem Körper das zugeführt wird, was er braucht.

Atemübungen, Massagen, Meditationen, Körperübungen wie **Yoga** und die harmonisierenden Einflüsse von Farben, Steinen und Düften gehören ebenfalls zu den Grundlagen eines gesunden Lebens.

- ☐ Stephen T. **Chang**, *Das Handbuch ganzheitlicher Selbsthei-lung: Handgriffe des medizinischen Tao-Systems.*
- ☐ Deepak **Chopra**, *Die heilende Kraft. Das ayurvedische Wissen vom Leben und die moderne Naturwissenschaft.*

Dieses Buch setzt, wie der Untertitel schon sagt, das alte Wissen in Beziehung zu den modernen Erkenntnissen der Medizin und bietet damit einen theoretischen Hintergrund. Einen praktischen Ansatz bieten zum Beispiel:

- ☐ Dagmar **Heinke**, *Schlank und fit durch Ayurveda. Gesund, aktiv und schlank ohne Hungern.* Mit Ayurveda körperliches und seelisches Gleichgewicht stärken.
- ☐ Nancy **Lonsdorf** u. a., *Ayurveda für Frauen. Gesundheit, Glück und ein langes Leben durch indische Medizin.*

Yoga

Dieser Begriff des Hinduismus bedeutet so viel wie »Joch«. Mit einem Joch wurden früher die Zugtiere vor den Wagen gespannt, und »sein Joch auf sich nehmen« bedeutet soviel wie »demütig eine Aufgabe erfüllen«. Zum andern ist das Joch auch eine Verbindung. Yoga ist deshalb der Übungs-weg, der gewissenhaft befolgt wird, kann aber auch als

»Verbindung« gedeutet werden, da das Ziel das Einswerden mit dem Göttlichen ist.

Es gibt viele verschiedene Wege des Yoga, und ihr tieferer Sinn ist nur vor dem Hintergrund des Hinduismus zu verstehen. Sie alle erfordern viel Ausdauer und Disziplin. Wenn wir von Yoga sprechen, meinen wir eigentlich nur die Körperhaltungen (Asanas) des Hatha-Yoga.

Sie können dir helfen, sowohl im Gleichgewicht als auch beweglich (beides im weitesten Sinne) zu bleiben und lassen sich auch mit anderen Techniken, zum Beispiel Meditation verbinden.

Eine Anleitung dazu geben:

☐ Richard **Hittleman**, *Yoga – Meditation. Ein 30-Tage-Programm.*
☐ Helga **Polet-Kittler**, *Yoga – Das seelische Gleichgewicht.*

Körperbewußtsein entwickeln

Ganz gleich, welchen Weg du wählst – es ist sinnvoll, darauf zu achten, daß du deinen Körper nicht vernachlässigst. Selbst in der Bibel heißt es: »Wißt ihr nicht, daß euer Leib ein Tempel des Heiligen Geistes ist, der in euch wohnt und den ihr von Gott habt?« (1. Korinther 6,19)

Dennoch hat der Körper in der christlichen Religion immer eher eine untergeordnete Rolle gespielt. Ja, er wurde sogar als hinderlich auf dem Wege zu Gott empfunden, und man versuchte, die »Begierde des Fleisches« abzutöten. Kasteiung und Askese können aber niemals zu einer wirklichen Harmonie auf allen Ebenen führen.

Deshalb sind es auch Übungen der östlichen Wege, die ich dir hier empfehle:

Der Weg nach innen: Meditation

Aus dem östlichen Kulturkreis stammt auch der Weg nach innen, die **Meditation**. Auch wenn Meditation oft mit Konzentration gleichgesetzt wird, unterscheiden beide sich doch erheblich voneinander. Wenn du dich konzentrierst, lenkst du dein ganzes Denken und Fühlen auf etwas Bestimmtes. Auch wenn du meditierst, kannst du mit der Betrachtung eines Gegenstandes, etwa einer Kerze, einem Edelstein oder einer Blume beginnen. Aber Meditation geht noch weiter: Ihr Ziel ist ein Zustand völliger Versenkung, in dem die Grenze zwischen dir und dem Gegenstand aufgehoben wird. Es geht dann nicht mehr darum, die Blume nur mit allen Sinnen wahrzunehmen, sondern die Ebene zu erreichen, wo du eins bist mit ihr und allem, was existiert. Allerdings stellt dieser Zustand der Erleuchtung bereits die höchste Stufe dar. In jedem Fall kann Meditation bewirken, daß du dein inneres Gleichgewicht wiederherstellst und, wenn auch nur für kurze Zeit, wahren Frieden und Geborgenheit erspürst.

Das größte Hindernis ist dabei der Verstand, und besonders am Anfang fällt es schwer, das Denken wirklich auszuschalten. Vielleicht merkst du dabei zum ersten Mal bewußt, wie sich unaufhörlich die Gedanken in deinem Kopf drehen und einer den anderen jagt. Die erste Stufe ist deshalb, sie wahrzunehmen – und vorbeiziehen zu lassen, ohne ihnen besondere Beachtung zu schenken. Sobald du anfängst, dich über dich selbst zu ärgern, weil du nicht bei der Sache bleiben kannst, kommst du völlig aus der Bahn.

Deshalb ist es gut, sich ein Hilfsmittel zu wählen, das dich so beschäftigt, daß alles andere unwichtig wird.

Weißt du noch, wie du als Kind so sehr ins Spiel oder ins Malen vertieft warst, daß du nicht einmal gehört hast, wenn du zum Essen gerufen wurdest? Das ist eine Form der Versenkung.

Du kannst dir jeden Gegenstand wählen, der positive Gefühle in dir auslöst, auch ein Bild oder eine Figur. Tarot-Karten eignen sich gut als Meditationshilfe, weil du für jede Situation ein passendes Bild finden kannst (zum Beispiel VI der Stäbe = Erfolg, As der Kelche = Chance, Glück, die Sonne = Lebensfreude usw.).

Wenn du gern malst, kann du auch ein **Mandala** malen. Das ist ein rundes Bild, dessen Kreisform Ganzheit symbolisiert, und das dir hilft, dich besser auf deine eigene Mitte zu besinnen. Ein Mandala kann gegenständlich sein oder aus symmetrischen Mustern bestehen. Es gibt auch Malblocks mit Mandalas zum Ausmalen (in Esoterik-Buchhandlungen erhältlich).

Auch ein **Yantra** ist ein geometrisches Diagramm mit symbolischen Figuren, das die Aufmerksamkeit nach innen lenkt.

Du kannst auch mit einem **Mantra** arbeiten. Das ist ein Wort oder auch nur eine Silbe, die so lange wiederholt wird, bis sie alle anderen Gedanken ersetzt hat. Ein solches Wort kann ein Name Gottes sein oder die Silbe **OM** (gesprochen »a-u-m«), die das höchste Schöpfungsgeheimnis symbolisiert. Die bildliche Darstellung dieser Silbe kann deine Einstimmung noch vertiefen.

Auch Gebete und Lieder können als Mantra benutzt werden. Manchmal werden Mantras auch als »Zauberformel« oder »magische Gesänge« bezeichnet, die einen bestimmten Zweck verfolgen. Tatsächlich kann die Schwingung eines bestimmten Klanges deine eigene Schwingung entsprechend beeinflussen, und am intensivsten ist die Wirkung, wenn sie durch deine eigene Stimme hervorgerufen wird. Wie du weißt, ist aber alles, was dir widerfährt, der äußere Ausdruck deiner inneren Gestimmtheit. So erklärt sich der wohltuende Einfluß eines Mantras, den du zunächst in dir verspürst, dem aber auch entsprechende Ereignisse folgen können.
Es gibt dazu ein reichhaltiges Angebot an Kassetten und CDs. Was dich besonders positiv einstimmt, kannst du nur selbst entscheiden.

Literatur:
◻ John **Blofeld**, *Die Macht des heiligen Lautes. Die geheime Tradition des Mantra.*

Weitere Meditationshilfen sind bestimmte Körperhaltungen (siehe auch: Yoga), Tanz und Bewegung, oder auch gewisse Finger- und Handstellungen (**Mudras**).

Wege der Disziplin: Zen-Buddhismus

Aus dem **Zen**-Buddhismus stammen verschiedene Wege, die den Gläubigen aus eigener Kraft zur Erleuchtung führen sollen. Jeder Weg (japanisch »**do**«) stellt ein bestimmtes Ziel in den Vordergrund. So geht es etwa bei dem Weg des Fechtens, Ken-do, um Disziplin und Härte, bei Sa-do und Ka-do, dem Weg des Tees und dem Weg der Blumen, um Harmonie und Anmut oder bei dem Weg des Bogens, Kyo-do, um Konzentration.
Za-Zen, die traditionelle Zen-Meditation, bedeutet, »nur« zu sitzen, stundenlang, bis etwas in Gang kommt.
Ich habe einiges darüber gelesen, gebe aber zu, daß ich für diesen Weg nicht geeignet bin.

Mehr darüber findest du zum Beispiel bei Charlotte Joko **Beck**, *Zen im Alltag.*

Das Buch von Marie-Luise **Stangl**, *Jede Minute sinnvoll leben. Vertrauen zu sich selbst gewinnen* geht neben Zen auch auf Eutonie (»Wohlspannung«) ein und enthält auch praktische Übungen für den Alltag.

Wegbegleiter und unsichtbare Helfer

Wenn du

- ☐ introvertiert bist,
- ☐ dich manchmal einsam fühlst,
- ☐ in wichtigen Entscheidungssituationen auf dich gestellt bist,
- ☐ Entscheidungen selbst treffen möchtest, aber unsicher bist,
- ☐ manchmal das Gefühl hast, du schaffst es nicht allein,
- ☐ dir Führung und Hilfe wünschst,
- ☐ jemanden brauchst, bei dem du Kraft tanken kannst,
- ☐ mehr Vertrauen in das Leben gewinnen willst,

kann es hilfreich sein, dir bewußt zu machen, daß du tatsächlich niemals wirklich allein bist.

Um dich herum gibt es stärkende Schwingungen, die du nicht mit deinen äußeren Sinnen wahrnehmen kannst, auf die du dich aber dennoch einstellen kannst. Das tust du zum Beispiel im Gebet.

Als Christ kannst du dir vorstellen, daß **Jesus** bei dir ist. Jesus hat tatsächlich gelebt, und er hat versprochen: »Seid gewiß: Ich bin bei euch alle Tage bis zum Ende der Welt.« (Matthäus 28,20)

Du weißt, daß das eigentliche Selbst des Menschen nicht materiell und deshalb auch weder an Raum noch Zeit gebunden ist. Indem du dich auf seine Schwingung einstellst, kannst du auch seine Anwesenheit spüren. Jesus war keineswegs der verweichlichte Softie, wie ihn alte Bilder oft darstellen; seine Schwingung ist kraftvoll und gleichzeitig voller Liebe und Mitgefühl. Wenn du Hilfe brauchst, kann die Zwiesprache mit ihm dir helfen, deine Gefühle zu beruhigen, deine Gedanken zu klären und deine eigene Kraft zu aktivieren.

Natürlich kannst du auch zu Gott selbst beten. Das fällt vielen schwer, weil Gott kein Gegenüber im eigentlichen Sinne ist. Es heißt ja auch in der Bibel, daß wir uns kein Bild von Gott machen sollen, und tatsächlich ist das auch gar nicht möglich, weil Gott unser Vorstellungsvermögen bei weitem übersteigt. Aber die Bibel ist voll von Gebeten, die in dir das Gefühl des Vertrauens, der Kraft und der Zuversicht wiederherstellen können.

Dabei ist es ganz gleich, ob du Gott mit »Vater« oder mit irgendeinem Namen anredest, solange du selbst eine positive Resonanz in dir spürst. Nicht alle Menschen verbinden ja mit »Vater« unbedingt die Vorstellung von Geliebtwerden und Angenommensein.

Mädchen und Frauen fühlen sich manchmal eher zu **Maria** und ihrer sanften weiblichen Energie hingezogen. Sie ist zwar demütig, aber keineswegs unterwürfig, hingebungsvoll, aber nicht schwach. Es ist eine Stärke, die darin besteht, auszuhalten, was nicht zu ändern ist, ohne es durch sinnloses Sich-Wehren zu verschlimmern. Ihre Schwingung ruft ein Gefühl der kindlichen Geborgenheit hervor und die Zuversicht, daß alles gut wird.

Als Hör-Typ kannst du dich mit dem »Ave Maria« von Schubert oder Bach gut darauf einstimmen.

Wenn du katholisch bist, sind dir sicher **die Heiligen** vertraut. Jeder von ihnen hat seine eigene Schwingungsqualität, so daß seine Kraft bei ganz bestimmten Problemen helfen kann.

Dabei geht es nicht um eine Anbetung, sondern darum, sich auf eine ganz bestimmte Schwingung einzustellen und damit eben diese Qualitäten in dir selbst zum Schwingen zu bringen. Alles ist in dir. Es liegt an dir, welche Eigenschaft du aktivierst und nutzt.

Deshalb ist dieser Weg auch völlig unabhängig von deiner Konfession. Ich bin nicht katholisch, habe aber dennoch eine tiefe Beziehung zu der Energie der Maria.

Auch **Engel** sind immer um uns. Es sind unverkörperte Wesenheiten, deren Aufgabe es unter anderem ist, den Menschen beizustehen (zum Beispiel **Schutzengel**). Sie können aber nur dann etwas für dich tun, wenn du dich für ihre Energie öffnest, das heißt, wenn du sie um ihre Hilfe bittest. Ganz gleich, an wen du dich wendest, jede Bemühung, einen Kontakt herzustellen, bewirkt zum einen eine Anhebung deiner eigenen Schwingung, so daß du überhaupt erst in der Lage bist, die andere zu spüren. Und zum anderen stellt der Kontakt selbst einen Energieschub dar, so daß deine Schwingung entsprechend verändert wird und dich zur Lösung deiner Probleme befähigt.

Wenn du als visueller Typ mit Bildern oder Figuren arbeiten möchtest, suche dir solche aus, die die kraftvolle Energie der Engel zum Ausdruck bringen. Das gilt auch für Darstellungen von Jesus und Maria. Laß dich von deinem Gefühl leiten, welche Darstellung das ausstrahlt, was du brauchst. Daß süßlicher Weihnachtskitsch dafür nicht geeignet ist, versteht sich von selbst.

Und vergiß nicht, daß jede Darstellung nur eine Einstimmungshilfe ist und nicht die helfende Energie selbst.

Wenn du einen konkreten Rat brauchst, kannst du auch mit den Engelkarten arbeiten. Auf jeder Karte findest du einen Begriff, verbunden mit einer symbolischen Engeldarstellung. Stelle deine Frage, etwa: »Worauf kommt es jetzt im Moment vor allem an?« oder »Was soll ich in dieser Situation lernen?« und ziehe eine Karte. Die Antwort könnte dann vielleicht lauten »Spaß« und dann weißt du, daß es sinnvoller ist, das Leben von der heiteren Seite zu sehen, oder aber »Tatkraft«, und dann wäre es deine Aufgabe, dir zu überlegen, wo du aktiv etwas ändern kannst.

(Siehe dazu auch das nächste Kapitel »Wegweiser und Entscheidungshilfen«.)

Als Fühl- und Berührungstyp kann es dir helfen, dein Gebet durch ein bestimmtes Ritual zu unterstützen, zum Beispiel, indem du Kerzen anzündest oder eine Perlenschnur (Rosenkranz) verwendest, die du beim Beten durch die Finger gleiten läßt.

Über Engel gibt es mittlerweile eine ganze Menge Bücher. Hier nur eine kleine Auswahl:

- ◻ H. C. **Moolenburgh**, *Engel als Beschützer und Helfer des Menschen.*
- ◻ Paola **Giovetti**, *Engel. Die unsichtbaren Helfer der Menschen.*
- ◻ Eileen Elias **Freeman**, *Himmlische Begleiter. Menschen berichten von Begegnungen mit ihren Schutzengeln.* Mit einem Anhang: Weitere Adressen für passionierte Engelbeobachter.

Auf dieser Ebene gibt es keine wirkliche Trennung mehr zwischen dir und anderen Wesen. Deshalb bleibt es dir überlassen, wie du dir diese Begegnung vorstellst und wen du dir als unsichtbaren Freund aussuchst.

Du kannst ihn auch dein **Höheres Selbst** oder deinen **Inneren Führer** nennen und ihm in einer Phantasiereise begegnen. (Siehe auch »Wie du dein Unterbewußtsein programmieren kannst« und »Entspannungstechniken«.)

Wenn du ein Problem hast, kannst du um Rat bitten und darauf vertrauen, daß du auch Antwort bekommst.

Das kann durch einen Traum geschehen, durch ein Buch,

das dir in die Hände fällt, oder indem du »zufällig« jemanden triffst, der dir weiterhilft. Sei offen für das, was kommt und versuche nicht, eine bestimmte Anwort zu erzwingen.

Wegweiser und Entscheidungshilfen

Es gibt aber Situationen, in denen du dir manchmal trotz allem unsicher bist, wie du dich entscheiden sollst, weil es dir nicht gelingt, deine innere Stimme zu verstehen.
Auch wenn du akzeptieren kannst, daß Probleme eine Entwicklungschance darstellen, bleiben doch oft die Fragen:
»Warum mache ich gerade jetzt diese Erfahrung?«
»Was ist es, was ich dabei lernen soll?« (Siehe auch Kapitel 6, »Mondknoten: Wegweiser zur Lebensaufgabe«.)
»Welche Entscheidung ist jetzt gefordert, um das Problem wirklich zu lösen?«
Besonders wenn du im Zeichen Zwillinge, Waage oder Fische geboren wurdest, weißt du wahrscheinlich, wie schwer es sein kann, die richtige Entscheidung zu treffen.

Wenn du dich zwischen zwei Alternativen nicht entscheiden kannst, weil sie dir gleichwertig erscheinen, ist die einfachste Methode, eine Münze zu werfen. Wenn es dir wirklich egal ist, kannst du den »Zufall« entscheiden lassen. Meistens merkst du aber spätestens bei dem Ergebnis, daß du entweder froh darüber oder aber enttäuscht bist – und genau darauf kam es ja an: dein inneres Gefühl so weit zu verstärken, daß du es wirklich wahrnehmen und dich auch danach richten kannst.
Aber so einfach liegt die Sache nicht immer. Manchmal befindest du dich in einer verfahrenen Situation und weißt einfach nicht, wie es weitergehen soll.

Dann können dir beispielsweise die **Tarot-Karten** oder das **I Ging** helfen, die Situation zu klären und dir die Richtung zeigen.

Aber sie können dir nicht sagen, was die Zukunft bringen wird. Solche »Orakel« werden oft mit Wahrsagerei in Verbindung gebracht, und mit dererlei Mißverständnissen kann viel Unheil angerichtet werden. Deshalb ein Wort der Klärung vorweg.

Wenn es so etwas wie ein Vorherwissen der Zukunft gäbe, hieße das, daß die Zukunft und damit das Schicksal bereits festgelegt ist. Dann aber wäre es völlig unsinnig und überflüssig, sich überhaupt Ziele zu setzen. Und dann könntest du auch alles andere vergessen, was ich geschrieben habe. Wozu sich dann einen Weg suchen oder sich auch nur um irgend etwas bemühen, wenn doch alles so kommt, wie es kommen soll?

Zeit und Zukunftsdeutung

Wir sprechen von Vergangenheit, Gegenwart und Zukunft, als seien es reale Gegebenheiten. Aber die Gegenwart kannst du eigentlich gar nicht erfassen, denn jeder Augenblick ist in dem Moment, wo du ihn wahrnimmst, bereits wieder vorbei. Paradoxerweise scheint es zwar einerseits nur Vergangenheit oder Zukunft zu geben, während andererseits das einzige, was wirklich existiert, ein fortwährendes, ewiges »Jetzt« ist.

Du hast erfahren, daß es weitaus mehr Dimensionen gibt als die, die wir mit unseren körperlichen Sinnen wahrnehmen können. Und ebenso existiert die Zeit nicht so, wie man sie sich üblicherweise vorstellt. Zeit ist eher so etwas wie eine Hilfskonstruktion, die eng mit dem Raum verbunden ist (siehe auch Seite 84–85). Da wir in den Raum eingebunden sind, können wir die Ereignisse auch nur in einem zeitlichen Nacheinander erleben.

Vielleicht kannst du dir das so vorstellen: Wenn du ein Buch oder eine Filmrolle vor dir hast, ist darin der gesamte Ablauf des Geschehens auf einmal enthalten, jeder einzelne Moment. Du kannst den Inhalt aber erst erfassen, wenn du ihn Seite für Seite, Bild für Bild **nacheinander** aufnimmst.

Im Traum kannst du es manchmal erleben, daß etwas gleichzeitig abläuft und sich durchdringt, und während du darin bist, erscheint es dir völlig in Ordnung. Die Schwierigkeiten beginnen erst, wenn du deinen Traum in Alltagsbegriffe umsetzen und nachvollziehen willst. Oder du träumst eine lange und komplizierte Geschichte, und doch hat der Traum nach den Maßstäben unserer Uhren nur wenige Minuten gedauert.

Zeit ist also etwas höchst Relatives.

Nun ist aber alles, was geschieht, nicht nur wie ein Buch mit festgelegtem Anfang und Schluß, sondern besteht aus weit mehr Dimensionen, als wir erfassen können. Wir sind ja nicht einmal in der Lage, unser **materielles** Universum bis an seine Grenzen zu erforschen, geschweige denn alle anderen Dimensionen. Ich sagte bereits, daß jeder Gedanke auf seiner Ebene bereits eine Realität darstellt, auch wenn er sich nicht bis zur materiellen Dichte ausformt. Welchem Gedanken du aber so viel Energie gibst, daß er sichtbar in Erscheinung tritt, das liegt ganz an dir. Und darin besteht auch deine Freiheit, dein Schicksal selbst zu gestalten.

Es gibt also nicht **die** Zukunft, sondern unzählig viele **mögliche** »Zukünfte«.

Was eine »Orakel«-Methode sichtbar machen kann, ist nur, wie es in diesem Moment in dir aussieht. Diese innere

Bestandsaufnahme kann man aber sozusagen »hochrechnen« und daraufhin eine Voraussage machen, was wahrscheinlich eintreten wird, wenn du weiterhin so handelst wie gewohnt. Der Physiker Wolfgang **Pauli** nannte diese Wahrscheinlichkeiten »Erwartungskataloge«.

Es gibt nämlich auch noch eine andere Möglichkeit zu erklären, wie ein Orakel zustande kommt. Wir gehen immer davon aus, daß alle Ereignisse in einer Ursache-Wirkung-Kette aufeinander folgen: **Wenn** (bzw. **weil**) ich auf den Schalter drücke, **dann** geht das Licht an. Diesen Zusammenhang nennt man **kausal** (lat. »causa« = Ursache, Grund).

Physikalische Versuche haben aber auch bestätigt, was bereits chinesische Philosophen wußten: daß sich nämlich manchmal etwas »im selben Augenblick auf sinnvolle Weise gemeinsam ereignet«, ohne aber in einem ursächlichen Zusammenhang miteinander zu stehen. Die Frage ist also nicht »Was hat zu dem Ereignis geführt?«, sondern: »Was neigt dazu, zur gleichen Zeit zu geschehen?«[*]

Wenn man selbst so etwas erlebt, ist man leicht geneigt, es – wie so oft – Zufall zu nennen.

Ich will dir dazu ein Beispiel schildern: Während einer Autofahrt wollte mir meine Tochter etwas von einer Bekannten erzählen, aber wir konnten beide nicht auf ihren Namen kommen. Genau in diesem Moment fuhren wir auf eine Brücke zu, die über die Straße führt, und dort oben hatte jemand einen Namen hingesprüht. Es war eben der Name, den wir suchten. So etwas nennt man **Synchronizität** (Gleichzeitigkeit) oder **Koinzidenz** (Zusammenfallen).

---

[*] Zitate aus: Marie-Louise von Franz, *Wissen aus der Tiefe. Über Orakel und Synchronizität.* Marie-Louise von Franz war Mitarbeiterin von C. G. Jung. Das Buch ist sehr interessant, aber nicht ganz einfach zu lesen.

Vielleicht kennst du selbst diese Situationen, wo du an etwas denkst, und der andere spricht es aus. Ist es Gedankenübertragung? Wer hat wessen Gedanken übernommen? Hast du den anderen durch deinen Gedanken dazu gebracht, ihn auszusprechen? Oder hast du **vorher** gewußt, was er gleich sagen wird? Oder habt ihr synchron dasselbe gedacht?

Bei Erfindungen (und Büchern) kann man manchmal das Phänomen erleben, daß zur gleichen Zeit völlig unabhängig voneinander dieselbe Entdeckung gemacht wird. Dann kommt es meist zu bösen gegenseitigen Beschuldigungen, wer von wem geklaut hat. Tatsächlich handelt es sich dabei aber ebenfalls um synchronistische Ereignisse – die Zeit war einfach reif dafür. Mit ist es schon oft passiert, daß ich über irgendeine Sache nachdachte und wenig später meine Theorie in einem Buch bestätigt fand.

So ist Astrologie zu deuten, und so können auch Orakel erklärt werden. Du hast nicht Schwierigkeiten, **weil** Saturn in Spannung zu deiner Sonne steht, sondern diese Konstellation und bestimmte Schwierigkeiten treten synchron auf.

Wenn du

▢ ein visueller Typ mit Einfühlungsvermögen bist,
▢ auch mit Träumen etwas anfangen kannst,

sind für dich die **Tarot-Karten** gut geeignet.

Die insgesamt 78 Karten des Tarotspiels sind unterteilt in die 22 Karten der »Großen Arkana« und die 56 der »Kleinen Arkana«. Diese 56 Karten bestehen aus vier Farben, die jeweils ein Element und den entsprechenden Bereich symbolisieren.

Schwerter:	Luft	–	Verstand
Kelche:	Wasser	–	Gefühle
Münzen:	Erde	–	Verankerung in der materiellen Welt, Beruf
Stäbe:	Feuer	–	Kraft, Wille, Zielstrebigkeit

Jede der 22 Karten der Großen Arkana stellt einen bestimmten Zustand oder auch ein Urbild, einen Archetyp, dar.

Tarot-Karten gibt es in verschiedenen Ausführungen, und wenn du damit arbeiten willst, laß dein Gefühl entscheiden, welche Bilder dich am meisten ansprechen.

Ich selbst benutze das Rider-Waite-Tarot, das von Pamela Colman Smith unter der Anleitung von Arthur Edward Waite entworfen wurde. (Auch den Illustrationen, die zu Beginn der drei Teile in diesem Buch stehen, liegen diese Bilder zugrunde.)

Jede einzelne Karte stellt eine Szene dar, die durch die Figuren, den Hintergrund und die Farben eine bestimmte Situation symbolisch wiedergeben.

Vorschläge für Legearten und Deutungen findest du in dem Buch von Hajo **Banzhaf,** *Das Arbeitsbuch zum Tarot.* Es enthält ausführliche Erklärungen zu der allgemeinen Bedeutung jeder einzelnen Karte sowie zu den Themen »Im beruflichen Erleben«, »Auf der Ebene unseres Bewußtseins« und »In unseren persönlichen Verbindungen«. Der Autor verweist auch auf die entsprechenden Symbole der Astrologie, der Mythologie und des I Ging.

Eine Legeart, »Der Weg«, wird genauer erklärt und gedeutet, was gerade für Anfänger sehr hilfreich ist, allerdings auch die Gefahr in sich birgt, sich zu sehr an den Text zu klammern und der eigenen Intuition zu wenig Raum zu lassen.

Bei dieser Auslegung zeigt die erste Karte, worum es bei der ganzen Angelegenheit überhaupt geht. Die nächsten drei Karten spiegeln das bisherige Verhalten im Bereich des Verstandes, des Gefühls und der äußeren Haltung wider, während die letzten drei Karten **Vorschläge** für ein sinnvolles Verhalten in diesen drei Bereichen machen.

Ich habe einmal mit einer 10. Klasse über dieses Thema im Unterricht gesprochen und einer Schülerin die Karten gelegt. Ihre Frage war: »Was muß ich tun, um den Realschulabschluß zu bekommen?« (Bitte beachte: Durch die Karten wird etwas sichtbar gemacht, was das Unterbewußtsein sowieso weiß; sie beantworten nicht eine Frage wie: »Werde ich den Abschluß bekommen?«)

Da es um ihre berufliche Zukunft ging, tauchten in fast allen Bereichen Münz-Karten auf, worauf sie mich erstaunt fragte, ob sich denn auch wirkliche **alle** Karten im Spiel befunden hätten.

Die erste Karte, der »Indikator«, war die Karte XIV der Großen Arkana: »Die Mäßigkeit«. Das hat nichts zu tun mit mäßig im Sinne von »nicht besonders gut«, sondern mehr mit dem rechten Maß, einer gesunden Mischung. Und das war genau ihr Problem. Es gab immer Zeiten, in denen sie gut mitarbeitete und sich fast ein Bein ausriß, und dann wieder Phasen, wo sie sich total hängen ließ und auch entsprechend absackte. Die Antwort war eindeutig: den Mittelweg finden, nicht übertreiben, stetig mitarbeiten.

Ich will nicht behaupten, daß es an den Karten lag – jedenfalls hat sie ihren Abschluß bekommen und ihre Ausbildungsstelle auch.

Literatur:
- Rachel **Pollack**, *Tarot. 78 Stufen der Weisheit.*
- Hajo **Banzhaf**, *Schüsselworte zum Tarot. Das Einstiegsbuch mit vielen Legearten.*
  Hier findest du zu allen Karten Stichworte, so daß du gut damit arbeiten kannst, wenn du mit den Karten schon ein bißchen vertraut bist.

Speziell an Jugendliche wendet sich das Buch:
- Renate **Hefter-Gorol**, *Tarot für Teens. Das Orakelbuch für junge Leute.*

Wenn dich vor allem der Beziehungsbereich interessiert:
- Axel **Bohnenkamp**, *Tarot für Partner. Das Spiel der privaten und beruflichen Beziehungen.*

Diese Bücher beziehen sich alle auf die Symbolik des Rider-Waite-Spiels. Anmerkungen auch zu anderen Tarot-Karten enthält:
- Erich **Bauer**, *Psycho-Tarot. Das Erlebnis-Programm zur Arbeit mit den psychologischen Bedeutungen der Tarotkarten.*

Wie bei der Traumdeutung ist es wichtig, daß du die Karten immer mit deiner persönlichen Situation in Beziehung setzt. Eine Deutung ist auch immer auf verschiedenen Ebenen möglich.
Die Karte XVI, »Der Turm«, bedeutet zum Beispiel ganz allgemein »Zusammenbruch«. Wenn du gesundheitlich angeschlagen oder im Streß bist, kann das eine Warnung sein,

rechtzeitig auszuspannen. Es kann auch bedeuten, daß deine Beziehung nicht so stabil ist, wie du denkst. Vielleicht weist die Karte aber auch darauf hin, daß du an deiner festgefahrenen Situation bald etwas ändern mußt, damit es nicht zu einem »Ende mit Schrecken« kommt. Und falls du ein Auto hast, solltest du es dann besser einmal durchchecken (lassen), damit es nicht zu unliebsamen Pannen kommt. Ich selbst habe mehr als einmal die Erfahrung gemacht, daß sich solche Probleme auch auf mehreren Ebenen gleichzeitig zeigen können. In einer Situation, als meine eigene »Batterie« leer war und ich auch nirgendwo Kraft tanken konnte, versagte prompt auch die Lichtmaschine meines Autos.

Niemals aber bedeutet das Ziehen dieser Karte, daß unausweichlich ein Zusammenbruch auf dich zukommt. Du kannst die Karten um **Rat** fragen, aber nicht um Auskunft, was geschehen wird.

Da alle esoterischen Methoden in einer inneren Beziehung miteinander stehen, kannst du auch die Querverbindungen untersuchen. Du hast schon gesehen, wie beispielsweise Astrologie und Numerologie miteinander verknüpft sind.

Interessant ist es auch, die Ergebnisse deiner numerologischen Deutung in Beziehung zu den Karten der Großen Arkana zu setzen. In dem Beispiel auf Seite 196 war die Geburtszahl 2 (gefühlsorientiert) und die Lektionszahl 4 (Veränderungen eine Basis geben).

Die Karte II ist die Hohepriesterin, und sie symbolisiert Intuition und Verständnis, während die IV, der Herrscher, für Stabilität und Ordnung steht. Somit stimmen beide Deutungen überein.

Die Verbindung von Numerologie und Tarot kann dir helfen, einen besseren Zugang zu der symbolischen Bedeutung der Zahlen zu finden, da sie hier als Bild wiedergegeben werden.

Das Buch der Wandlungen: I Ging

Wenn du

- dich mehr für den östlichen Kulturkreis interessierst,
- Sinn für die bildhafte Ausdrucksweise der Chinesen hast,
- eine Vorliebe hast für chinesische Kunst, die mit wenigen Pinselstrichen viel ausdrücken kann,

kannst du wahrscheinlich gut mit dem **I Ging** arbeiten, um eine Situation zu klären.

In diesem »Buch der Wandlungen« werden 64 verschiedene Situationen oder Bilder beschrieben, die Auskunft geben über den tieferen Sinn des Problems und darüber, was zu tun ist. Sie werden mit Hexagrammen (»hexa« = sechs) wiedergegeben, das heißt mit sechs übereinander angeordneten Linien, die entweder durchgehend (Yang) oder unterbrochen (Yin) sind.

Ursprünglich wurden Schafgarbenstengel benutzt, um diese Linien zu erhalten. Einfacher geht es mit drei Münzen, die wie Würfel zuerst in der hohlen Hand geschüttelt und dann geworfen werden. Jeder Kombination entspricht ein Zahlenwert und eine bestimmte Linie, wobei Kopf (Yin) den Wert 2 hat und Zahl (Yang) 3. Es können sich also folgende Zahlenwerte ergeben:

- 9 = eine ungeteilte Linie, die sich wandelt (sich wandelndes Yang: ——0——)
- 8 = eine geteilte Linie (Yin: —— ——)
- 7 = eine ungeteilte Linie (Yang: ————)

○ 6 = eine geteilte Linie, die sich wandelt (sich wandelndes Yin: —— X ——)

Der erste Wurf ergibt die unterste Linie, die nächsten fünf bauen darauf auf, so daß ein Hexagramm entsteht.

In dem Buch *I Ging. Das Buch der Wandlungen* (Übersetzung von Richard Wilhelm) findest du dann zu jedem der 64 möglichen Ergebnisse einen Titel, eine Beschreibung des Zeichens, das Urteil, das Bild sowie eine Erläuterung zu den einzelnen Linien.

Die Texte sind nicht leicht zu verstehen, weil ihre Symbolik uns oft fremd ist. Die Kommentare geben eine Hilfe, aber du darfst von ihnen keine eindeutige Handlungsanweisung erwarten.

So heißt es zum Beispiel bei dem 59. Zeichen Huan / Die Auflösung: »Gelingen. Der König naht seinem Tempel. Fördernd ist es, das große Wasser zu durchqueren. Fördernd ist Beharrlichkeit.«

Gemeint ist mit diesem Bild die Auflösung einer inneren Härte und Erstarrung, die beispielsweise dann erreicht wird, wenn alle Menschen gemeinsam an einer Zeremonie teilnehmen und dadurch die Gefühle aufbrechen. Eine solche Gelegenheit ergab sich eben dann, wenn der König kam.

Die beiden letzten Sätze legen nahe, daß sich auch große Anstrengung lohnt, um dieses Ziel zu erreichen.

Ein tieferes Verständnis für das I Ging setzt auch eine intensive Beschäftigung mit dem kulturellen Hintergrund voraus.

Ebenso ist das **Runen**-Orakel auch dann nur wirklich zu verstehen, wenn du dich eingehend mit der germanischen und keltischen Kultur befaßt.

○ David und Julia **Line**, *Das Geheimnis der Runen. Praxis der Schicksalsdeutung.*

Da jede dieser Techniken sozusagen eine andere Tür zu deinem Unterbewußtsein darstellt, ist es sinnvoll, sich für **eine** zu entscheiden. Die Bilder der Tarotkarten, die Hexagramme des I Ging, die Runen oder welche Symbole du auch immer wählst, sind vergleichbar mit den Vokabeln einer Sprache, die du auch dann erst wirklich verstehen und nutzen kannst, wenn du dich auf eine konzentrierst und nicht von jeder nur ein paar Brocken lernst.

Pendel, Rute und Energiesensor

Wenn du ein kinästhetischer Typ bist und mit Symbolen nicht viel anfangen kannst, ist für dich eher ein Instrument geeignet, das die feinen Schwingungen deines Unterbewußtseins fühlbar und sichtbar macht. Das Gerät verstärkt deine eigenen Schwingungen und dient gleichzeitig als »Antenne«, wenn du testen willst, ob eine andere Schwingung mit deiner eigenen harmoniert.

Beim Pendeln hältst du das Ende der Schnur oder Kette zwischen Daumen und Zeigefinger. Nach einiger Zeit beginnt das Pendel zu schwingen, entweder in eine bestimmte Richtung, im Kreis oder hin und her.

Mit Hilfe des Pendels kannst du ganz konkret austesten, ob bestimmte Nahrungsmittel für dich gut sind, aber auch, ob ein Bild auf dich eine positive Wirkung hat, ob dein Bett oder dein Schreibtisch an der richtigen Stelle stehen und so weiter. In einigen Büchern werden Deutungen über die Art des Pendelausschlages vorgegeben. Wenn das Pendel abwechselnd zu dir und zu dem Gegenstand schwingt, kann das bedeuten, daß eine gegenseitige Anziehung besteht und die Antwort positiv ist, während eine Pendelbewegung von rechts nach links zwischen dir und dem Gegenstand sozusagen eine Trennungslinie zieht.

Nach meiner Erfahrung ist es aber sinnvoller, das Pendel vor Gebrauch auf sich selbst zu »eichen«, indem man es fragt: »Welche Bewegung machst du, wenn die Antwort ja (bzw. nein, vielleicht, egal) ist?«

Das mag sich seltsam anhören, aber vergiß nicht, daß das Pendel lediglich ein Werkzeug ist, das das innere Wissen als Bewegung sichtbar macht. Auch die Bewegung ist ja nur ein Symbol, und um Mißverständnisse auszuschließen, bittest du dein Unterbewußtsein um klare Angaben.

Du kannst natürlich auch andere Fragen stellen. Wichtig ist nur, daß du ganz bei der Sache, aber auch entspannt genug bist, um die Pendelbewegung nicht zu beeinflussen.

Am besten stellst du zur Übung am Anfang Fragen, deren Anworten du zwar nicht kennst, die aber leicht nachprüfbar sind. Auf diese Weise bekommst du ein Gespür dafür, wie es sich anfühlt, wenn dein Pendel dir antwortet.

(Muß ich noch einmal betonen, daß es auch dabei nicht um Wahrsagerei geht?)

Es gibt jede Menge Pendelbücher, einschließlich Pendeltafeln. Zwei bekannte Autoren sind Dr. Anton **Stangl** und Greg **Nielsen**.

Der Nachteil beim Pendeln ist einmal, daß die Antworten oft von dem beeinflußt werden, was du ganz stark wünschst, denn auch das ist für dein Unterbewußtsein Realität.

Zum anderen besteht die Gefahr, daß du selbst, wenn auch unbewußt, dein Pendel durch unmerkliche Bewegungen deiner Hand zum Schwingen bringst und damit die feineren Schwingungen überdeckst.

Möglicherweise ist deshalb der von Anton Stangl beschrie-

bene **Energiesensor** besser geeignet; damit habe ich allerdings noch keine eigenen Erfahrungen gemacht.

Dieses Gerät, das man entweder kaufen oder sich mit gerin-
gem Aufwand sogar selbst bauen kann, ist ein Zwischending
zwischen Pendel und Wünschelrute. Es besteht aus einem
elastischen Draht, an dessen Ende ein Gewicht befestigt
wird, so daß er in Schwingung kommen kann.

Genaueres erfährst du aus dem Buch von Dr. Anton **Stangl**,
*Der Energiesensor. Schädliche und heilsame Schwingungen erken-
nen und auswerten.*

Wünschelruten wurden schon von alters her zum Aufspüren
von Wasser benutzt, und die alten Rutengänger benutzten
oft einfach eine Astgabel. Heute gibt es verschiedene Formen, aber ich habe einen Rutengänger erlebt, der selbst mit
einem Drahtkleiderbügel eine Antwort bekam.

Anders als beim Pendel besteht dabei kaum die Gefahr, die
Rute durch eigene Einwirkung, sei es bewußt oder unbewußt, zum Ausschlag zu bringen.

Wenn du zum ersten Mal erfahren hast, wie es sich anfühlt,
wenn die Rute sich in deiner Hand bewegt, weißt du, daß
diese Kraft tatsächlich existiert.

Auch hier darf ein Wort der Warnung nicht fehlen. Beim
Pendeln und Rutengehen bist du ganz offen für **alle** Schwingungen, auch die negativen. Wir wissen zu wenig über die
genauen Vorgänge. Ein Rutengänger, mit dem ich sprach,
vertrat auch die Ansicht, es seien Geistwesen, die den Ausschlag der Rute bewirken, und nicht alle sind uns freundlich
gesonnen. Auf jeden Fall kann es Kraft kosten, diese Technik zu oft auszuüben. Daß diese Geräte kein Spielzeug sind,
versteht sich eigentlich von selbst.

Ganz ohne weitere Hilfsmittel kommt die **Kinesiologie** (»kinesis« heißt Bewegung) aus.

Sie geht davon aus, daß der Körper mit unterschiedlicher Muskelspannung auf Einflüsse reagiert, ganz gleich, ob sie von außen kommen oder durch Gedanken und Gefühle ausgelöst werden.

Ärzte und Heilpraktiker benutzen diese Methode, um Diagnosen zu stellen und Behandlungsweisen individuell auf den Patienten abzustimmen.

Die Testperson hält dabei den linken Arm mit durchgedrücktem Ellenbogen waagerecht zur Seite ausgestreckt, während der rechte Arm locker herunterhängt. Der Testende drückt dann den Arm herunter, während die Testperson versuchen soll, diesem Druck standzuhalten.

Es geht dabei nicht um einen Kraftakt; man spürt mit etwas Übung ganz deutlich, ob der Arm stark bleibt oder ob er sich ohne Widerstand herunterdrücken läßt.

Bei einem negativen Einfluß wird sich der Arm leicht herunterdrücken lassen – der Muskel testet schwach und gibt ganz deutlich zu verstehen, daß die Gesundheit dadurch beeinträchtigt wird.

In dem Buch von John **Diamond**, *Der Körper lügt nicht,* wird anschaulich beschrieben, wie du testen kannst, welche Nahrung für dich gut ist, ja selbst, welche Musik oder welche Bilder dein Wohlbefinden steigern oder dich negativ beeinflussen können.

Genauere Informationen findest du in dem Buch *Die heilende Kraft der Emotionen* vom selben Autor. Er geht darin auch auf praktische Fragen ein, zum Beispiel, wie man seine Probleme löst und mit Hilfe des Muskeltests seine unbewußten, eigentlichen Wünsche herausfindet. Du erfährst aber auch etwas über die Akupunkturmeridiane und die tiefere Bedeutung der Krankheitssymptome (siehe auch »Wege zur Heilung«)

Der hier beschriebene Muskeltest setzt aber immer einen Partner voraus, der den Test durchführt.

In dem Buch *Die Perelandra-Blütenessenzen* von Machaelle Small **Wright** habe ich einen »Kinesiologie-Selbsttest« gefunden, der sich gut eignet, wenn du keinen Partner hast oder lieber allein arbeiten möchtest.

Dabei werden die Fingerspitzen des **Daumens** und des **kleinen** Fingers der linken Hand zu einem Kreis geschlossen (Linkshänder nehmen die rechte Hand). **Zeigefinger** und **Daumen** der anderen Hand werden nun so in diesen geschlossenen Kreis eingeführt, daß der Zeigefinger den kleinen Finger berührt und der »Test-Daumen« den anderen.

Stelle dann deine Frage und versuche, mit Zeigefinger und Daumen den Fingerkreis auseinanderzudrücken. Lösen sich die beiden Finger leicht voneinander, entspricht das dem geringen Widerstand des Testarms; du testest schwach, der Einfluß ist negativ, die Anwort »nein«. Setzen die Finger deinem Druck aber Widerstand entgegen, so daß der Kreis geschlossen bleibt, ist die Anwort »ja« und positiv.

Auch hier ist es sinnvoll, zunächst mit überprüfbaren Fragen zu arbeiten, bis du deutlich merkst, wie sich ein »Ja« oder ein »Nein« anfühlt.

Das »Tor zum Lernen«:
Brain-Gym und Edu-Kinestetik

Die Kinesiologie ist aber weit mehr als nur eine Testmethode. Ihr liegt die Entdeckung zugrunde, daß die beiden Gehirnhälften verschiedene Aufgaben haben.

Die linke Hirnhälfte ist zuständig für Logik und analytisches Denken, sie ist aktiv, wenn es um Fähigkeiten wie Rechnen oder das Lernen von Strukturen geht. Dagegen erfaßt die rechte Hälfte Eindrücke in ihrer Gesamtheit; sie hat etwas mit Rhythmus und Gefühl, Musik und Kreativität zu tun.

Wirklich erfolgreich lernen kann man aber nur, wenn beide Hälften zusammen benutzt werden, und deshalb kommt es darauf an, eine Verbindung herzustellen.

Das kann mit bestimmten Bewegungen erreicht werden, bei denen die Mitte deines Körpers überkreuzt wird. Durch die Berührung bestimmter Körperpunkte kann die Energie aktiviert und dein Gehirn »eingeschaltet« werden, so daß du aufnahmebereit bist.

Daß normalerweise immer nur jeweils **eine** Gehirnhälfte benutzt wird, zeigt sich deutlich im Sprachunterricht. Grammatiklernen ist eine Sache, ein Gefühl für die Sprache zu bekommen eine andere. Dasselbe gilt für das Vokabellernen. Was nützt es, die Wörter einzeln abzuspeichern, wenn sie dir im Sprachgebrauch nicht zur Verfügung stehen?

Erst **beide** Hirnhälften zusammen ermöglichen ein vollständiges Lernen und einen sinnvollen Gebrauch aller Fertigkeiten.

Mehr darüber findest du bei Paul und Gail **Dennison**, *Brain-Gym und EK für Kinder. Das Handbuch der EDU-KINESTETIK für Eltern, Lehrer und Kinder jeden Alters.*

Nach diesem Buch habe ich eine Zeitlang mit meiner Tochter gearbeitet und dabei erstaunliche Erfolge beobachten können. Sie war damals in der vierten Klasse, und mit Mathematik hatte sie immer auf Kriegsfuß gestanden. Bereits nach kurzer Zeit war »der Knoten geplatzt«, und zum ersten Mal schaffte sie es, in Mathearbeiten gute Noten zu bekommen.

Leider ist es mir bislang nicht gelungen, auch meine Schüler dazu bewegen zu können, den Unterricht mit kinesiologischen Übungen zu beginnen. Vermutlich hat das etwas mit der Einstellung zu tun: Was im Unterricht gemacht wird, kann gar nicht interessant sein (siehe Kapitel 8, »Lernblockaden«). Vielleicht sind wir aber auch einfach nicht auf derselben Wellenlänge.

11. Irrwege und Sackgassen:
Wo du vom Wege abkommst

Auf Abwege gerätst du immer dann, wenn du meinst, auf einer Abkürzung schneller ans Ziel zu gelangen.

Es kann sein, daß du auf deinem Weg von Zeit zu Zeit das Gefühl hast, dich eher von deinem Ziel zu entfernen statt ihm näher zu kommen. Ich habe dieses Phänomen schon beim Positiven Denken beschrieben (»Hindernisse auf dem Weg«). Zuerst läuft alles so phantastisch, daß die Frustration groß ist, wenn sich plötzlich das Blatt zu wenden scheint. Am schlimmsten ist es, wenn du vorher bei deinen Freunden mit deinen Erfolgen geprahlt und versucht hast, sie zu »missionieren«. Dann verstärkt der Spott noch deine mißliche Lage, und sie werden versuchen, wie in der Geschichte von Hiob, dich von deinem Weg abzubringen.

Ich kann dir nur ans Herz legen: Mach weiter, laß dich nicht beirren, solange du spürst, daß du im Einklang mit dir selbst bist.

Sieh dir das Labyrinth aus der Kathedrale von Chartres (Seite 340) an.

Judith Hilswicht sieht darin ein Sinnbild dafür, wie der Weg verlaufen kann: Wenn du der Linie folgst, hast du zunächst das Gefühl, direkt auf das Ziel zuzusteuern. Dann führt der Weg wieder in eine andere Richtung und weit weg vom Mittelpunkt, und erst nach vielen scheinbaren Umwegen wird das Ziel schließlich doch erreicht. Diese »Umwege« aber sind es, die das Muster gestalten und überhaupt erst ein vollständiges Bild (übrigens auch ein Mandala) entstehen lassen.

Das aber ist ja Ziel und Sinn des Lebens: dein Leben zu einem sinnerfüllten Ganzen zu gestalten. Und so kannst du

*Labyrinth aus der
Kathedrale von Chartres*

es auch verstehen, wenn es im Zen-Buddhismus heißt: Der Weg **ist** das Ziel.

Ich weiß aber nur zu gut, daß man sich in der Praxis gern die scheinbar überflüssigen Wege sparen möchte.
Und da ist die Versuchung groß, zum Beispiel dort Hilfe zu suchen, wo eine mühelose Lösung aller Probleme versprochen wird.

Käufliche Hilfsangebote

Wenn du dir esoterische Zeitschriften ansiehst, findest du eine Flut von Anzeigen, in denen dir alles mögliche versprochen wird: von Weissagungen am Telefon über Partnerzusammenführung bis zur Erfolgs- und Geldmagie. In einer Annonce fand ich sogar das Versprechen: »Ich helfe Ihnen, Ihre Probleme ein für alle Mal loszuwerden«.
Ich sage nicht, daß es schlecht ist, Hilfe zu suchen, wenn man allein nicht weiterkommt, aber ich bezweifle, daß diese Hilfe von solchen »Magiern«, »Hellsehern« und »Wahrsagern« kommen kann. Es gibt durchaus Menschen, deren »Antennen« so weit entwickelt sind, daß sie dir in einer persönlichen Beratung zeigen können, wodurch du deine Entwicklung blockierst und wie es weitergehen kann.
Aber kein Mensch kann dir deine Probleme abnehmen oder für dich lösen, und das wäre auch gar nicht wünschenswert, weil du dich damit um eine Entwicklungschance bringst.
Und wie sollte wohl dein Leben aussehen, wenn alle deine Probleme »ein für alle Mal« beseitigt wären?
Die Kraft ist in dir, und sie wird stärker, wenn du sie nutzt, aber sie verkümmert, wenn du die Verantwortung für dich und dein Leben anderen überläßt.

Ich bin mir fast sicher, daß du denkst: »Aber wenn nun doch etwas dran ist an den Versprechungen?« Hier ein paar Beispiele aus eigener Erfahrung (obwohl ich weiß, daß du ein Recht auf deine eigenen Fehler hast):

Weder der »Stein des Feuers« noch die »Magische Spirale« haben mir zu dem verholfen, was ich gern haben wollte. Die Zukunftsprognosen in meinem »Lebensbuch« waren ziemlich daneben, und die Charakteranalyse enthielt nichts, was ich nicht schon wußte. In einem hatte sie allerdings recht: Als »mutiger Tiger«, der sich »von niemandem einschüchtern« läßt, habe ich – mit Erfolg! – darauf bestanden, mein Geld zurückzubekommen.

Was ich von Partnerzusammenführung halte, kannst du im Kapitel »Liebe und Partnerschaft« nachlesen.

Noch schlimmer ist es allerdings, wenn du nicht nur in solchen Ausnahmefällen anderen mehr zutraust als dir selbst, sondern dein ganzes Schicksal von (einem) anderen bestimmen läßt.

Sekten und Guru-Verehrung

Es kann eine große Hilfe sein, mit Gleichgesinnten im Kontakt zu stehen, gemeinsam Ziele anzustreben und sich gegenseitig zu unterstützen, wenn man sich gut versteht und dieselben Wertvorstellungen hat. Aber die Zugehörigkeit zu einer Gruppe ist wie ein Korsett: Sie kann dir Halt geben, engt aber auch ein. Und wenn du merkst, daß dir die Luft wegbleibt, mußt du immer die Möglichkeit haben, dich davon auch wieder zu befreien.

Wenn du die Schriften bestimmter Vereinigungen liest, magst du denken: »Was soll daran verkehrt sein?« Entscheidend ist aber, ob die Vorschriften, denen du dich dann meist kritiklos unterordnen mußt, dir wirklich helfen können, deinen eigenen Weg zu finden und zu gehen.

Und ob sie dir die Freiheit lassen, deinen Kurs zu ändern und dich deinen wirklichen Bedürfnissen anzupassen, wenn du dich weiterentwickelt hast.

Es ist auch nichts dagegen einzuwenden, wenn du dir ein Vorbild suchst und ihm nacheiferst, wenn dieser Mensch das verkörpert, was du anstrebst. Aber vergiß nicht, daß es deine Aufgabe ist, eben diese Eigenschaften, die du an einem anderen Menschen bewunderst, selbst zu entwickeln. Es bringt dich nicht weiter, wenn du in der Verehrung stecken-bleibst.

Jeder Mensch hat seine eigene Aufgabe im Leben. Und manche haben sicher auch die Aufgabe, andere zu lehren und ihnen auf ihrem spirituellen Weg weiterzuhelfen. Dafür verdienen sie Dank und Achtung. Aber kein Lehrer darf wichtiger sein als das, was er lehrt.

Selbst Jesus, der nach christlichem Glauben weit mehr war als ein gewöhnlicher Mensch, hat die Verehrung seiner eigenen Person abgelehnt. Als ein Mann ihn mit »guter Meister« anredet, erklärt Jesus: »Warum nennst du mich gut? Niemand ist gut außer Gott, dem Einen.« Und als eine Frau begeistert ausruft: »Selig die Frau, deren Leib dich getragen und deren Brust dich genährt hat!«, da entgegnet Jesus ihr: »Selig sind viel mehr die, die das Wort Gottes hören und es befolgen.«

Oft ist auch die Hilfe, die du bei anderen suchst, teuer erkauft. Nun ist es ein kosmisches Gesetz, daß Geben und Nehmen immer im ausgewogenen Verhältnis stehen müssen, damit die Harmonie erhalten bleibt. Wenn du also Rat und Hilfe bekommst, ist es deshalb wichtig, auch etwas dafür zu geben. Das müssen aber nicht immer Scheine und Münzen sein – wenn du wirklich nichts anderes hast, genügt manchmal der **aufrichtig empfundene** Dank.

Aber da wir nicht in einer Urgemeinschaft zusammenleben, wo jeder gibt, was er hat und kann und dafür bekommt, was er braucht, haben wir uns auf das Tauschmittel »Geld« geeinigt. Und deshalb ist auch ein spiritueller Lehrer darauf angewiesen, etwas für seine Hilfe zu bekommen. Zudem haben manche Leute die Einstellung: Was nichts kostet, taugt auch nichts.

Du mußt selbst entscheiden, wieviel dir die Hilfe wert ist und wieviel du zu geben bereit bist.

Wenn allerdings jemand von dir verlangt, daß du ihm deinen ganzen Besitz übergibst, damit du ihm zu Füßen sitzen und seinen Worten lauschen darfst, dann scheint mir das Preis-Leistungs-Verhältnis ganz und gar nicht zu stimmen.

Spiritismus

Vielleicht meinst du noch mehr erfahren zu können, wenn du jemanden befragst, der seinen irdischen Körper bereits abgelegt hat.

Wie du weißt, gibt es auf den höheren Ebenen keine wirkliche Trennung, und die Liebe, die Menschen verbindet, bleibt auch nach dem Tod bestehen. Wenn du beispielsweise deinem Großvater zu Lebzeiten sehr nahestandest und bei ihm Trost und Rat gefunden hast, kannst du dich auch dann noch auf seine ganz eigene Schwingung einstellen, wenn er verstorben ist. Natürlich ist es immer schmerzlich, Abschied zu nehmen, und dieser Schmerz und Kummer ist es, der eine Barriere aufbaut, so daß man die nicht-körperliche Anwesenheit des Verstorbenen nicht mehr spürt.

In dem Buch *Blick hinter den Spiegel* von Raymond A. **Moody** und Paul **Perry** werden Möglichkeiten beschrieben, wie man mit geliebten Verstorbenen Kontakt aufnehmen kann.

Vielleicht ist es manchmal wichtig, auf diese Weise die innere Gewißheit zu erlangen, daß der Tod nur eine vorübergehende Trennung ist. Ich habe diese Methode nicht ausprobiert und habe auch kein Verlangen danach, weil ich glaube, daß eine solche Erscheinung mir eher einen Schrecken einjagen als Trost spenden würde. Für mich sind es andere Zeichen, mit denen mir meine verstorbenen Eltern zu verstehen geben, daß sie noch immer mit mir verbunden sind, auch wenn andere darin nur Zufälle sehen. Seit einigen Jahren bekomme ich in der Zeit um meinen Geburtstag herum »Besuch« von einer Brieftaube. Sie bleibt ein paar Tage, sitzt die meiste Zeit auf der Fensterbank vor meinem Schlafzimmerfenster und ist danach wieder verschwunden. Mein Vater war früher begeisterter Brieftaubenzüchter, und ich erinnere mich noch daran, wie er bei Preisflügen den ganzen Tag auf dem Taubenschlag auf die Rückkehr seiner Tauben wartete. Diese Taube ist für mich ganz eindeutig ein Gruß von meinem Vater.

Um dieselbe Zeit blüht auch mein alter Kaktus, eine »Königin der Nacht««, die ich mitnahm, als ich von zu Hause auszog. Lange Jahre hindurch habe ich das struppige Gewächs eigentlich nur aus Nostalgie aufgehoben, denn sie hatte nie auch nur eine einzige Knospe. Seit einigen Jahren blüht sie Jahr für Jahr, und ich weiß einfach, daß das ein Gruß von meiner Mutter ist, die sich immer liebevoll um unsere Pflanzen – und auch um diesen Kaktus – gekümmert hat.

Etwas ganz anderes ist es, wenn in sogenannten spiritistischen Sitzungen versucht wird, Kontakt mit »Geistern« aufzunehmen.

Wenn du davon ausgehst, daß das persönliche Selbst überlebt, mußt du dir auch die Frage stellen, was für Persönlichkeiten es wohl sind, die sich dabei melden.

Die Aufgabe des Menschen ist es, sich immer weiter zu entwickeln, und wenn er seinen materiellen Körper abgelegt hat, beginnt eine neue Stufe. Niemand wird, wie Thorwald Dethlefsen bemerkt, allein durch das Sterben »wesentlich reifer oder klüger«, und es ist sicher ein Irrtum, von solchen Durchgaben der Weisheit letzten Schluß zu erwarten.

Es gibt auch die Theorie, daß das »Jenseits« kein einheitlicher Ort ist, sondern von jedem seinen Erwartungen gemäß empfunden wird. Was für das Diesseits gilt, nämlich, daß jeder mit seinen Gedanken und Gefühlen auch seine Welt gestaltet, gilt dort erst recht, weil die letzte Stufe, die materielle Ausgestaltung, wegfällt.

Es gibt eigentlich nur zwei Gründe, warum sich eine unverkörperte Wesenheit so stark für die weltlichen Belange interessieren sollte: entweder aus selbstloser Liebe, oder weil sie sich noch nicht wirklich von der irdischen Sphäre gelöst hat. Ich bezweifle nicht, daß es Geistführer gibt, die Ratsuchenden zur Seite stehen (siehe auch Kapitel 10, »Wegbegleiter und unsichtbare Helfer«), aber es ist nicht ihre Aufgabe, sich auf unsere niedere Ebene herabzubegeben und sich durch Klopfen oder andere Zeichen bemerkbar zu machen. Vielmehr muß derjenige, der Hilfe sucht, sich auf die höheren Schwingungen einstellen und sich für Eingebungen auf dieser Ebene öffnen.

So mancher glaubt ja, daß mit dem Tod alles vorbei ist und daß, wenn die Probleme zu groß werden, der Selbstmord als Ausweg bleibt. Das einzige, was sich dann aber ändert, ist, daß der Körper nicht mehr zur Verfügung steht, um noch irgend etwas bewirken zu können. Ich bin sicher, daß die

Verzweiflung dann eher noch stärker ist, und daß es durchaus unglückliche Wesenheiten gibt, die ihre einzige Chance darin sehen, den Körper eines anderen zu benutzen und seine Gedanken und Gefühle so zu überlagern, daß er nur noch willenloses Werkzeug ist.

Phänomene wie Besessenheit werden heutzutage ja eher als Geisteskrankheiten oder psychische Verwirrung interpretiert. Ich glaube dagegen, daß viele Patienten der Psychiatrie, bei denen etwa Schizophrenie diagnostiziert wurde, tatsächlich ein Opfer von Wesenheiten sind, die von ihnen Besitz ergriffen haben.

Aber selbst wenn du es nur von der psychologischen Seite her betrachtest, steht fest, daß manch einer bei solchen »Spielereien« völlig aus dem Gleichgewicht kommt. Es kann ein großer Schock sein, plötzlich mit unerklärlichen Phänomenen konfrontiert zu werden. Noch schlimmer ist es, wenn dabei irgendwelche Voraussagen gemacht werden, etwa über das Todesdatum, und die panische Angst den Mechanismus der Selffulfilling prophecy (siehe Seite 67) auslöst.

Kein Mensch würde »nur mal so« eine stromführende Leitung anfassen, obwohl keiner die Elektrizität sehen kann. Ebenso gefährlich aber kann es sein, mit Energie zu experimentieren, die man nicht kennt und erst recht nicht beherrschen kann.

Satanismus und Schwarze Magie

Es kann hier nicht um die Frage gehen, ob der Teufel als Person existiert, als eine böse Macht oder überhaupt nicht. Wichtiger ist, was der Glaube daran im Menschen anrichtet. Wenn sich jemand vom Licht abwendet und sein Heil in der Dunkelheit sucht, ist das ein Zeichen dafür, daß er sich selbst aufgegeben hat, nachdem alle verzweifelten Versuche, Liebe zu erfahren, gescheitert sind. Was übrigbleibt, ist der Wunsch nach Rache.

Ursprünglich, so erzählen die alten Geschichten, war Luzifer (= Lichtbringer) der höchste Engel, der sich dann gegen Gott auflehnte und in die Hölle gestoßen wurde.

Und so hat sich beim Satanismus auch alles ins Gegenteil gekehrt. Statt Liebe predigen ihre Anhänger Haß, und es geht in der Beziehung zu anderen nicht um ein Miteinander, sondern nur um Macht. Auch die Sexualität, die eigentlich der körperliche Ausdruck einer tiefen Zuneigung sein soll, wird in den Schwarzen Messen pervertiert.

Das Symbol des Teufels ist das auf die Spitze gestellte Pentagramm (Fünfeck). Während es auf zwei Zacken stehend den Menschen symbolisiert (siehe Kapitel 9, »Was Zahlen bedeuten«), steht hier der Mensch sozusagen Kopf; er hat den Boden unter den Füßen und sein Gleichgewicht verloren.

Auch bei schwarzmagischen Handlungen geht es vor allem darum, entweder anderen bewußt Schaden zuzufügen oder sich selbst auf Kosten anderer einen Vorteil zu verschaffen. Aber aller Haß und alle Bestrebungen, anderen Böses anzutun, schwären wie Gift im eigenen Unterbewußtsein, so daß sie letztlich eine Selbstzerstörung bewirken, die im Gefühlsbereich beginnt und nicht selten auch mit der körperlichen Zerstörung endet.

Drogen

Daß körperliche Zerstörung auch die Endstation beim Drogenkonsum ist, ist bekannt. Und auch die Sucht ist ja nichts anderes als ein Schrei nach Liebe. Die Selbstzerstörung wird in Kauf genommen, weil die schmerzlich vermißte Zuneigung zu dem Gefühl geführt hat, sowieso nichts wert zu sein. Die Flucht in die Scheinwelt wurde vor allem in der Hippie-Zeit mit dem Etikett »Bewußtseinserweiterung« versehen, so daß viele darin eine Abkürzung auf dem Weg zur Erleuchtung sahen. Tatsächlich gehörten früher Drogen zu kultischen Ritualen, bei denen Priester oder Schamanen den Zugang zu anderen Bewußtseinsebenen suchten.

Solche Erfahrungen sind jedoch wertlos, wenn daraus keine Einsichten gewonnen und ins Alltagsleben integriert werden können. Im Drogenrausch fehlt aber genau diese Verbindung. Was jemand in diesem Zustand erlebt, kann nicht verarbeitet werden, da ja der wachbewußte Verstand ausgeschaltet ist. Mit manchen Träumen ist es ähnlich. Vor Jahren hatte ich einmal einen solchen Traum, in dem ich (ohne jegliche Drogen) ein beinahe übersteigertes Bewußtsein hatte. Dabei nahm ich gleichzeitig ein helles Licht und Worte wahr, und beides war irgendwie eins. Ich weiß noch genau, daß ich dachte: »Ich darf diese Worte auf keinen Fall vergessen«, denn sie waren wie eine Offenbarung.

Aber als ich erwachte, war bis auf diesen verschwommenen Eindruck alles weg, und ich werde nie erfahren, was mir die Traumstimme so Wichtiges mitgeteilt hat. Und ob es wirklich so wichtig war, wie es mir im Traum erschien.

Ich kann mir gut vorstellen (denn eigene Drogenerfahrungen habe ich nicht), daß nach einem Drogenrausch derselbe Effekt eintritt. Alles, was von den vermeintlichen Erkenntnissen übrigbleibt, ist eine undeutliche Erinnerung.

Es kostet natürlich mehr Mühe und Disziplin, durch Meditation und Versenkung diesen Zustand zu erreichen, aber dafür ist diese Erfahrung dann auch wirklich wertvoll und hat nur positive Auswirkungen auf alle Bereiche.

12. Die Vollendung:
Wo jeder Weg beginnt und endet

Wenn du ganz bei dir selbst bist, in tiefer Entspannung oder in der Meditation, wenn deine Gedanken zur Ruhe gekommen sind, dann kannst du erspüren, worum es bei deinem Weg geht und wo das Ziel aller Wege liegt.

Dem Verstand ist dieser Bereich nicht zugänglich. Das alles übersteigt seine Kapazität um ein Vielfaches und läßt sich nicht in sein logisches Konzept einordnen. Die Informationen, die er erhält, sind zu widersprüchlich, ja, paradox.

Es ist so ähnlich wie mit der Reisekrankheit. Die eine Information, die das Gehirn erhält, besagt, daß du irgendwo sitzt, ohne dich selbst zu bewegen. Die andere Information, die in deinem Gehirn ankommt, meldet dagegen eine Bewegung, und zwar eine ziemlich schnelle. Wie kann das aber angehen, daß du dich gleichzeitig bewegst und doch nicht bewegst? Die Folge ist eine Verwirrung im System: Dir wird schlecht und schwindelig.

Dasselbe passiert, wenn du an der Kante eines Hochhauses stehst. Dein Gehirn »weiß«, daß dein Körper dann aufrecht steht, wenn er sich im rechten Winkel zu deiner Standfläche befindet. Dein Gleichgewichtsorgan meldet zwar: aufrechter Stand. Aber wenn du auf deine Füße hinunterschaust, befindet sich die nächstliegende Fläche, die senkrechte Wand des Hochhauses, keineswegs im rechten Winkel zu dir. Dein Verstand ist verwirrt. Er möchte dich in den vermeintlich richtigen Stand bringen – und das hieße nach vorn zu kippen. Die Folge: Dir wird schwindelig.

Und deshalb wehren sich viele Menschen dagegen, einen Bereich, den der Verstand nicht mehr einordnen kann, überhaupt als existent anzuerkennen. Denn auch dabei kann einem schwindelig werden, und man hat leicht das Gefühl, den Boden unter den Füßen zu verlieren.

Da ist zum Beispiel die Sache mit der Zeit, die es nur im Zusammenhang mit dem Raum gibt. Alles, was du erfahren kannst, ist ein fortwährendes Da-Sein, ein Gefühl, immer nur hier und jetzt zu existieren.

Und doch bist du mit deinem Bewußtsein selten wirklich ganz im Hier und Jetzt, und tatsächlich kannst du die Gegenwart eigentlich niemals richtig erfassen, weil jeder Augenblick schon wieder vergangen ist, sobald du deine Aufmerksamkeit auf ihn lenkst. Sag: »Jetzt« – und dieses Jetzt ist bereits vorbei, sobald du es aussprichst.

Da sind die Menschen, die scheinbar alle getrennt voneinander existieren, jeder in seinem eigenen Körper, jeder mit seinen eigenen Gedanken und Gefühlen, die nur er allein denken und fühlen kann.

Und doch kannst du dich auf die Schwingungsfrequenz eines anderen so einstimmen, daß du mitschwingst, seine Gedanken empfängst und von seinen Gefühlen berührt wirst.

In der Meditation oder beim Autogenen Training fühlst du, wie dein Körper immer **schwerer und schwerer** wird, so daß er **einzusinken** scheint in den Boden, auf dem du liegst – bis du dich so **leicht** fühlst, daß du deinen Körper überhaupt nicht mehr spürst, und das Gefühl hast zu **schweben**. Ich habe einmal geträumt, daß ich in den dunklen Nachthimmel hinaufschaute, und über mir glitzerten unzählige Sterne. Und da hatte ich den tiefen Wunsch, dort oben zu schweben, wie ich es schon so oft im Traum erlebt hatte. Ich versuchte es, aber es gelang mir nicht. Was ich auch tat, immer kam ich wieder auf den Boden zurück. Plötzlich wußte ich, wie ich es anstellen mußte, denn da waren die Worte in mir: »Laß dich **fallen**!«

Und im nächsten Augenblick schwebte ich weit **oben** in dem samtigen Dunkel – und das erschien mir völlig logisch.

Wir sprechen von dem **inneren** Wesenskern des Menschen und haben dabei die Vorstellung, daß er wie ein Nußkern in seiner Schale von den äußeren Hüllen umgeben ist. Tatsächlich aber ist die **Ausdehnung** seines Energiefeldes um so **größer**, je weiter wir uns dem eigentlichen Selbst nähern. Wir sprechen von **tieferen** Schichten, aber je mehr wir uns ihnen annähern, desto **höher** ist ihre Schwingungsfrequenz.

C. S. **Lewis**, Literaturhistoriker und Verfasser von christlichen Schriften sowie Kinderbüchern, läßt in dem letzten Buch seiner Narnia-Chroniken einen Faun erklären: »Je weiter hinein und je weiter hinauf du gehst, um so größer wird alles. Die Innenseite ist größer als die Außenseite.«

Genau das ist es.

Und wenn wir dann schließlich bei dem ganz eigenen Wesenskern des Menschen angelangt sind, bei dem, was sein wahres Selbst ausmacht, erkennen wir, daß es gerade hier überhaupt keine Trennung von anderen mehr gibt, daß dieses Selbst eins ist mit allem, was existiert.

Wenn du in der Meditation so weit gekommen bist, daß jede andere Wahrnehmung wegfällt außer dem Bewußtsein **zu sein**, dann zieht sich alles auf **einen Punkt** zusammen – und gleichzeitig weitet sich dein Bewußtsein **ins Unendliche** aus. Dann erkennst du, daß **Eins**sein gleichbedeutend ist mit **Alles**sein.

Das einzige, was wirklich, wahrhaft und unvergänglich ist, ist dieses »**Ich bin**«.

»Ich bin der **Ich bin**«, das ist eine mögliche Übersetzung des Gottesnamens Jahwe, der mit dem Tetragrammaton, den

Buchstaben JHWH, hebräisc יהוה iedergegeben wird. Anders ausgedrückt: Dieses »**Ich bin**«, dieses tiefe Bewußtsein deiner selbst, das du als deine ureigene Wahrnehmung hinter allen anderen Wahrnehmungen findest, ist dein göttlicher Kern.

Gott ist kein »höheres Wesen«, keine übernatürliche Macht, die uns von irgendwo da draußen beobachtet und kontrolliert. Und doch ist Gott nicht nur eine abstrakte Idee, auch wenn »Gott gewiß nicht Person [ist], wie der Mensch Person ist«, wie Hans **Küng** in seinem Buch *Existiert Gott?* schreibt. Einerseits ist Gott »**mehr** als Person«, andererseits aber auch »**nicht weniger** als Person«, denn von ihm geht ja alles aus, auch das Bewußtsein und die Persönlichkeit des Menschen. (Zur Bedeutung des Begriffes siehe auch Seite 89.)

Und deshalb kann Gott, »der Personalität begründet, […] nicht selber apersonal [nicht-persönlich] sein« (Küng).

Du bist auch niemals wirklich von Gott getrennt. Es sind nur deine Gedanken und Gefühle, die scheinbar eine Barriere errichten, so daß du dir der Gegenwart Gottes nicht bewußt bist.

Dich selbst (und das bedeutet: dein wahres Selbst) erkennen und Gott erkennen ist ein und dasselbe.

Wenn du ganz bei dir selbst bist, bist du auch ganz bei Gott. Diese tiefempfundene Erkenntnis wird in den esoterischen Schriften als Erleuchtung, »Unio mystica« oder »satori« bezeichnet.

Wer zu dieser Erfahrung durchgedrungen ist, ist am Ziel: wunschlos glücklich in dem Gefühl, eins zu sein mit dem Urgrund und der Quelle allen Seins. Eins zu sein aber auch mit allem, was existiert.

Hier endet dann auch alles Karma, und hier sind alle Sünden vergeben.

Karma heißt ja nichts anderes, als daß du immer das anziehst, was in dir wirksam ist, weil die gemachten Erfahrungen im Unterbewußtsein gespeichert werden und von hier aus gewissermaßen als Befehle wirken (siehe Seiten 29–30). Deshalb gerätst du immer wieder in ähnliche Situationen, bis du den Sinn begriffen hast, das Problem lösen und dich selbst so aus dem Muster lösen kannst.

Sünde meint im Grunde dasselbe. Es ist der Zustand, in dem wir uns als von Gott abgetrennt erleben und daher nicht im Einklang mit ihm und uns selbst handeln können. Nur in diesem Zustand der Unwissenheit können wir »sündigen«, denn sobald wir vorgedrungen sind zu der Erkenntnis, daß alles eins ist, wissen wir auch:

Was immer ich anderen antue, tue ich mir selbst an, denn alle Trennung ist nur Illusion.

Dann ist eine neue Inkarnation nicht mehr nötig. Aber wer diese hohe Stufe erreicht hat, kann sich aus freiem Willen für eine weitere Verkörperung und sogar für ein schweres Schicksal entscheiden, um anderen in ihrer Entwicklung zu helfen.

In Ländern, wo der Hinduismus verbreitet ist, begegnet man dem Leiden anderer oft mit einer eher gleichgültigen Haltung, weil jeder, wie es heißt, sein Karma selbst abtragen muß. Wer helfend eingreift, mischt sich ein und könnte ihm damit womöglich die Chance nehmen, seine Schwierigkeiten aus eigener Kraft zu überwinden.

Aber wir wären ja gar nicht in der Lage, Eigenschaften wie Nächstenliebe, Hilfsbereitschaft oder Barmherzigkeit zu entwickeln, wenn es nicht auch den bedürftigen Mitmenschen gäbe. Und vielleicht hat gerade dieser Mensch, dessen Schicksal uns zum Helfen herausfordert, sein Leben so gewählt, um uns auf unserem Weg dieses Stück weiterzu-

bringen. Und auch da stoßen wir wieder auf so eine parado-
xe Tatsache: Wir handeln gerade dort aus unserem inneren
Selbst heraus, wo wir ganz selbst**los** das Wohl des anderen
über unser eigenes stellen. Wer einen anderen aus einer
Gefahr rettet, denkt nicht mehr an sich selbst – und ist doch
ganz er selbst, mehr als in jeder anderen Situation.

Jesus sagt, daß es bei der Beurteilung des Menschen darauf
ankommt, wie er sich seinen Mitmenschen gegenüber verhalten hat, denn »was ihr für einen meiner geringsten
Brüder getan habt, das habt ihr mir getan.« (Matthäus
25,40)

Es gibt keine Trennung. Alles ist eins.

Das ist alles, was du wissen mußt, um im Einklang mit Gott,
dir selbst und deiner Umwelt zu leben.

Dieses Gesetz ist uns Menschen als »Goldene Regel« über-
liefert worden:

> **»Alles, was ihr also von anderen erwartet,**
> **das tut auch ihnen!«**

Das klingt leicht, aber ich weiß, wie schwer das im täglichen
Leben sein kann.

Ich will es noch einmal wiederholen:

Der Schlüssel ist **Liebe**. Liebe ist das **Ziel** – und die **Voraus-**
setzung.

Wenn du verliebt bist, könntest du die ganze Welt umarmen.
Dann fällt es dir sogar leicht, den brummigen Nachbarn
freundlich zu grüßen, und du spürst, wie dein Lächeln
von anderen erwidert wird. Du strahlst Liebe aus, denn du
bist »in love« – »in Liebe«, wie es auf englisch so schön
heißt.

Diese Liebe war aber auch schon vorher in dir. Ein kleiner
Anstoß, manchmal nur ein Blick, und schon sind alle Däm-

356

me gebrochen, und du wirst überflutet und mitgerissen von diesem Gefühl.

Und doch ist die Liebe zu einem anderen Menschen nur ein Abbild dessen, was Liebe eigentlich bedeutet.

Alles, was existiert, findet ja seinen Ausdruck auf verschiedenen Ebenen. Aber letztlich gibt es hinter allem nichts außer der Ur-Energie, aus der alles entsteht.

Was immer auch entsteht, hier nimmt es seinen Anfang, gerät in Schwingung, tritt heraus aus dem Verborgenen, wird vielfältige Form und wandelt sich stetig, um sich schließlich wieder aufzulösen, um wieder formlose Energie zu werden, um endlich wieder zu verschmelzen und eins zu werden mit der Ur-Energie und in ihr sein Ende und seine Vollendung zu finden.

Ein alter Spruch sagt:

»Gott schläft in den Steinen, atmet in den Pflanzen, träumt in den Tieren und erwacht in den Menschen.«

Auch ein Stein hat wohl eine Art Bewußtsein, aber er hat nur geringe Möglichkeiten, etwas zu bewirken, da sich Wandlungen auf dieser Stufe sehr langsam vollziehen.

Daß sogar Pflanzen so etwas wie ein Gefühlsleben haben und auch auf ganz feine emotionale Schwingungen reagieren, hat die Wissenschaft inzwischen bestätigt. Aber auch ihre Möglichkeiten sind begrenzt.

Tiere sind bereits über ihre Instinkte hinaus zu einer gefühlsmäßigen Bindung fähig und auch beweglich genug, um innerhalb ihrer Grenzen Entscheidungen treffen und reagieren zu können.

Aber erst im Menschen verbinden sich solche Schwingungen miteinander, die ihn befähigen, auch über sich selbst nachzudenken und seinen eigenen Weg zu finden. Und das ist seine Aufgabe. »Erwachen« bedeutet, eben diesen

»Schritt weiter zu tun vom Tier zum Menschen«, wie es Hermann Hesse ausdrückt (siehe auch Seite 52).

Dann erst ist das Bewußtsein so weit entwickelt, daß die Fragen nach dem Woher und Wohin und dem Sinn des Lebens gestellt werden können.

Jeder Mensch ist ein verkörperter Gedanke Gottes, und es ist seine Aufgabe, herauszufinden, wie er gemeint ist und wie er dieses Selbst bewußt verwirklichen kann.

Das gilt auch für dich.

In den alten indischen Schriften heißt es:

> *Wie aus einem hellen Feuer zu Tausenden ihm gleiche Funken hervorgehen, so entstehen aus dem Unwandelbaren allerlei Wesen und kehren in ihn zurück.«*

Dieses helle Feuer, die Ur-Energie, der göttliche Geist – das ist nichts anderes als **Liebe**. Denn Gott, so sagt die Bibel, »ist die Liebe, und wer in der Liebe bleibt, bleibt in Gott, und Gott bleibt in ihm«.

So wie dein Körper nur der dichteste Ausdruck deines wahren Selbst ist, so ist also auch die Liebe, die du für einen anderen Menschen empfindest, nur die menschliche Ausdrucksform einer Schwingung, die allem zugrunde liegt.

Das Gefühl, das du Liebe nennst, kann wieder vergehen, es kann sogar in das Gegenteil umschlagen und zu Haß werden. Denn auf unserer menschlichen Ebene gilt das Gesetz der Polarität, und vieles kann überhaupt erst dadurch erkannt werden, weil es auch die andere Seite gibt.

Aber auch dann, wenn du dein Selbst mit einer Mauer aus dunklen Gefühlen umgeben hast, so daß du nichts mehr von deinem inneren Licht wahrnehmen kannst, ist die Liebe in dir noch so hell und warm wie in jedem Moment deines Daseins.

Es ist wie mit einer Lampe: Der Glühfaden leuchtet in allen gleich, aber sie spendet um so mehr Licht, je durchlässiger die äußere Umhüllung ist. Hat sich viel Schmutz abgesetzt, ist auch der Lichtschein nur trüb und kann nicht viel erhellen.

Wenn du im täglichen Leben immer wieder diese Abstürze erlebst, wenn auf Zeiten, in denen alles voller Liebe und Licht ist, wieder die Dunkelheit der Verzweiflung folgt, dann stehst du damit nicht allein da. Es ist kein Zeichen dafür, daß du versagt hast oder etwas schiefgelaufen ist.

Jakob **Böhme**, der große christliche Mystiker, schrieb vor rund vierhundert Jahren:

»Ich hab es in meinem Kampfe oft auch mit traurigem Herzen erfahren müssen, die Sonne ist mir oft verlöscht, aber wieder aufgegangen, und je öfter sie verlöscht ist, desto heller und schöner ist sie aufgegangen.«

Und ich glaube, gerade darin besteht unsere Aufgabe:

Immer wieder zurückzufinden zu der Wahrheit, zu der Liebe und zum Licht, immer wieder zu versuchen, die Erkenntnis des **Eins**-Seins zu leben auf dieser Ebene, wo Verzweiflung noch möglich ist.

Denn hier kannst du ja das Licht nur deshalb erkennen, **weil** es Dunkelheit gibt, und Liebe wird um so deutlicher gespürt und ersehnt, weil so viel Haß in der Welt ist.

Das Licht, das Gott ist, hat keinen Gegenpol, ebenso wenig wie die göttliche Liebe.

So beschreibt der Prophet Jesaja das Ziel:

Auf, werde Licht, denn es kommt dein Licht, und die Herrlichkeit des Herrn geht leuchtend auf über dir. [...] Bei Tag wird nicht mehr die Sonne dein Licht sein, und um die Nacht zu erhellen,

scheint dir nicht mehr der Mond, sondern der Herr ist dein ewiges
Licht, dein Gott dein strahlender Glanz. (60,1 + 19)

Christen meinen, daß die Überwindung der Gegensätze, die
Erlösung, aus eigener Kraft nicht möglich ist, sondern nur
durch die **Gnade Gottes** geschieht.
Für den **Esoteriker** steht fest, daß **jeder selbst** seinen Weg zu
Gott finden kann und muß.
Ich sehe darin keinen Widerspruch.
Auch die Bibel fordert den Menschen zur Suche auf, und
Gott verspricht:
»Wenn ihr mich ruft, wenn ihr kommt und zu mir betet, so
erhöre ich euch. **Sucht ihr mich, so findet ihr mich. Wenn
ihr von ganzem Herzen nach mir fragt, lasse ich mich von
euch finden**.« (Jeremia 29,12 + 13)
Beides gehört ja zusammen: **das Suchen und das Finden**,
und es gäbe das eine nicht ohne das andere.
Der Mystiker sagt: »Ich würde dich nicht suchen, wenn du
mich nicht schon gefunden hättest.«

Mach dich also auf die Suche und geh unbeirrt deinen
Weg.

Denn sei gewiß:

Was du suchst, das sucht dich.

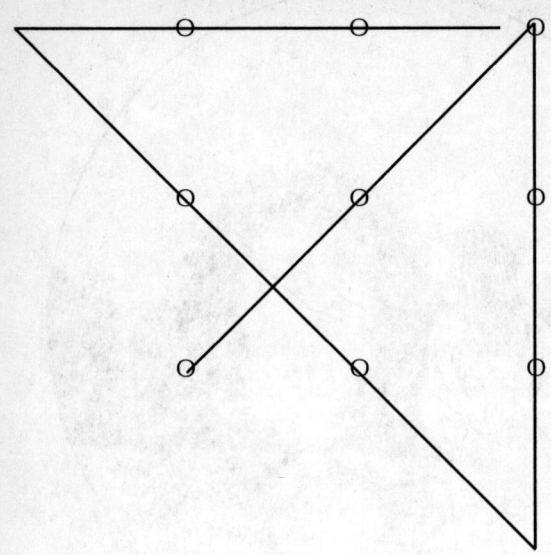

Lösung zu der Aufgabe von Seite 80

Ergänzende Literaturhinweise

Astrologie

Frances **Sakoian** / Louis S. **Acker**, *Das große Lehrbuch der Astrologie. Wie man Horoskope stellt und nach neuesten wissenschaftlichen Erkenntnissen Charakter und Schicksal deutet.* München (Knaur TB).

Esoterik

Hintergründe und Zusammenhänge:

Anton **Stangl**, *Die geheime Kraft in uns. Ursprünge unserer Lebensenergie.* (Econ TB).

Itzhak **Bentov**, *Cosmic Book. Wie Schöpfung funktioniert.* (Rowohlt TB).

Safi **Nidiaye**, *Neues Wissen, neues Denken, für eine bessere Zukunft. Der Mensch im anbrechenden neuen Zeitalter. Botschaften aus einer anderen Dimension.* München (Heyne TB).

Kathleen **Vande Kieft**, *Die innere Quelle. Das Channeling-Handbuch.* München (Goldmann TB).

Für Fortgeschrittene:

Jane **Roberts**, *Das Seth-Material.* Ein Standardwerk esoterischen Wissens.

Chris **Griscom**, *Zeit ist eine Illusion.*

Die Heilung der Gefühle – Angst ist eine Lüge.
Die Frequenz der Ekstase. Bewußtseinsentwicklung durch die Kraft des Lichts.

Zum Nachschlagen:

Helmut **Werner**, *Lexikon der Esoterik.* (Fourier).

Gerhard T. **Schindler**, *Wegweiser Esoterik. Ein Überblick zu Richtungen, Adressen und Ansprechpartnern.* München (Knaur TB).

Esoterik und Naturwissenschaften

Erik **Dammann**, *Erkenntnisse jenseits von Zeit und Raum. Die Wende im naturwissenschaftlichen Denken.* München (Knaur TB).

Bob **Toben**, *Raum-Zeit und erweitertes Bewußtsein. Ein physikalischer Comic mit Jack Sarfatti und Fred A. Wolf.* (Fischer TB).

Nah-Todeserfahrungen

Martin **Ebon**, *Erfahrungen mit dem Leben nach dem Tod.* München (Heyne TB).

Betty J. **Eadie**, *Licht am Ende des Lebens. Bericht einer außergewöhnlichen Nah-Todeserfahrung.* München (Knaur TB).

Melvin **Morse** / Paul **Perry**, *Verwandelt vom Licht. Über die transformierende Wirkung von Nah-Todeserfahrungen.* München (Knaur TB).

Reinkarnation

Gina **Cerminara**, *Erregende Zeugnisse von Karma und Wiedergeburt*. München (Knaur TB).

Jenny **Cockell**, *Unsterbliche Erinnerung*. (Bastei-Lübbe TB).

Rudolf **Passian**, *Wiedergeburt. Ein Leben oder viele?* München (Knaur TB).

Einige Anregungen verdanke ich außerdem den folgenden Büchern:

T. **Pakraduny**, *Die Welt der geheimen Mächte.* (Löwit).

J. Maya **Pilkington** and the Diagram Group, *Who Were You? Unlock the Timeless Secrets of Reincarnation.* London (Weidenfeld & Nicolson).

David **Fontana**, *The Secret Language of Symbols. A Visual Key to Symbols and Their Meaning.* London (Pavilion).

Paul **Roland**, *Revelations. The Wisdom of the Ages. Prophetic Visions & Secret Knowledge to Guide us into the 21st Century.* (Carlton) 1995.

Emily **Peach**, *Das Tarot Werkbuch.* (Scherz) 1987.

Wulfing **von Rohr**, *Planetenbücher* München (Heyne TB).

Das neue Kursbuch Religion 9/10. Arbeitsbuch für den Religionsunterricht im 9./10. Schuljahr. (Calwer/Diesterweg) 1988.

Rainer **Kakuska**, *Der Esoterik-Leitfaden.* München (Heyne TB).

Doris F. **Jonas** / A. David **Jonas**, *Das erste Wort. Wie die Menschen sprechen lernten.* (Hoffmann und Campe) 1979.

Effektiv lernen. Neue Wege zu größerem Lernerfolg. (Time Life).

Peter **Fenske**, *Das kleine Buch vom Lernen. Bio-logisch lernen mit der 5-Fächer-Lernkartei.* (Freiarbeit) 1996.

Johannes **von Buttlar**, *Abenteuer Wissenschaft.* München (Heyne TB).

Register

Sachregister

Auf den angegebenen Seiten findest du entweder eine Erklärung des jeweiligen Begriffes oder wichtige Informationen dazu. Nicht aufgenommen wurden Seiten, auf denen das Wort lediglich erwähnt wird.

Personenregister

Astrologie

(4281)

(4131)

(4112)

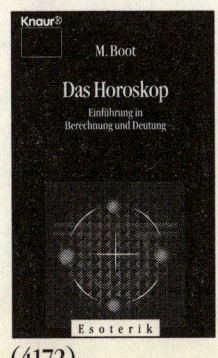

(4172)

(86039)

(86058)

Knaur ⓚ

Schicksalsdeutung

Knaur ⓚ

Golmyn

Das Schicksal in den Zahlen

Lebenshilfe durch Numerologie

E s o t e r i k

(86011)

Knaur ⓚ

Marlies Burghardt

Tarot und Lebensbaum

E s o t e r i k

(86028)

Knaur ⓚ

Dorothée Koechlin de Bizemont

Karma-Astrologie

Das Horoskop als Spiegel vergangener Leben

E s o t e r i k

(4131)

Knaur ⓚ

Marie Louise Lacy

Das Farborakel

Die psychologische und spirituelle Bedeutung der Farben

Mit 28 Farbkarten

E s o t e r i k

(4260)

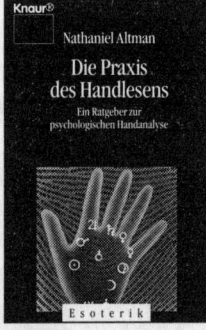

Knaur ⓚ

Nathaniel Altman

Die Praxis des Handlesens

Ein Ratgeber zur psychologischen Handanalyse

E s o t e r i k

(4166)

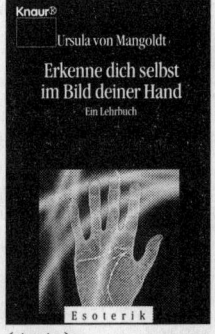

Knaur ⓚ

Ursula von Mangoldt

Erkenne dich selbst im Bild deiner Hand

Ein Lehrbuch

E s o t e r i k

(4240)